the unknown university

Also by Roberto Bolaño

AVAILABLE FROM NEW DIRECTIONS

Amulet

Antwerp

Between Parentheses

By Night in Chile

Distant Star

The Insufferable Gaucho

Last Evenings on Earth

Monsieur Pain

Nazi Literature in the Americas

The Return

The Romantic Dogs

The Secret of Evil

The Skating Rink

Tres

Roberto Bolaño

the unknown university

Translated by LAURA HEALY

A NEW DIRECTIONS BOOK

Originally published as *La Universidad Desconocida* in 2007 by Anagrama, Barcelona, Spain. Published by arrangement with the Heirs of Roberto Bolaño and The Andrew Wylie Agency, New York.

Grateful acknowledgment is made to the magazines where some of these poems originally appeared: *The Believer, Boston Review, Conduit, McSweeney's, The New Yorker, Paris Review, Pleiades, Poetry, A Public Space,* and *Threepenny Review.*

For further acknowledgments, please see p. 835.

PUBLISHER'S NOTE: New Directions gratefully acknowledges the help of Camilo Ramirez.

Manufactured in the United States of America
Published simultaneously in Canada by Penguin Books Canada, Ltd.
New Directions Books are printed on acid-free paper.
First published as a New Directions Book in 2013.

Library of Congress Cataloging-in-Publication Data
Bolaño, Roberto, 1953–2003.
The unknown university / Roberto Bolaño ; translated by Laura Healy.
pages cm
The deluxe, bilingual edition of all the poems of Roberto Bolaño.
Parallel text in English and Spanish.
ISBN 978-0-8112-1928-0 (alk. paper)
1. Bolaño, Roberto, 1953–2003—Translations into English. I. Healy, Laura, translator.
II. Bolaño, Roberto, 1953–2003. Poems. III. Bolaño, Roberto, 1953–2003. Poems.
English. IV. Title.
PQ8098.12.O38A2 2013
861'.64—dc23

2012051419

10 9 8 7 6 5 4 3 2 1

New Directions Books are published for James Laughlin
by New Directions Publishing Corporation,
80 Eighth Avenue, New York 10011

Contents

Nota de los herederos del autor

La decisión de publicar *La Universidad Desconocida* responde al profundo respeto que nos produce el amor que Roberto sentía por su poesía y al hecho de comprobar, al ordenar sus archivos, que se trata de un volumen cerrado –con índice y nota aclaratoria de las fechas y procedencias de sus poemas– dispuesto por Roberto para ser editado.

La presente edición corresponde con exactitud al manuscrito encontrado (tan sólo con algunas correcciones mínimas sacadas de su ordenador). El propio Roberto lo fecha en el año 1993. Fueron años de trabajo y de lucha, pero por encima de todo de escritura:

MI CARRERA LITERARIA

Rechazos de Anagrama, Grijalbo, Planeta, con toda seguri-
dad tambíen de Alfaguara,
Mondadori. Un no de Muchnik, Seix Barral, Destino... To-
das las editoriales... Todos los lectores...
Todos los gerentes de ventas...
Bajo el puente, mientras llueve, una oportunidad de oro
para verme a mí mismo:
como una culebra en el Polo Norte, pero escribiendo.
Escribiendo poesía en el país de los imbéciles.
Escribiendo con mi hijo en las rodillas.
Escribiendo hasta que cae la noche
con un estruendo de los mil demonios.
Los demonios que han de llevarme al infierno,
pero escribiendo.

Octubre de 1990

(Poema inédito que forma parte de un cuaderno que contiene algunos de los poemas incorporados en *La Universidad Desconocida*.)

CAROLINA LÓPEZ
en representación de los herederos del autor

Note from the author's heirs

We decided to publish *The Unknown University* because of the profound respect we had for Roberto's love of his poetry, and because we found, when organizing his archives, that this was a finished volume—with an index and an explanatory note, with dates and origins for the poems—prepared for publication by Roberto.

The present edition corresponds exactly to the manuscript we found (with only a few minimal corrections taken off of his computer). Roberto himself dates it to 1993. They were years of work and struggle, but above all years of work.

MY LITERARY CAREER

Rejections from Anagrama, Grijalbo, Planeta, certainly also
    from Alfaguara,
Mondadori. A no from Muchnik, Seix Barral, Destino... All
    the publishers... All the readers
All the sales managers...
Under the bridge, while it rains, a golden opportunity
to take a look at myself:
like a snake in the North Pole, but writing.
Writing poetry in the land of idiots.
Writing with my son on my knee.
Writing until night falls
with the thunder of a thousand demons.
The demons who will carry me to hell,
but writing.

October 1990

(Unpublished poem from a notebook that contains some of the poems found in *The Unknown University*.)

CAROLINA LÓPEZ
representing the author's heirs

para / for Lautaro Bolaño

THE UNKNOWN
UNIVERSITY

Primera parte

LA NOVELA-NIEVE

Part One

Combien j'aime
Ce tant bizarre Monsieur Rops
Qui n'est pas un grand prix de Rome
Mais dont le talent est haut comme une pyramide de Cheops
BAUDELAIRE

THE SNOW-NOVEL

Esperas que desaparezca la angustia
Mientras llueve sobre la extraña carretera
En donde te encuentras

Lluvia: sólo espero
Que desaparezca la angustia
Estoy poniéndolo todo de mi parte

You wish the angst would go away
While it rains on the strange road
Where you find yourself

Rain: I just wish
The angst would go away
I'm giving it my best shot

AMANECER

Créeme, estoy en el centro de mi habitación
esperando que llueva. Estoy solo. No me importa
terminar o no mi poema. Espero la lluvia,
tomando café y mirando por la ventana un bello paisaje
de patios interiores, con ropas colgadas y quietas,
silenciosas ropas de mármol en la ciudad, donde no existe
el viento y a lo lejos sólo se escucha el zumbido
de una televisión en colores, observada por una familia
que también, a esta hora, toma café reunida alrededor
de una mesa: créeme: las mesas de plástico amarillo
se desdoblan hasta la línea del horizonte y más allá:
hacia los suburbios donde construyen edificios
de departamentos, y un muchacho de 16 sentado sobre
ladrillos rojos contempla el movimiento de las máquinas.
El cielo en la hora del muchacho es un enorme
tornillo hueco con el que la brisa juega. Y el muchacho
juega con ideas. Con ideas y con escenas detenidas.
La inmovilidad es una neblina transparente y dura
que sale de sus ojos.
Créeme: no es el amor el que va a venir,
sino la belleza con su estola de albas muertas.

DAYBREAK

Trust me, I'm in the middle of my room
waiting for rain. I'm alone. I don't care
if I finish my poem or not. I wait for rain,
drinking coffee and through the window watching a beautiful
    landscape
of courtyards, with clothes hanging still,
silent marble clothes in the city, where wind
does not exist and far off you only hear the hum
of a color TV, watched by a family
who's also, at this hour, drinking coffee together around
a table: trust me: the yellow plastic tables
unfold into the horizon and beyond:
into the suburbs where they're building
apartments, and a boy of 16 atop a stack
of red bricks contemplates the machines' movement.
The sky in the boy's hour is an enormous
hollow screw the breeze plays with. And the boy
plays with ideas. With ideas and with frozen scenes.
Inertia is a heavy transparent mist
emerging from his eyes.
Trust me: it isn't love that's drawing near
but beauty with its stole of dead dawns.

LA NOVELA-NIEVE

Mis trabajos literarios 10 abril 1980. Obsesionado
por piernas en dormitorios donde todo es femenino
incluso yo que asesino un aire de cajas y sabuesos
momificados. No escritura en la cadencia de mis días
sin dinero, ni amor, ni miradas; sólo confidencias
dormitorios oscuros donde soy la media de seda
rodeado de canarios y hachas de luna. Sin embargo
cuando puedo hablar digo escribe cosas entretenidas
algo que interese a la gente. Pianos abstractos
en las emboscadas del silencio, mi propia mudez
que rodea a la escritura. Tal vez sólo esté ciego,
arribando a una terminal donde «mi talento»
pueda ser expresado por las trizaduras combustibles
mi propio cuello en la novela-nieve.

THE SNOW-NOVEL

My literary work April 10, 1980. Obsessed
with legs in bedrooms where everything is feminine
even me, murdering a sepulchral air of mummified
gumshoes. No writing in the cadence of my days
without money, or love, or glances; just secrets
dark bedrooms where I am the silk stocking
surrounded by canaries and labrys. Even so
when I can talk I say: write amusing things
stuff that will interest people. Abstract pianos
in silence's ambushes, my own muteness
that envelopes the writing. Maybe I'm just blind,
arriving at a terminal where "my talent"
can be expressed by combustible cracks
my own neck in the snow-novel.

ÉSTA ES LA PURA VERDAD

Me he criado al lado de puritanos revolucionarios
He sido criticado ayudado empujado por héroes
de la poesía lírica
y del balancín de la muerte.
Quiero decir que mi lirismo es DIFERENTE
(ya está todo expresado pero permitidme
añadir algo más).
Nadar en los pantanos de la cursilería
es para mí como un Acapulco de mercurio
un Acapulco de sangre de pescado
una Disneylandia submarina
En donde soy en paz conmigo.

THIS IS THE HONEST TRUTH

I grew up alongside puritan revolutionaries
I've been criticized advised energized by heroes
of lyric poetry
and the teeter-totter of death.
What I'm trying to say is my lyricism is DIFFERENT
(that's all there is to it, but let me
add one thing more).
Swimming in the swamps of sentimentality
is, to me, like a mercurial Acapulco
a fish-blood Acapulco
an underwater Disneyland
where I'm at peace with myself.

Raro oficio gratuito   Ir perdiendo el pelo
y los dientes   Las antiguas maneras de ser educado
Extraña complacencia   (El poeta no desea ser más
que los otros)   Ni riqueza ni fama ni tan sólo
poesía   Tal vez ésta sea la única forma
de no tener miedo   Instalarse en el miedo
como quien vive dentro de la lentitud
Fantasmas que todos poseemos   Simplemente
aguardando a alguien o algo sobre las ruinas

Strange gratuitous occupation   To go losing your hair
and your teeth   The ancient ways of being educated
Odd complacency   (The poet doesn't wish to be greater
than others)   Not wealth or fame or even just
poetry   Maybe this is the only way
to avoid fear   Settle into fear
like one inhabiting slowness
Ghosts we all possess   Simply
waiting for someone or something in the ruins

EL TRABAJO

En mis trabajos la práctica se decanta como causa y efecto
de un rombo siempre presente y en movimiento.
La mirada desesperada de un detective
frente a un crepúsculo extraordinario.
Escritura rápida trazo rápido sobre un dulce día que
llegará y no veré.
Pero no puente de ninguna manera puente ni señales
para salir de un laberinto ilusorio.
Acaso rimas invisibles y rimas acorazadas alrededor de
un juego infantil, la certeza de que ella está soñando.
Poesía que tal vez abogue por mi sombra en días venideros
cuando yo sólo sea un nombre y no el hombre que con
los bolsillos vacíos vagabundeó y trabajó en los mataderos
del viejo y del nuevo continente.
Credibilidad y no durabilidad pido para los romances
que compuse en honor de muchachas muy concretas.
Y piedad para mis años hasta arribar a los 26.

WORK

In my line of work, practice develops through cause and effect
of a rhombus always present and in motion.
A detective's desperate gaze
before an extraordinary sunset.
Quick writing quick line across a sweet day that
will arrive, that I won't see.
But no bridge definitely no bridge or signs
to get out of an illusory labyrinth.
Maybe invisible rhymes and armored rhymes emerging from
child's play, the certainty that she's dreaming.
Poetry that might champion my shadow in days to come
when I'll be just a name and not the man who wandered
with empty pockets, worked in slaughterhouses
on the old and on the new continent.
I seek credibility not durability for the ballads
I composed in honor of very real girls.
And mercy for my years before 26.

A las 4 de la mañana viejas fotografías de Lisa
entre las páginas de una novela de ciencia ficción.
Mi sistema nervioso se repliega como un ángel.
Todo perdido en el reino de las palabras a las 4
de la mañana: la voz del pelirrojo arquea la piedad.
Viejas fotografías casas de aquella ciudad
donde lentamente hicimos el amor.
Casi un grabado en madera, escenas
que se sucedieron inmóviles fronda entre dunas.
Dormido sobre la mesa digo que era poeta,
un demasiado tarde, un querido despierta,
nadie ha quemado las velas de la amistad

At 4 a.m. old photographs of Lisa
between the pages of a science fiction novel.
My nervous system recoils like an angel.
Everything lost in the kingdom of words at
4 a.m.: the voice of the redhead sounds the depths of devotion.
Old photographs, houses in that city
where we slowly made love.
Practically a woodcut, scenes
in motionless succession, frond in the dunes.
Asleep on the table I say I was a poet,
a little too late, a loved one awakes,
no one has burned the candles of friendship

Dentro de mil años no quedará nada
de cuanto se ha escrito en este siglo.
Leerán frases sueltas, huellas
de mujeres perdidas,
fragmentos de niños inmóviles,
tus ojos lentos y verdes
simplemente no existirán.
Será como la Antología Griega,
aún más distante,
como una playa en invierno
para otro asombro y otra indiferencia.

In a thousand years nothing will be left
of all that's been written this century.
They'll read loose sentences, traces
of lost women,
fragments of motionless children,
your slow green eyes
simply will not exist.
It will be like the Greek Anthology,
but even further away,
like a beach in winter
for another wonder, another indifference.

Escribe sobre las viudas las abandonadas,
las viejas, las inválidas, las locas.
Detrás de las Grandes Guerras y los Grandes Negocios
que conmueven al mundo están ellas.
Viviendo al día, pidiendo dinero prestado,
estudiando las pequeñas manchas rojas
de nuestras ciudades
    de nuestros deportes
        de nuestras canciones.

Write of widows, the abandoned ones,
the elderly, the handicapped, the mad.
Behind the Great Wars and Great Businesses
that move the world—there they are.
Living day to day, borrowing money,
studying the little red stains
of our cities
    of our sports
        of our songs.

LAS PELUCAS DE BARCELONA

Sólo deseo escribir sobre las mujeres
de las pensiones del Distrito 5.º
de una manera real y amable y honesta
para que cuando mi madre me lea
diga así es en realidad
y yo entonces pueda por fin reírme
y abrir las ventanas
y dejar entrar las pelucas
los colores.

THE WIGS OF BARCELONA

I'd just like to write about the women
of the District 5 boarding houses
in a way that's real and kind and honest
so that when my mother reads it
she'll say that's just what it's like
and then I'll finally be able to laugh
and open the windows
and let in the wigs
the colors.

MIS CASTILLOS

Estos aromas son mi tienda de campaña, dije
A partir de la página 521 conoceré a mi verdadero
amor   En el segundo volumen pensaba recuperar
el tiempo perdido   Una vaga idea de las Galias
Herejías   Apuntes de Turmeda   El mar ciñendo
suavemente a las islas   Un idioma y una renta
balear   Apenas el roce de las piernas
en la llamada *postura del perro*   La verga
como un inyector   Se clava con fuerza y sale
Inmóvil entre los labios   Tanto tiempo
Estos aromas, estos árboles, este montón
de sacos de dormir abandonados detrás de la casa
Esta hora en blanco y negro

MY CASTLES

These smells are just my tent, I said
After page 521 I'll meet my true
love   In the second volume I thought to make up for
lost time   A vague idea of the Heretical
Gauls   Turmeda's Notes   The sea gently
clinging to the islands   The language and rent
of the Balearics   Legs barely brushing
in the so-called *doggy style*   The cock
as injector   It thrusts hard, exits
Motionless between the lips   A long time
These smells, these trees, this mountain
of sleeping bags abandoned behind the house
This black and white hour

POETA CHINO EN BARCELONA

Un poeta chino piensa alrededor
de una palabra sin llegar a tocarla,
sin llegar a mirarla, sin
llegar a representarla.
Detrás del poeta hay montañas
amarillas y secas barridas por
el viento,
ocasionales lluvias,
restaurantes baratos,
nubes blancas que se fragmentan.

CHINESE POET IN BARCELONA

A Chinese poet thinks around
a word without ever touching it,
without ever seeing it, without
ever representing it.
Behind the poet are mountains
yellow and dry swept by
the wind,
occasional rain,
cheap restaurants,
white clouds dispersing.

MI POESÍA

Mi poesía temporada de verano 1980
sobreimposición de dos cines dos películas
sobreimpuestas quiero decir el jorobadito el poli
en planos similares quiero decir el barquito

hasta allí la mujer que prepara dos perros
cruzados en la escalera el mar freudiano
buque de vientre herido ¿picado por avispas?
¿cuchillos clavos pinchos? la voz dice baje
esa pistola dos cines que se mutilan en la niebla
el recuerdo de las rodillas de Lisa el vacío que
intentó llenar (aplausos) el lento genio jorobado

MY POETRY

My poetry summer 1980
superposition a double feature two films
superimposed that is the little hunchback the cop
in similar shots that is the little boat

⎯⎯⎯⎯⎯⎯⎯⎯⌒⌒⌒⌒⌒⌒⌒⌒⌒⌒⌒⌒⌒

to there the woman preparing two dogs
crossed on the stair the Freudian sea   ⋀⋁⋀⋁⋀⋀
vessel of a wounded gut, stung by wasps?
knives nails thorns? the voice says put down
that gun a double feature mutilating itself in the fog
the memory of Lisa's knees the void
she tried to fill (applause) the slow and genius hunchback

PENDEJO WHISTLER

Tal vez ésta sea la hora
de sentarnos
sobre el teclado.

Miles de Post-Scriptums:
—No sólo sentarnos, sino ...
—Un viento de fealdad que da sed. Cervezas a la una de la
   mañana en un Frankfurt de la Avenida Pelayo.
—Olas de la provincia de Maule, el «feísmo» en su soberanía.
   Y repetir: *aquel chileno prodigioso que tantas veces habló
   donde no debía, babeando su desesperada ignorancia del
   amor.*
—Supongo que al decir esto pienso en México.

FUCKING WHISTLER

Maybe now is the time
to sit ourselves down
on the keyboard.

Thousands of Post-Scripts:
—Not just sit ourselves down, but . . .
—A gust of ugliness that makes you thirsty. Beer at one in
  the morning in a German place on Avenida Pelayo.
—Waves from the province of Maule, "ugliness" in its sover-
  eignty. And repeat: *that prodigious Chilean who so fre-*
  quently spoke when he shouldn't have, drooling his desperate
  ignorance of love.
—I guess when I say this I'm thinking of Mexico.

NIÑOS DE DICKENS

Admiras al poeta de nervios duros   ¿De acuerdo?
De acuerdo   De la misma manera que admiras
al obrero de horario salvaje y a los comerciantes
que se acuestan de madrugada contando el oro
y a las muchachas de 25 años que follan durante toda
la noche y al día siguiente dan tres o cuatro exámenes
en la universidad

Es difícil entender lo anterior   Intento decir
animales salvajes rondando por las paredes de mi casa
Búhos y niños de Dickens   Lagartos y hermafroditas
pintados por Moreau   Los soles de mis dos habitaciones
El rumor de pasos que puede solidificarse en cualquier
    momento
como una escultura de yeso sucio   Los ojos
borrados del santo que cabalga al encuentro
del Dragón

DICKENSIAN CHILDREN

You admire the poet with nerves of steel   Right?
Right   In the same way you admire
the worker with savage hours and shopkeepers
who fall asleep at dawn counting gold
and 25-year-old girls who fuck all
night and the next day take three or four exams
at the university

It's tough to understand the above   I mean to say
wild animals hanging around the walls of my house
Owls and Dickensian children   Lizards and hermaphrodites
painted by Moreau   The suns of my two rooms
The buzz of footsteps that can harden at any moment
like a sculpture of dirty plaster   The vacant
eyes of the saint riding his horse toward
the Dragon

La navaja en el cuello y la voz
del adolescente se quiebra
dámelo todo   dámelo todo
o te *corto*
y la luna se hincha
entre los pelos

Switchblade to the neck and the
teenager's voice cracks
give me everything   give me everything
or I'll *cut* you
and the moon swells
through his hair

ÁRBOLES

Me observan en silencio
mientras escribo   Y las copas
están llenas de pájaros, ratas,
culebras, gusanos
y mi cabeza
está llena de miedo
y planes
de llanuras por venir

TREES

They watch me in silence
while I write   And the treetops
are full of birds, rats,
snakes, worms
and my head
is full of fear
and plans
of prairies ahead

NO COMPONER POEMAS
SINO ORACIONES

Escribir plegarias que musitarás
antes de escribir aquellos poemas
que creerás no haber escrito nunca

DON'T WRITE POEMS
BUT SENTENCES

Write prayers that you will whisper
before writing those poems
you will think you never wrote

Pregunté si aún estaba allí.
Dijo que pasara.
Está nevando nuevamente, avisé.
Sus libros desparramados.
Inútil para hacer el amor.
Desde hacía 6 meses no llevaba ninguna chica
al cuarto.
Enfático, categórico, señaló
una mosca aplastada
en el otro lado de la ventana.
Como escupir a un espejo, recordé.
Una especie de poeta.
Despreocupado y feliz.

I asked if she was still there.
She said she'd come by.
It's snowing again, I warned.
Books scattered.
Useless for love making.
6 months since I'd brought a girl
to my place.
Emphatic, categorical, she pointed out
a fly squashed
on the other side of the window.
Like spitting at a mirror, I recalled.
A kind of poet.
Carefree and happy.

¿Qué haces en esta ciudad donde eres pobre y desconocido?
(La pregunta me hizo gracia)   Envejeces, paseas
por los alrededores de los museos, contemplas
a las muchachas de la ciudad que te es hostil
Oh, dije, en realidad exageras   ¿Un ejercicio de
paciencia?   Tal vez   ¿La virtud como una hélice?
Mis pasos me han puesto bajo estos acueductos   Los
mejores   Me doy por satisfecho   Una muchacha, una
escudilla de sopa en Can Riera, un saco caliente en invierno
Mientras tus versos se pudren, dijo la voz
A las doce de la noche
¿Acaso pretendes volver a tu país natal con los ojos
de Anselm Turmeda?   Cansado   Divertido
tras haber escuchado una conversación ajena
me saco los zapatos sonriendo en la oscuridad
Pero estás solo
No   Alguien, mi Explorador, vigila mis temas

What are you doing in this city where you're poor and
    unknown?
(The question made me smile)   You grow old, walk around
outside museums, check out
the girls of a city so hostile toward you
Oh, I said, you're really exaggerating   An exercise in
patience?   Maybe   Propelled by virtue?
My steps have set me beneath these aqueducts   The
best   I'm satisfied   A girl, a
bowl of soup at Can Riera, a warm coat in winter
While your verses rot, said the voice
At twelve midnight
Perhaps you plan on returning to your country with the eyes
of Anselm Turmeda?   Tired   Amused
after overhearing a distant conversation
I take off my shoes smiling in the dark
But you're alone
No   Someone, my Scout, keeps an eye on things

Según Alain Resnais
hacia el final de su vida
Lovecraft fue vigilante nocturno
de un cine en Providence.

Pálido, sosteniendo un cigarrillo
entre los labios, con un metro
setenta y cinco de estatura
leo esto en la noche del camping
Estrella de Mar.

According to Alain Resnais
toward the end of his life
Lovecraft was a night watchman
at a theatre in Providence.

Pale, holding a cigarette
between two lips, five feet
seven inches tall
I read this at night
in Estrella de Mar campground.

UN SONETO

Hace 16 años que Ted Berrigan publicó
sus *Sonetos*. Mario paseó el libro por
los leprosarios de París. Ahora Mario
está en México y *The Sonnets* en
un librero que fabriqué con mis propias
manos. Creo que la madera la encontré
cerca del asilo de ancianos de Montealegre
y con Lola hicimos el librero. En
el invierno del 78, en Barcelona, cuando
aún vivía con Lola! Y ya hace 16 años
que Ted Berrigan publicó su libro
y tal vez 17 o 18 que lo escribió
y yo ciertas mañanas, ciertas tardes,
perdido en un cine de barrio intento leerlo,
cuando la película se acaba y encienden la luz.

A SONNET

16 years ago Ted Berrigan published
his *Sonnets*. Mario passed the book around
the leprosaria of Paris. Now Mario
is in Mexico and *The Sonnets* on
a bookshelf I built with my own
hands. I think I found the wood
near Montealegre nursing home
and I built the shelf with Lola. In
the winter of '78, in Barcelona, when
I still lived with Lola! And now it's been 16 years
since Ted Berrigan published his book
and maybe 17 or 18 since he wrote it
and some mornings, some afternoons,
lost in a local theatre I try reading it,
when the film ends and they turn on the light.

PARA EFRAÍN HUERTA

Quisiera escribir cosas divertidas para ti.
De catástrofes y pequeñas tristezas
estamos hasta el cuello. Nada de imágenes,
tal vez labios, pelos, y una niña que juega
con el maletín de un médico. No sé, Efraín,
qué paisajes decir ahora que estoy pensando
en ti. No sólo tu bondad me ayudó; también
esa suerte de honradez hierática, tu sencillez
al apoyarte en la ventana de tu departamento
para contemplar, en camiseta, el crepúsculo
mexicano, mientras a tus espaldas los poetas
bebían tequila y hablaban en voz baja.

FOR EFRAÍN HUERTA

I'd like to write lighthearted things for you.
We're up to our necks in
catastrophes and petty sadness. Not images,
maybe lips, hair, and a girl who plays
with a doctor's bag. I don't know, Efraín,
what the heck to say now that I'm thinking
of you. It wasn't just your kindness that helped me; but also
that sort of inscrutable honor, the ease with which
you leaned against the window of your apartment
to observe, in a t-shirt, the Mexican
sunset, while at your back the poets
drank tequila and spoke in whispers.

LA ÚNICA IMAGEN QUE GUARDO DE T. C.

El señor Teófilo Cid no está.
La lluvia sobre esa ciudad extraña, Santiago del
Nuevo Extremo.
El señor Cid pasea por calles grises.
Pelo de rata, ojillos de rata,
En un atardecer neutro.
Abrigos, gabardinas, chaquetas rojas que la lluvia empuja
Hacia cualquier lugar.
El señor Teófilo Cid un tanto ebrio,
En su ciudad,
Huyendo bajo la lluvia.
Única realidad de estas palabras.

THE ONLY IMAGE I'VE KEPT OF T. C.

Mr. Teófilo Cid isn't here.
Rain over that strange city, Santiago of the
New Extreme.
Mr. Cid walks along gray streets.
Mousy hair, beady mouse eyes,
In a neutral dusk.
Coats, slickers, red jackets the rain blows
Any which way.
Mr. Teófilo Cid rather drunk,
In this city of his,
Fleeing beneath the rain.
The only reality of these words.

Quel est le mot le plus obscène que vous
ayez entendu dans la bouche de votre mère?

(*enquête réalisée à la initiative*
de JEAN-PIERRE VERHEGGEN)

para ser dicho en un dormitorio
donde ya nada se puede decir

Tu texto ... Tu forma de evitar la rodilla
de tu hermana ... **Tú Hacer Revolución** ...
Tu rostro apagado de viajes en el cuarto oscuro ...
Tu sangre que construye un mapa
sobre las sábanas silenciosas ...
Tu Polo Norte final ...

Quel est le mot le plus obscène que vous
ayez entendu dans la bouche de votre mère?

(enquête réalisée à la initiative
de JEAN-PIERRE VERHEGGEN)

to be said in a bedroom where
there's nothing left to say

Your text ... Your way of avoiding
your sister's knee ... **You Start the Revolution** ...
Your face dulled by travels in the dark room ...
Your blood building a map
on the silent sheets ...
Your ultimate North Pole ...

EL MONJE

Fui feliz durante las cacerías.
Dormité a la sombra de un plátano.
Los sueños ordenaban ríos y castillos.
Al alba mi hermano me murmuró al oído
que tras esas colinas los dominios
permanecían con las mismas alambradas.
Homenajes –dijo. Cabalgué
hasta alcanzar a la vanguardia.
Nadie supo indicarme hacia dónde
se había marchado nuestro señor.
Intuí que el calor de los crepúsculos
era artificial. Supe que alguien
largo tiempo había dormido
sobre mis escritos.

THE MONK

I was happy during the hunts.
I dozed in a plane tree's shade.
My dreams ordained rivers and castles.
At dawn my brother whispered in my ear
that behind those hills the dominions
went on with the same wire fencing.
Homages—he said. I rode horseback
until I reached the vanguard.
No one could point out where
our lord had gone.
I sensed the heat of the sunsets
was artificial. I found that
someone had slept a long time
on my writings.

EL POETA NO ESPERA
A LA DAMA

Kürnberger. Cuando por los reinos
de Europa se paseaba la muerte.
Y en los bardos había ánimo para
renovar la lírica. Sentado
en una cámara del castillo
al que han puesto sitio nuevamente.
Y un poema de amor
de una «soberana indiferencia».
Cuando alguien, tal vez un cortesano,
grita una advertencia inaudible
al final de un pasillo de piedra
que otra vez se diluye
en la intersección de la muerte
y el poema.

THE POET DOES NOT WAIT
FOR THE LADY

Kürnberger. When death was strolling
through the kingdoms of Europe.
And the bards were eager to
revive poetry. Sitting
in a castle chamber
they've besieged yet again.
And a love poem
of "sovereign indifference."
When someone, perhaps a courtesan,
screams an inaudible warning
at the end of a stone passage
that once again dissolves
into the crossroads of death
and poem.

TERSITES

En primavera salían de los bosques y recibían a los hombres
Tersites   Inmaculado el mármol atraviesa descripciones
lamentos, estados totalitarios   Algo tan lejano a la risa
de los comerciantes   (Salían de sus bosques para hacer
el amor)   Con campesinos que alababan grandemente
sus cabalgaduras atadas a los árboles bajos o paciendo
en los claros   Una Grecia en blanco y negro
Y anos dilatados estrechando vergas notables   Tersites
las amazonas   Un atardecer que persiste
a las descripciones y los besos

THERSITES

In spring they came out of the woods and welcomed the men
Thersites   Immaculate marble spanning descriptions
laments, totalitarian states   Something so unlike the merchants'
laughter   (They came out of their woods to make
love)   With country folk who loftily praised
their mounts tied to stunted trees or grazing
in clearings   A black and white Greece
And dilated anuses squeezing notable dicks   Thersites
the amazons   An evening that lingers
beyond descriptions and kisses

Textos de Joe Haldeman, J. G. Ballard, Rubén Darío, Luis Cernuda, Jack London, R. L. Stevenson, Jorge Teillier, André Breton, Erskine Caldwell, Ciencia Ficción Soviética, Valle-Inclán, Hamlet, Daniel Biga, Nazario.

Querida, no es el Paraíso.
En las calles hay batallas campales después de las diez de
la noche.
Nadie viene a visitarme.
Aunque la comida que preparo aún no es del todo mala.

¿Cómo se llama esto?, pregunté.
Océano.
Una larga y lenta Universidad.

Texts by Joe Haldeman, J. G. Ballard, Rubén
Darío, Luis Cernuda, Jack London, R. L. Stevenson,
Jorge Teillier, André Breton, Erskine Caldwell,
Soviet Science Fiction, Valle-Inclán, Hamlet,
Daniel Biga, Nazario.

Dear, this isn't Paradise.
There are battles in the streets from 10 p.m. on.
No one comes to visit me.
Even though the food I cook isn't all that bad.

What's this called? I asked.
Ocean.
A long, slow University.

He soñado labios
(¿Solitarios y abiertos? ¿Partidos por el viento?)
Labios como corazón de ornitorrinco
Se mueven entre las ramas   Nada se escucha
(¿Han quitado el sonido? ¿El sonido bajo los árboles?)
Labios húmedos que sonríen al final de mi sueño
Sobre un fondo de hojas   El empapelado
de esta pieza de hotel   Dibujo tenaz
Rumor del medievo

I dreamt of lips
(Solitary and open? Parted by the wind?)
Lips like a platypus heart
They move between branches   Can't hear a thing
(Have they turned off the sound? The sound beneath the trees?)
Humid lips smiling at the end of my dream
Against a backdrop of leaves   The wallpaper
in this hotel room   Tireless drawing
Murmur from the Middle Ages

No enfermarse nunca   Perder todas las batallas
Fumar con los ojos entornados y recitar bardos provenzales
en el solitario ir y venir de las fronteras
Esto puede ser la derrota   pero también el mar
y las tabernas   El signo que equilibra
tu inmadurez premeditada y las alegorías
Ser uno y débil y moverse

Never get sick   Lose all the battles
Smoke with eyes half closed and recite Provençal bards
in the solitary coming and going of the borders
This may be defeat   But the sea
and taverns, too   The sign that balances
your deliberate immaturity and the allegories
Be one, be weak, keep moving

GUIRAUT DE BORNELH

GUIRAUT DE BORNELH

Guiraut de Bornelh la lluvia
Te rascas el cuello distraídamente mientras contemplas
una tabla pintada con la Virgen y el Niño
Detrás hay árboles frondosos y más atrás aún
aparecen y desaparecen las colinas
a través de la cortina de lluvia
En un rincón de la ermita se queja un anciano
Es la hora de alejarse de estos campos
Te rascas el vientre   Mentalmente
compones un alba

Guiraut de Bornelh the rain
You scratch your neck absentmindedly while you contemplate
a panel painted with the Virgin and Child
Behind them, leafy trees, and even further back
the hills appear and disappear
through the curtain of rain
In a corner of the hermitage an old man complains
It's time to get away from these lands
You scratch your belly   In your mind
you compose a sunrise

Edad Media de las cabelleras que el viento esquiva
Mientras haya viento escribirás   El viento
como matemáticas exactas   Como el ojo con la
propiedad de la uña   Mientras haya viento escribirás
tus historias para ella   Midiendo espesor longitud
velocidad   Diciéndole al oído a cualquier desconocido
que esta noche el viento sopla del Este
Un fulgor de cabalgaduras y trovadores a orillas
de la autopista   Que retienen y bordan
las otras palabras del viento

Middle Ages of long hair untouched by the wind
Provided there's wind you'll write   Wind
mathematically precise   Like the eye that has
properties of the nail   Provided there's wind you'll write
your stories for her   Measuring thickness longitude
velocity   Saying into any old stranger's ear
that tonight the wind blows from the East
A glow of steeds and troubadours on the shores
of the highway   Who hold and embellish
the wind's other words

Se ríen los trovadores en el patio de la taberna
La mula de Guiraut de Bornelh   El cantar oscuro
y el cantar claro   Cuentan que un catalán prodigioso …
La luna … Los claros labios de una niña diciendo en latín
que te ama   Todo lejos y presente
No nos publicarán libros ni incluirán muestras
de nuestro arte en sus antologías   (Plagiarán
mis versos mientras yo trabajo solo en Europa)
Sombra de viejas destrucciones   La risa de los juglares
desaparecidos   La luna en posición creciente
Un giro de 75° en la virtud
Que tus palabras te sean fieles

The troubadours laugh on the tavern porch
Guiraut de Bornelh's mule   Dark singing
and light singing   They tell of a prodigious Catalan ...
The moon ... The light lips of a girl saying in Latin
that she loves you   Everything long ago and now
They won't publish our books or include selections
of our art in their anthologies   (They'll plagiarize
my verse while I work alone in Europe)
Shadow of old destructions   Laughter of disappeared
jesters   The waxing moon
A 75° turn in virtue
May your words be true to you

No esperes nada del combate.
El combate busca la sangre.
Y se justifica con la sangre.
Detrás de las piernas de la reina
Dulcemente abiertas a la verga
Del rey, se mueven las cabañas
Quemadas, los cuerpos sin cabeza,
La noble mirada hechizada por la muerte.

Expect nothing of combat.
Combat seeks blood.
And justifies itself with blood.
Behind the queen's legs,
Sweetly parted for the dick
Of the king, are torched
Cabins, headless bodies,
The noble gaze bewitched by death.

Guiraut   Sentado en el patio de la taberna
Las piernas cruzadas   Has salido para digerir
contemplando el cielo   Los tejados grises
Las chimeneas humeantes de los primeros días invernales
Las niñitas rubias morenas pelirrojas   Jugando

Guiraut   Sitting on the tavern porch
Legs crossed   You've come outside to digest
watching the sky   Gray roofs
Smoking chimneys of the first days of winter
Little blonde brunette redheaded girls   Playing

CALLES DE BARCELONA

STREETS OF BARCELONA

La pesadilla empieza por allí, en ese punto.
Más allá, arriba y abajo, todo es parte de la
pesadilla. No metas tu mano en ese jarrón. No
metas tu mano en ese florero del infierno. Allí
empieza la pesadilla y todo cuanto desde allí
hagas crecerá sobre tu espalda como una joroba.
No te acerques, no rondes ese punto equívoco.
Aunque veas florecer los labios de tu verdadero
amor, aunque veas florecer unos párpados que
quisieras olvidar o recobrar. No te acerques.
No des vueltas alrededor de ese equívoco. No
muevas los dedos. Créeme. Allí sólo crece
la pesadilla.

The nightmare begins over there, right there.
Further, up, down, everything's part of the
nightmare. Don't stick your hand in that urn. Don't
stick your hand in that hellish vase. That's
where the nightmare begins and everything you do there
will grow like a hump on your back.
Stay away, don't hang around that equivocal point.
Even if you see the flowering lips of your true
love, even if you see some flowering eyelids
you wanted to forget or get back. Stay away.
Don't run circles around that mistake. Don't
lift a finger. Trust me. The only thing that grows there
is the nightmare.

Los floreros disimulan
La puerta del Infierno

Con cierta clase de luz
Y a determinada hora

De repente te das cuenta
Ese objeto es el terror

The vases conceal
The door to Hell

With a particular light
And at a certain time

You suddenly realize:
That object is terror

Duerme abismo mío, los reflejos dirán
que el descompromiso es total
pero tú hasta en sueños dices que todos
estamos comprometidos que todos
merecemos salvarnos

Sleep my abyss, reflexes may tell me
detachment is total
but even in dreams you say we're all
in this together, we all
deserve to be saved

Una voz de mujer dice que ama
la sombra que tal vez es la tuya
Estás disfrazado de policía y contemplas
caer la nieve   ¿Pero cuándo?
No lo recuerdas   Estabas en la calle
y nevaba sobre tu uniforme de poli
Aun así la pudiste observar:
una hermosa muchacha a horcajadas
sobre una motocicleta negra
al final de la avenida

A woman's voice says she loves
the shadow which may be your own
Disguised as a cop, you watch
the falling snow   But when?
You don't remember   You were in the street
and it was snowing on your police uniform
But still you could see her:
a beautiful girl straddling
a black motorcycle
at the end of the road

FRITZ LEIBER RELEE ALGUNOS
DE SUS CUENTOS

El gato que ayer me era simpático
hoy ya habla   Supongamos
que los pensamientos negros también son
naves heliocéntricas   El anhelo
siempre escapa de las pérfidas
emboscadas pavlovianas
Hacia el núcleo de la revolución
Bebiendo un resplandor llamado whisky
Pregúntale al escritor:
¿qué va a ser de toda esta gente?
A veces soy inmensamente feliz
No importa lo que yo te diga

FRITZ LEIBER REREADS SOME
OF HIS STORIES

The cat who was kind yesterday
is talking today   We figure that
black thoughts are also
heliocentric ships   Longing
always escapes from treacherous
Pavlovian ambushes
Toward the nucleus of revolution
Drinking a radiance called whisky
Ask the writer:
what will become of all these people?
Sometimes I'm incredibly happy
It doesn't matter what I tell you

Éstos son los rostros romanos del Infierno
Prefiero vivir lejos de todo, dije
No ser cómplice   Pero esos rostros contemplan
aquello más allá de tu cuerpo   Nobles
facciones fosilizadas en el aire
Como el fin de una película antigua
Rostros sobreimpresos en el azul del cielo
Como la muerte, dije

These are the Roman faces of Hell
I'd rather live far from everything, I said
Not be an accomplice   But those faces contemplate
what's beyond your body   Noble
factions fossilized in air
Like the end of an ancient film
Faces superimposed on the sky's blue
Like death, I said

UNA LECTURA DE CONRAD AIKEN

Tal vez no ame a nadie en particular, dijo
mientras miraba a través de los cristales
(La poesía ya no me emociona) –¿Qué?
Su amiga levantó las cejas   Mi poesía
(Caca)   Ese vacío que siento después de un
orgasmo   (Maldita sea, si sigo escribiéndolo
llegaré a sentirlo de verdad)   La verga enhiesta
mientras se desarrolla el Dolor   (Ella se vistió
aprisa: Medias de seda roja)   Un aire
jazzeado, una manera de hablar   (Improviso,
luego existo, ¿cómo se llamaba ese tipo?)
Descartes   Caca   (Qué nublado, dijo ella
mirando hacia arriba)   Si pudieras contemplar
tu propia sonrisa   Santos anónimos
Nombres carentes de significado

A READING OF CONRAD AIKEN

Maybe I don't love anyone in particular, she said
looking through the glass
(Poetry just doesn't do it for me anymore) —What?
His friend raised her eyebrows   My poetry
(Garbage)   That void I feel after an
orgasm   (Damn it, if I keep writing this
I'll really feel it)   Cock erect
while Pain is building   (She dressed
quickly: red silk stockings)   A jazzed up
air, a way of speaking   (I improvise,
therefore I am, what was that guy's name?)
Descartes   Garbage   (It's so cloudy, she said
looking up)   If you could see
your own smile   Anonymous saints
Names without meaning

UNA LECTURA DE HOWARD FRANKL

A lo mejor estaba borracho pero vi
que la pareja de policías atravesaba
la vitrina de la papelería y luego
la del restaurante y la del almacén
y después los ventanales de otro
restaurante y de una tienda de ropa
y de la relojería hasta desaparecer
por el horizonte completamente azul
como tragados por el océano ¿pero
cuál océano? ¿cuál horizonte?

A READING OF HOWARD FRANKL

I may have been drunk, but I saw
the pair of police passing through
the stationer's window and then
the restaurant's and the grocer's
and afterwards the panes of another
restaurant and a clothing store
and the clock shop until they disappeared
into the wholly blue horizon
as if swallowed by the ocean, but
which ocean? which horizon?

EL GRECO

Imagino a veces un dormitorio en penumbras
Una pequeña estufa eléctrica   Una cortina roja
que huele a naranjas viejas
Un enorme colchón en el suelo
Una muchacha de largas piernas pecosas
Boca abajo con los ojos cerrados
Un muchacho de pelo largo besando su espalda
La verga erecta acomodada entre las nalgas
que apenas se levantan   Y dilataciones
Un olor muy fuerte
Imagino también las imágenes
que florecen en su cerebro y en su nariz
El asombro en la luna del enamorado

EL GRECO

Sometimes I imagine a dim-lit bedroom
A small electric stove   A red curtain
smelling of old oranges
A huge mattress on the floor
A girl with long freckled legs
Face down with her eyes closed
A long-haired boy kissing her back
His erect cock lodged between her barely
lifted buttocks   And dilations
A very strong smell
I also imagine the images
flowering in his head and in his nose
Wonder in the lover's moon

LA SOLEDAD

¿Te divierte que escriba en tercera persona?
¿Te divierte que a veces diga que dentro de 100 años
estaremos completamente solos?
Nada sé de ti salvo que eres mi hermana
En los fríos departamentos junto al barrio gótico
A veces escuchando la lluvia
O besándonos
O haciendo muecas delante del espejo

SOLITUDE

Does it amuse you that I write in third person?
Does it amuse you that I sometimes say in 100 years
we'll be completely alone?
I know nothing about you except you're my sister
In cold apartments by the *barrio gótico*
Sometimes listening to the rain
Or kissing
Or making faces in the mirror

Vete al infierno, Roberto, y recuerda que ya nunca más
volverás a metérselo
Tenía un olor peculiar
Largas piernas pecosas
Cabellera caoba y bonita ropa
En realidad poco es lo que recuerdo ahora
Me amó para siempre
Me hundió

Go to hell, Roberto, and remember you'll never
stick it in again
She had a peculiar smell
Long freckled legs
Mahogany hair and beautiful clothes
To be honest I don't remember much now
She loved me forever
She crushed me

No puedo caminar dices
Estoy clavado en este pueblo
Mirando pasar las nubes

Son los años de la energía
Los techos blancos se estremecen
Dices: estoy sangrando.

Las nubes cada vez más agudas
Clavadas por un instante en tu retina
Dices: ahora el fuego me asesina.

I can't walk, you say
I'm nailed to this town
Watching clouds go by

It's the years of energy
The white rooftops shudder
You say: I'm bleeding.

The clouds, sharper and sharper
Nailed for an instant to your retina
You say: now I'm being murdered by fire.

La sangre coagulada en un vidrio horizontal.
Agradable agradable agradable
como Barcelona a mediados del 79
Asuntos trovados por Joan Airas te ocupan ahora
Pobre y libre y paranoico
El único bulto oscuro cercano a tu lecho
es la mochila
Ruego a Dios que no te enfermes

Blood coagulated on horizontal glass.
Nice nice nice
like Barcelona in the middle of '79
Matters put in verse by Joan Airas are on your mind now
Poor and free and paranoid
The only dark shape beside your bed
is the backpack
I pray to God you don't get sick

LA PRIMAVERA

La primavera abre los párpados
en un Gibraltar de partituras

SPRING

Spring opens eyes upon
Gibraltar's sheets of sound

Escribe el sexo rojo atravesado por palmeras grises.
Similar es este eclipse a tus lentes que caen al abismo.
En la sala de lecturas del Infierno.
Con los hombres concretos y los hombres subjetivos
y los buscados por la ley.

Write red sex cross-cut by gray palm trees.
This eclipse is like your glasses falling into the abyss.
In the reading room of Hell.
With concrete men and subjective men
and those wanted by the law.

ESCRIBE LO QUE QUIERAS

Nada quedará de nuestros corazones.

Peire Cardenal. Delante de tus palabras
Un cenicero blanco repleto de anillos.
Los albigenses escondidos en Barcelona.
De todas maneras canciones y vino.
Un cenicero blanco repleto de dedos.
En los cómics encontramos la libertad.

Nada quedará de nuestros corazones.
Ni de los techos de piedra que nos vieron.
Palidecer.

WRITE WHATEVER YOU WANT

Nothing will be left of our hearts.

Peire Cardenal. Before your words
A white ashtray full of rings.
The Albigenses hidden in Barcelona.
In any case, songs and wine.
A white ashtray full of fingers.
In comic books we find freedom.

Nothing will be left of our hearts.
Nor of the stone roofs that saw us.
Go pale.

Cuando piense en gente hecha mierda diariamente
debo pensar también en la velocidad que se acumula
en las puertas de las villas,
en los barcos piratas que los niños construyen
con las hojas de sus cuadernos
de gramática.

Cuando piense en cárcel y escriba cárcel hasta la
saciedad,
no olvidarme de anotar en una esquina
manos sobre genitales,
reconocimiento,
confidencias.

When I think of people whose lives go to shit each day
I should also think of the speed with which they pile up
at town gates,
on pirate ships the children have built
with pages from their grammar
books.

When I think of prison and write prison
ad nauseam,
mustn't forget to note in some corner
hands on genitals,
recognition,
secrets.

LA ÉTICA

Extraño mundo amoroso: suicidios y asesinatos;
no hay dama magnética, Gaspar, sino Miedo
y la velocidad necesaria del que no quiere
sobrevivir.

ETHICS

Strange, lovely world: suicides and murders;
there's no magnetic lady, Gaspar, just Fear
and the requisite speed of one who does not want
to survive.

Llegará el día en que desde la calle te llamarán:
chileno.
Y tú bajarás las escaleras de tres en tres.
Será de noche
y tus ojos por fin habrán encontrado el color
que deseaban.
Estarás preparando la comida o leyendo.
Estarás solo y bajarás de inmediato.
Un grito una palabra
que será como el viento empujándote de improviso
hacia el sueño.
Y tú bajarás las escaleras de tres en tres
Con un cuchillo en la mano.
Y la calle estará vacía.

The day will come when they'll call you from the street:
Chilean.
And you'll go downstairs three by three.
It will be nighttime
and your eyes will have finally found the color
they wanted.
You'll be making dinner or reading.
You'll be alone and you'll go down right away.
A scream a word
that will be like wind pushing you all of a sudden
toward the dream.
And you'll go downstairs three by three
With a knife in your hand.
And the street will be empty.

ÁNGELES

Las noches que he dormido entre rostros y palabras,
Cuerpos doblegados por el viento,
Líneas que miré hechizado
En los límites de mis sueños.
Noches heladas de Europa, mi cuerpo en el ghetto
Pero soñando.

ANGELS

Nights I've slept between faces and words,
Bodies bent by wind,
Lines I watched spellbound
At the edge of my dreams.
Freezing European nights, my body in the ghetto
But dreaming.

Dársenas   Todo espíritu maligno anima
la sombra de la flor   La sombra tuya, Gaspar
Entre inyecciones, sonriéndome apenas
(Tengo 19 años, respétame)   Borraremos
el atardecer en que el chileno se pierde
por una Barcelona absoluta   La nieve
Los caballos   La soledad

Docks   Every evil spirit brightens up
the flower's shadow   Your shadow, Gaspar
Between injections, barely smiling
(I'm 19, show some respect)   We'll erase
the dusk where the Chilean loses himself
in an absolute Barcelona   Snow
Horses   Solitude

CALLES DE BARCELONA

Se turba el pinche Roberto   Cierra los ojos
(Tórnanse bermejas sus mejillas)
Lee libros en la Granja Parisina de la calle Tallers
Camina por las callecitas del puerto bajo la
llovizna   (Una película muy hortera
que interpretaría Robert De Niro)   ¿Pero
por qué enrojece?   (Pinche Robert Bolaño:
besa en la boca lo patético y lo ridículo)
Abre los ojos como un oso flaco y agonizante
(¿Un oso, tú?)   Como *El Resoplón* de R. A. Lafferty
Se turba, camina bajo la llovizna del puerto
Se detiene frente a las carteleras cinematográficas
Lee en el bar Céntrico de la calle Ramalleras
Freud Lacan Cooper   (En serio)
No esconde sus pisadas

STREETS OF BARCELONA

He's embarrassed, that damn Roberto   Closes his eyes
(Cheeks turn red)
He reads books in the Granja Parisina on Tallers Street
He walks through the port's back alleys in the
drizzle   (A really lame film
starring Robert De Niro)   But
why is he blushing?   (Damn Robert Bolaño:
kissing the pathetic and the ridiculous on the lips)
He opens his eyes like a skinny, dying bear
(A bear? You?)   Like R. A. Lafferty's *Snuffles*
He's embarrassed, he walks in the drizzle of the port
He stops in front of the movie posters
He reads in the Céntrico bar on Ramalleras Street
Freud Lacan Cooper   (Seriously)
He doesn't cover his tracks

EN LA SALA DE LECTURAS
DEL INFIERNO

IN THE READING ROOM
OF HELL

LA LLANURA

Cuesta poco ser amable.
El jorobadito hoy no ha salido de su tienda,
Ovillado se escarba los dientes con la uña
Y sus ojos se adormilan
De tanto mirar la lona verde.
Lejos una muchacha dice **no gracias**
Y baja la mirada,
Tal vez el jorobadito haya pensado
En una muchacha caminando
Por la vereda del pueblo
Hasta el taller o el supermercado
Y haya dicho **se prepara para la soledad.**
Tanta tristeza, playas y parasoles
Que se pierden.
Pero ser amable no es difícil.
Y ciertamente es preferible
A los hombres estériles los duros
Y los audaces que pierden
A la misma muchacha
Sin haberla conocido, sin haber escuchado
Lo que ella podía o no
Podía decir.

THE PLAIN

It's easy to be nice.
The little hunchback hasn't left his tent today,
Curled up he picks at his teeth with his fingernail
And his eyes drowse
From so much looking at green canvas.
In the distance a girl says **no thanks**
And looks down,
Maybe the little hunchback envisioned
A girl walking
On the sidewalk in town
To the workshop or the supermarket
And said **she's preparing for loneliness.**
So much sadness, beaches and parasols
That are lost.
But it isn't hard to be nice.
And he's certainly better than
The sterile men the tough
And bold ones who lose
The same girl
Without having met her, without having heard
What she could or
Could not say.

BIBLIOTECA DE POE

En el fondo de un extraño corral,
Libros o pedazos de carne.
Nervios enganchados de un esqueleto
O papel impreso.
Un florero o la puerta
De las pesadillas.

POE'S LIBRARY

At the back of a strange barnyard,
Books or pieces of meat.
Nerves hooked on a skeleton
Or printed paper.
A vase or the door
To nightmares.

De Chile sólo recuerdo una niña de 12 años
bailando sola en un camino de grava.

Estoy dentro de una gruta
de un metro de alto por un metro veinte
de ancho
Una gruta de ramas y matorrales
a orillas del camino.

Ella aparta las hojas y me sonríe.

PATRICIA PONS

My only memory of Chile is a 12-year-old girl
dancing alone on a gravel road.

I'm inside a cave
three feet tall by four feet
wide
A cave of sticks and brush
on the edge of the road.

She pushes aside the leaves and smiles at me.

Ya no hay imágenes, Gaspar, ni metáforas en la zona.
Policías, víctimas, putas armadas
con desechos militares, maricas,
árabes, vendedores de lotería,
feministas que escriben en sus habitaciones.
La desesperanza. La furia.
El atardecer.

There are no more images, Gaspar, no metaphors around here.
Police, victims, whores armed
with army surplus, fags,
Arabs, lottery vendors,
feminists writing in their rooms.
Despair. Fury.
Dusk.

En la sala de lecturas del Infierno   En el club
de aficionados a la ciencia ficción
En los patios escarchados   En los dormitorios de tránsito
En los caminos de hielo   Cuando ya todo parece más claro
Y cada instante es mejor y menos importante
Con un cigarrillo en la boca y con miedo   A veces
los ojos verdes   Y 26 años   Un servidor

In the reading room of Hell   In the club
for science-fiction fans
On the frosted patios   In the bedrooms of passage
On the iced-over paths   When everything finally seems clearer
And each instant is better and less important
With cigarette in mouth and with fear   Sometimes
green eyes   And 26 years   Yours truly

Cae fiebre como nieve
Nieve de ojos verdes

Fever falls like snowflakes
Green-eyed snowflakes

TRAN-QUI-LO

Cuando la aguja a fuerza de ser llamada
se transforma en flor en la oscuridad
de tu cuerpo que cierra los ojos
para poder sentir mejor el frío o la garganta
que se te ofrece como un don constante,
la pluma que te hace cosquillas, la flacura
acaecida hace un siglo que no obstante
retorna esta noche a tu París de puentes
colgantes y sonrisas capaces de reunir
los fragmentos dispersos de la ruina:
esa elegancia extrema que has rechazado
probablemente sean tus nervios, tu tristeza,
el estómago que te cruje en el centro de
toda estética quien te hace proyectar
la sonrisa perdida hace casi un siglo
y el pelo cortado al cepillo y los ojos
azules profundamente locos y buenos y
la aguja que no puede velar por nosotros.

RE-LAX

When the needle, called forth,
becomes a flower in the darkness
of your body which closes its eyes
to better feel the cold or the throat
which offers itself to you like a constant gift,
the feather that tickles you, the weight loss
that happened a century ago which still
returns this night to your Paris of suspension
bridges and smiles capable of reuniting
the scattered fragments of the ruin:
that extreme elegance you've rejected
it's probably your nerves, your sadness,
your stomach grinding at the center of
every aesthetic who makes you project
the smile lost nearly a century ago
and the crew cut hair and the blue
eyes deeply crazy and kind and
the needle that cannot watch over us.

La violencia es como la poesía, no se corrige.
No puedes cambiar el viaje de una navaja
ni la imagen del atardecer imperfecto para siempre.

Entre estos árboles que he inventado
y que no son árboles
estoy yo.

Violence is like poetry, it doesn't correct itself.
You can't change the path of a switchblade
nor the image of dusk, forever imperfect.

Amidst these trees I've invented
which are not trees
am I.

La nieve cae sobre Gerona
¿Así que éstos eran los ritmos?

Los giros del dulce desamor
Como faros durante el atardecer

No hay cosa más suave más sola
La nieve cae sobre Gerona

The snow falling over Gerona
So *these* were the rhythms?

Turns of sweet indifference
Like lighthouses at dusk

There's nothing more gentle more alone
The snow falling over Gerona

Ella se saca los pantalones en la oscuridad.
Soy el gato manchado de negro.
También soy el rostro de Gaspar que fuma contemplando el
humo.
Sobre las baldosas amarillas sus pantalones.
Soy la inmovilidad y el hueso.
Soy el pene mirado.
Todo soy.
El pene que ella mira.

She takes her pants off in the dark.
I am the black spotted cat.
I'm also the face of Gaspar who takes a drag watching the smoke.
Across the yellow tiles her pants.
I am immobility and bone.
I am the penis observed.
I am everything.
The penis she observes.

TE ALEJARÁS

Te alejarás de ese coño sangrante
que primero se ríe y después plagia
tus poemas   Tratarás de olvidar
la sombra la espalda que cocina
el bulto que ronca mientras tú
en la otra habitación escribes
Te dirás cómo ha sido posible
Ese maldito olor que sale de entre
sus piernas   Su manía de lavarse
los dientes a cada rato   Es cierto
ya nunca más te contará la misma
historia de violaciones y psicoanalistas
Ni saldrá de su relato el automóvil
paterno para estacionarse en tu
memoria   (Ese mirador excepcional
desde el que veías que el coche
siempre estuvo vacío)   No más
largas películas heladas   Sus gestos
de desolación   El miedo que apenas
pudiste tocar con las yemas de los dedos
Habrá un día feliz en que te preguntes
cómo eran sus brazos sus codos
ásperos   La luna rielando
sobre el pelo que cubre su cara
Sus labios que articulan en silencio
que todo está bien   Y todo
estará bien sin duda cuando aceptes
el orden de las tumbas   Y te alejes
de sus largas piernas pecosas y del dolor
Ahora tu cuerpo es sacudido por
pesadillas. Ya no eres
el mismo: el que amó,

YOU'LL WALK AWAY

You'll walk away from that bleeding cunt
who first laughs at then plagiarizes
your poems   You'll try to forget
the shadow the back cooking
the lump snoring while you're
writing in the other room
You'll ask yourself how it was possible
That wretched smell exuding from between
her legs   Her obsession with brushing
her teeth all the time   It's true
never again will she tell you the same
story of rapes and psychoanalysts
Nor will the paternal automobile drive
out of her story to park in your
memory   (That exceptional vantage point
from which you could see that the car
was always empty)   No more
long frozen films   Her gestures
of desolation   Fear you could barely
touch with your fingertips
There will come a happy day when you'll ask yourself
what her arms were like, her rough
elbows   The moon shimmering
on the hair that covers her face
Her lips mouthing in silence
that everything's fine   And everything
will be fine without a doubt when you accept
the order of the tombs   And walk away
from her long freckled legs and from pain
Right now your body is shaken by
nightmares. You're not
the same anymore: the one who loved,

que se arriesgó.
Ya no eres el mismo, aunque
tal vez mañana todo se desvanezca
como un mal sueño y empieces
de nuevo. Tal vez
mañana empieces de nuevo.
Y el sudor, el frío,
los detectives erráticos,
sean como un sueño.
No te desanimes.
Ahora tiemblas, pero tal vez
mañana todo empiece de nuevo.

took risks.
You're not the same anymore, even if
maybe tomorrow everything vanished
like a bad dream and you started
over. Maybe
tomorrow you'll start over.
And the sweat, the cold,
the erratic detectives,
will be like a dream.
Don't give up.
Right now you're trembling, but maybe
tomorrow everything will start over.

PARA EDNA LIEBERMAN

Dice el saltimbanqui de las Ramblas:
Éste es el Desierto.

Es aquí donde las amantes judías
Dejan a sus amantes.

Y recuerdo que me amaste y odiaste
Y luego me encontré solo en el Desierto.

Dice el saltimbanqui: éste es el Desierto.
El lugar donde se hacen los poemas.

Mi país.

FOR EDNA LIEBERMAN

The acrobat on the Ramblas says:
This is the Desert.

Here is where Jewish lovers
Leave their lovers.

And I remember that you loved me and hated me
And then I found myself alone in the Desert.

The acrobat says: this is the Desert.
The place where poems are made.

My country.

Vuelto hacia dentro, como si pretendiera
besarme a mí mismo.

DANTE GABRIEL ROSSETTI

Caca … Con mucho cuidado he trazado la «G»
de Gabriel … Con mucho 12 de la noche despierta Roberto
el sueño me dijo que te dijera adiós

Turned inward, as if trying
to kiss myself.
DANTE GABRIEL ROSSETTI

Garbage ... With great care I've drawn the "G"
in Gabriel ... With great 12 at night Roberto wakes up
the dream told me to tell you goodbye

SAN ROBERTO DE TROYA

SAINT ROBERTO OF TROY

MESA DE FIERRO

Has nacido ...
A la izquierda puede verse una cocina nueva,
a la derecha una mesa de fierro; en el suelo,
entre ambas, una palangana de plástico, vacía ...
Hombre con la frente pegada a la ventana ...
El cielo es azul oscuro, muy intenso, con algunas
nubes en el horizonte ...
Me desagradaba verla vomitar ...
Escribí un poema titulado *Muchacha Vacía* ...
Nací en abril, en una ciudad gris ...
Toda la gente hablaba con voz aguda, como de pito ...
La proeza era vivir, pasearse por avenidas fragmentadas ...
Un sueño donde la gente abría la boca
sin que se oyera ningún sonido ...
Mesa de fierro, húmeda, se adivinaba recién fregada ...
Con una esponja ...
Pero no vi esponja alguna en aquel cuarto ...
El cielo es azul oscuro y desaparece rápidamente ...
Nací en un lugar horrible ...
El vidrio se rompe como papel ...
La muchacha dice adiós al asesino ...

IRON TABLE

You were born ...
To your left you can see a new kitchen,
to your right an iron table; on the floor,
between them, a plastic basin, empty ...
Man with forehead glued against the window ...
The sky is dark blue, very intense, with some
clouds on the horizon ...
I hated seeing her vomit ...
I wrote a poem called *Empty Woman* ...
I was born in April, in a gray city ...
All the people spoke with shrill voices, as in falsetto ...
The challenge was to live, to wander fragmented streets ...
A dream where people would open their mouths
without any sound being heard ...
Iron table, humid, you'd figure recently washed ...
With a sponge ...
But I didn't see any sponge in that room ...
The sky is dark blue and it's quickly disappearing ...
I was born in a terrible place ...
The glass splits like paper ...
The girl says goodbye to the assassin ...

LA VENTANA

El paciente llega a la ciudad extranjera.
Si tuviera una mujer, escucha que dicen a su
espalda. Pero no hay nadie: es Barcelona y risas
de chaperos, delincuentes, camellos, niños pálidos
de los futbolines. Me gustaría, me gustaría,
me gustaría **mucho,** dice alguien con acento
alemán. Pero apenas lo escucha.

La muchacha que mira por la ventana
del hotel. Oh fuga de palabras, una Barcelona imaginaria,
medianoche en la calle, la gente es feliz,
el novio, las estrellas como gemas incrustadas
en un libro que el extranjero jamás terminará de leer
(al menos en este mundo), la noche, el mar,
gente feliz asomada a una ventana abierta.

Toda la tristeza de estos años
se perderá contigo.

THE WINDOW

The patient arrives in the foreign city.
If only he had a wife, he hears them say
behind his back. But there's no one: it's Barcelona and the
    laughter
of hustlers, delinquents, dealers, kids pale
from arcades. I'd like, I'd like,
I'd **really** like, someone says in a German
accent. But he barely hears it.

The girl looking out the window
of the hotel. Oh words escape me, an imaginary Barcelona,
midnight on the street, people are happy,
the boyfriend, stars like gems encrusted
on a book that the foreigner will never finish reading
(at least in this lifetime), the night, the sea,
happy people leaning out an open window.

All the sadness of these years
will be lost with you.

Estoy en un bar y alguien se llama Soni
El suelo está cubierto de ceniza   Como un pájaro
como un solo pájaro llegan dos ancianos
Arquíloco y Anacreonte y Simónides   Miserables
refugios del Mediterráneo   No preguntarme qué hago
aquí no recordar que he estado con una muchacha
pálida y rica   Sin embargo sólo recuerdo rubor
la palabra vergüenza después de la palabra vacío
Soni Soni!   La tendí de espaldas y restregué
mi pene sobre su cintura   El perro ladró en la calle
abajo había dos cines y después de eyacular
pensé «dos cines» y el vacío Arquíloco y Anacreonte
y Simónides ciñéndose ramas de sauce   El hombre
no busca la vida dije la tendí de espaldas y se
lo metí de un envión   Algo crujió entre las
orejas del perro   Crac!   Estamos perdidos
sólo falta que te enfermes dije   Y Soni
se separó del grupo la luz de los vidrios sucios
lo presentó como un Dios y el autor
cerró los ojos

I'm in a bar and someone's name is Soni
The floor is covered in ash   Like a bird
like a single bird two old men arrive
Archilochus and Anacreon and Simonides   Miserable
Mediterranean refuges   Don't ask me what I'm doing
here just forget I've been with a girl
who's pale and rich   Anyhow I only remember blush
the word shame after the word hollow
Soni Soni!   I laid her back and rubbed
my penis over her waist   The dog barked in the street
below there was a double feature and after coming
I thought "double feature" and the void Archilochus and
    Anacreon
and Simonides sheathing their willow branches   Man
doesn't search for life I said I laid her back and
shoved the whole thing in   Something crunched between
the dog's ears   Crack!   We're lost
all that's left is for you to get sick I said   And Soni
stepped away from the group the light through dirty glass
rendered it like a God and the author
closed his eyes

De sillas, de atardeceres extra,
de pistolas que acarician
nuestros mejores amigos
está hecha la muerte

Of chairs, of premium sunsets,
of guns stroked by
our best friends
death is made

El autor escapó «*no puedo mantener*
tiempos verbales coherentes»
La muchacha diría **Dos cines Dame dinero**
Contempló el grabado del M. sentado
en habitación-sus-uñas La felicidad
estriba en no abrir la puerta
«*No abrirrr*» dijo
Se escribió a sí mismo como un dardo
en la frente del invierno

The author blurted out "*I can't keep
my tenses straight*"
The girl would say **Double feature Give me money**
He looked at the print of M. sitting
in her-nails-room Happiness
depends on not opening the door
"*Don't come innnnn*" he said
He wrote to himself like a dart
on winter's front

LOLA PANIAGUA

Contra ti he intentado irme alejarme
la clausura requería velocidad
pero finalmente eras tú la que abría la puerta.

Estabas en cualquier cosa que pudiera
caminar llorar caerse al pozo
y desde la claridad me preguntabas por mi salud.

Estoy mal Lola casi no sueño.

LOLA PANIAGUA

Against your wishes I tried to leave to get away
closure required swiftness
but in the end it was you who opened the door.

You were up to all kinds of things
walking crying falling down the well
and in a moment of clarity you asked about my health.

I'm not well Lola I almost never dream.

Soy una cama que no hace ruidos una cama a la una
de la mañana y a las cuatro de la mañana
una cama siempre con los ojos abiertos
esperando mi fin del mundo particular.

Soy la cama negra de Malévich soy la cama paciente
que se desliza por el crepúsculo la cama renga
de los niños siempre con los ojos abiertos.

Soy una cama que se sueña piano una cama sujeta
a la poesía de los pulmones una cama voraz
comedora de cortinas y alfombras
esperando mi fin del mundo particular.

I am a bed that never creaks a bed at one
in the morning and at four in the morning
a bed with eyes always open
waiting for my particular end of the world.

I am Malevich's black bed I am the hospital bed
that glides through twilight the crippled bed
of children with eyes always open.

I am a bed that dreams it's a piano a bed subject
to pulmonary poetry a voracious bed
devourer of curtains and carpets
waiting for my particular end of the world.

UNA ESTATUA

Sol y luna   El viento
de Alejandría entre las algas

Tu voz ... como en una cinta ... hace tanto tiempo
dijiste no ... una dos tres veces ...
imágenes lejanas del Distrito 5°. ... cuando
aún vivías en Barcelona ...

El pasado   películas de viento y algas
la vejez lo cubre y luego se retira
tienes un blanco y negro sucios
los dientes del acomodador
otro cigarrillo
en la vereda tiembla la luna
le das la mano a un rostro que
se desvanece   imágenes nítidas
algas y viento   tus labios inmóviles

A STATUE

Sun and moon   Wind
of Alexandria through seaweed

Your voice ... like a tape ... so long ago
you said no ... one two three times ...
distant images of District 5 ... when
you were still living in Barcelona ...

The past   films of wind and seaweed
old age covers it, then retires
you have it in black and white dirty
teeth of the usher
another cigarette
on the sidewalk the moon trembles
you hold out your hand to a face that
is vanishing   sharp images
seaweed and wind   your motionless lips

LAS SIRENAS

¿Escuchas las sirenas de la noche?
Sí.
La neblina cubre el puerto.
Pero son mensajes para ti.
Las sirenas los cornos los gemidos de la niebla.
Pero yo no sé qué intentas decirme.
Tal vez es la voz de tu conciencia.
Mi conciencia pájaro enronquecido.
¿A estas horas de la noche?
¡Pero tú escribes aún!
Cosas sin importancia.
¿Papeles póstumos, lo que te permitirá ser amado?
Basta.
Amo ahora.
Abro piernas y escondo mi pájaro.
Tu pájaro enronquecido dentro de la niebla.
¿Con quién intentará comunicarse?
Es gratis.
Es canto.
Dentro de muchos años seré deseado
Como un círculo de hielo.

THE SIRENS

Do you hear the sirens at night?
Yes.
Mist is covering the harbor.
But they're messages for you.
The sirens the horns the fog moaning.
But I don't know what you're trying to tell me.
Maybe it's the voice of your conscience.
My conscience a hoarse bird.
This late at night?
But you're still writing!
Nothing important.
Posthumous papers, that which will make you beloved?
Knock it off.
I love now.
I spread legs and hide my bird.
Your hoarse bird in the fog.
With whom will it try to communicate?
It's free.
It's song.
Many years from now I'll be sought
Like an ice circle.

La niña roja realmente es un sonido
Escucha cercado tu doble juventud
Asiente las aspas   Reinos del futuro

The girl in red is actually a sound
Hear your double youth enclosed
Plant your crosses   Kingdoms of the future

DOS POEMAS PARA SARA

I

Bruno y la Inma en Tallers 45 después Orlando
y su mujer después yo   Antoni y su mujer y
su hijo en Av. Aragón cerca de Los Encantes
después en Sant Andreu en la calle Rubén Darío
Jaume en Horta en la calle Viento   Daniel
en Argenter   Álvaro y Mónica en Junta de
Comercio con Ramoncín y el coche   Lola en
Menorca y en Barcelona en la calle Arco del
Teatro cerca del puerto   Sara en Porvenir
Me invita hamburguesas y patatas fritas en
un bar de Tuset a medianoche   Y hablamos de
cubistas flores caniches pobreza   Paga ella
En las imágenes siguientes lloverá   ¡Guau!
Está lloviendo

II

Hoy he jugado ping-pong en el subterráneo de
Sara Gibert   En horas en que debí llorar o
meditar o tomar pastillas   Jugué ping-pong
(Y gané todos los partidos menos uno)   Después
subimos y me lavé las manos y el cuello y la
cara y las axilas   (Alumbrado por una triste
bombilla de 60 vatios)   Mientras Sara hacía té
y ponía polvorones sobre la mesa   Eran las 9
de la noche   La televisión estaba apagada
Ningún ruido llegaba de la calle

TWO POEMS FOR SARA

I

Bruno and Inma at 45 Tallers then Orlando
and his wife then me   Antoni and his wife and
their son on Aragón Ave. by Los Encantes
then in Sant Andreu on Rubén Darío Street
Jaume in Horta on Viento Street   Daniel
on Argenter   Álvaro and Mónica on Junta de
Comercio with Ramoncín and the car   Lola in
Menorca and in Barcelona on Arco del
Teatro Street by the port   Sara on Porvenir
She invites me for burgers and fries at
a bar in Tuset at midnight   And we speak of
cubist flowers poodles poverty   She pays
In the following images it will rain   Wow!
It's raining

II

Today I played ping-pong in Sara Gibert's
basement   At hours when I should have been crying
or meditating or taking pills   I played ping-pong
(And I won all but one game)   Then
we went upstairs and I washed my hands and neck and
face and armpits   (Lit by a sad
60-watt bulb)   While Sara made tea
and put *polvorones* on the table   It was 9
at night   The television was off
Not a sound was heard from the street

LA ESPERANZA

Las nubes se bifurcan. Lo oscuro
se abre, surco pálido en el cielo.
Eso que viene desde el fondo
es el sol. El interior de las nubes,
antes absoluto, brilla como un muchacho
cristalizado. Carreteras cubiertas
de ramas, hojas mojadas, huellas.
He permanecido quieto durante el temporal
y ahora la realidad se abre.
El viento arrastra grupos de nubes
en distintas direcciones.
Doy gracias al cielo por haber hecho el amor
con las mujeres que he querido.
Desde lo oscuro, surco pálido, vienen
los días como muchachos caminantes.

HOPE

The clouds split. Darkness
opens, pale furrow in the sky.
The thing emerging from the background
is the sun. The clouds' core,
once absolute, now glows like a
crystallized boy. Streets covered
in branches, wet leaves, tracks.
I've stayed calm throughout the storm
and now reality opens up.
Wind drags groups of clouds
in different directions.
I thank heaven for having made love
to the women I've cared about.
From the darkness, pale furrow,
the days come forth like traveling boys.

PARA VICTORIA ÁVALOS

Suerte para quienes recibieron dones oscuros
y no fortuna   Los he visto despertarse
a orillas del mar y encender un cigarrillo
como sólo pueden hacerlo quienes esperan
bromas y pequeñas caricias   Suerte
para estos proletarios nómadas
que lo dan todo con amor

FOR VICTORIA ÁVALOS

Best of luck to those bestowed with dark talents
and no good fortune   I've seen them wake up
on sea shores and light cigarettes
as only those who long for
teasing and tiny caresses can   Best of luck
to these nomadic proletarians
who put their heart in everything

VICTORIA ÁVALOS Y YO

En casi todo unidos pero más que todo
en el dolor en el silencio de las vidas
perdidas que el dolor suplanta con eficacia
en las mareas que fluyen hacia nuestros
corazones fieles hacia nuestros ojos infieles
hacia los fastos que prendemos y que nadie
entiende así como nosotros dos no entendemos
las carnicerías que nos rodean tenaces
en la división y multiplicación del dolor
como si las ciudades en que vivimos fueran
una sala de hospital interminable

VICTORIA ÁVALOS AND I

United in almost everything but mostly
in the pain in the silence of lost
lives which pain efficiently replaces
in the tides flowing toward our
loyal hearts toward our disloyal eyes
toward the wild parties we throw that no one
understands much like the two of us don't understand
the slaughters that surround us tenacious
in the division and multiplication of pain
as if the cities we inhabit were
an endless hospital ward

JUAN DEL ENCINA

Todos los bienes del mundo
pasan presto en su memoria

Salvo la fama y la gloria

(Y el hambre y los ojos amados
que te miraron con miedo
y los automóviles detenidos
en las calles fijas de
Barcelona)

Salvo la fama y la gloria

JUAN DEL ENCINA

All the riches of the world
pass swiftly through your memory

Except for fame and glory

(And hunger and the beloved eyes
that watched you in fear
and the cars stopped
on the motionless streets of
Barcelona)

Except for fame and glory

ENTRE LAS MOSCAS

Poetas troyanos
Ya nada de lo que podía ser vuestro
Existe

Ni templos ni jardines
Ni poesía

Sois libres
Admirables poetas troyanos

WITH THE FLIES

Poets of Troy
Nothing that could have been yours
Exists anymore

Not temples not gardens
Not poetry

You are free
Admirable poets of Troy

SAN ROBERTO DE TROYA

Admirables troyanos   En la veteranía de la peste
y de la lepra   Sin duda vivos   En el grado cero
de la fidelidad   Admirables troyanos
que lucharon por Belleza
Recorriendo los caminos sembrados de máquinas
inservibles   Mi métrica mis intuiciones
mi soledad al cabo de la jornada
(¿Qué rimas son éstas? dije sosteniendo la espada)
Regalos que avanzan por el desierto:
ustedes mismos   Admirables ciudadanos de Troya

SAINT ROBERTO OF TROY

Admirable Trojans   Veterans of the plague
and of leprosy   Clearly alive   The very essence
of fidelity   Admirable Trojans
who fought for Beauty
Traveling roads sown with useless
machines   My meter my intuition
my loneliness at day's end
(What rhymes are these? I said raising my sword)
Gifts advancing through the desert:
you yourselves   Admirable citizens of Troy

MACEDONIO FERNÁNDEZ

Cae la calesa y la cadera por el hueco de la eternidad.
Por el surco por el grito del pajarraco que es el surco.
¿Y tan despreocupado el espejo del viejo ángel?
Como una ciudad en el confín es el hueco de la bondad.

MACEDONIO FERNÁNDEZ

Horse cart and haunches fall headlong through the hole of
   eternity.
Through the ditch through the screech of the vulture that is
   the ditch.
And so carefree the aged angel's mirror?
As a city on the confines is the hole of kindness.

Hay días en que a uno le es dado leer enormes poemas
«Déjate de ilusiones, Mario. Buena colcha.
Buen fuego –y no pienses en lo demás.
Con esto basta, francamente …»

«Que la puerta de mi cuarto se cierre
para siempre, y aunque se tratara de
ti que no se abra.»

Mario de Sá-Carneiro
CARANGUEJOLA

«El niño duerme. Todo lo demás acabó.»

There are days when one is inclined to read massive poems
"Set aside your illusions, Mario. Good bed.
Good fire—don't think about the rest.
This is quite enough, frankly ..."

"May the door to my room be closed
forever, and may it not open
even for you."

Mario de Sá-Carneiro
CARANGUEJOLA

"The boy sleeps. All else is finished."

PARA ROSA LENTINI, QUE DESEA SER
ADULTA Y RESPONSABLE

> Einstein manifiesta algo como una
> emoción de sorpresa y aun de gratitud
> ante el hecho de que cuatro palitos de
> igual tamaño formen un cuadrado,
> cuando en la mayoría de los universos
> que a él le es dable imaginar no existe
> el «cuadrado».
>
> ALFONSO REYES

Juguemos a la gallina ciega
cuando en la casa sólo estemos nosotros dos
y el jorobadito nos contemple desde la calle

FOR ROSA LENTINI, WHO WANTS TO BE GROWN UP AND RESPONSIBLE

Let's play blind man's bluff
when we're the only two at home
and the little hunchback's watching from the street

Hermosos instantes sin memoria
como poesías perdidas por Bertran de Born
y leyendas mesoamericanas.

Ocultos en el lecho, felices,
mientras afuera llueve.

Hermosos instantes sin cartografías
ni valerosos capitanes
que garanticen el retorno a casa.

Donde no existen muchachas ni ciudades
ni incendios.
Tan sólo tu cuerpo
cubierto con una gabardina sucia,
recostado en la playa,
leyendo.

Beautiful unremembered moments
like the lost poetry of Bertran de Born
and Meso-American legends.

Hidden in bed, happy,
while outside it rains.

Beautiful uncharted moments without
valiant captains
to guarantee the trip home.

Where there are no girls or cities
or fires.
Just your body
wrapped in a dirty raincoat,
reclining on the beach,
reading.

LA CHELITA

Entre esencias vive Chelita
entre ideas absolutas y perfumes
delgado cuerpo de proletaria
ahora para siempre vagabunda
casi una sombra de Chile en Europa
que no alcanza la palabra artesana
ni un rumor de agua estancada
ni un sueño de amor e inocencia

LA CHELITA

Chelita lives amid essences
amid absolute ideas and perfumes
thin proletariat body
now and forever a vagabond
a virtual shadow of Chile in Europe
who doesn't pull off the word artisan
or a murmur of stagnant water
or a dream of love and innocence

PLAZA DE LA ESTACIÓN

Bajo el cielo gris –pero nada es permanente,
cercada o protegida por alerces desnudos
la plaza se introduce en la realidad.
Del surtidor cubierto de musgo apenas sale
un chorro de agua y un arco de hierro
en el otro extremo compone un gesto
vagamente escultórico el soporte perdido
de algo que ya no veremos. Ni la lluvia
es necesaria ni las sombras femeninas
de la mente. La plaza se recompone al alejarse,
su quietud es mérito del viajero. Aquí,
en el páramo quedan las líneas, apenas
los bocetos de su clara disposición agónica.

STATION PLAZA

Under the gray sky—but nothing is permanent,
surrounded or protected by bare larches
the plaza comes into reality.
Barely a trickle of water leaks out
of the moss-covered fountain and on
the other end an iron arch composes
a vaguely sculptural gesture the missing stand
of something we'll never see again. It doesn't
require rain or the mind's feminine
shadows. The plaza recomposes itself as you walk away,
its stillness a traveler's blessing. Here,
on the moor there are still lines, loose
sketches of its clearly dying state.

LOS ARTILLEROS

En este poema los artilleros están juntos.
Blancos sus rostros, las manos
entrelazando sus cuerpos o en los bolsillos.
Algunos tienen los ojos cerrados o miran el suelo.
Los otros te consideran.
Ojos que el tiempo ha vaciado. Vuelven
hacia ellos después de este intervalo.
El reencuentro sólo les devuelve
la certidumbre de su unión.

THE FRONT LINE

In this poem, the front line holds together.
Faces white, hands
interlacing their bodies or in their pockets.
Some close their eyes or stare at the floor.
The others are sizing you up.
Eyes drained by time. They turn back
toward each other after this pause.
The face-off only fortifies
the certitude of their union.

Un Tao ... Un Tao ... Nuestro pequeño Darío
alejándose en un tranvía
por la noche de México D.F.

Con su americana violeta
en un tranvía casi vacío.
Sonríe detrás de la ventanilla.

Después el tranvía se pierde
con su traqueteo eléctrico
en medio de la noche.

Y la escena se repite una y otra vez
y él me dice *sin salir de la puerta
se conoce el mundo.*

A Tao ... A Tao ... Our little Darío
headed off on a streetcar
through the Mexico City night.

With his purple jacket
on a near empty streetcar.
He smiles through the window.

Then the streetcar is lost
with its electric clatter
in the middle of the night.

And the scene repeats itself over and over
and he tells me *without going outside
one can know the world.*

Aparecen a esta hora aquellos amaneceres del D.F.
Reincidentes   Con Carla y Ricardo y el hermoso
Luciano a quien gustaba jugar conmigo
Y los peseros que transportaron mis restos
por Avenida Revolución o por Niño Perdido
Metáforas que los ciudadanos se cuidaron
de depositar a los pies del extranjero
que colgó de la cuerda tantos meses   Y Mario
y Mara y Bruno iniciando la retirada
hacia mejores cuarteles de invierno
Y la delgada luz de las seis de la mañana

Those Mexico City dawns appear this time of day
Reoffending   With Carla and Ricardo and the lovely
Luciano who'd like to play with me
And the minibuses that carried my remains
along Avenida Revolución or Niño
Perdido   Metaphors the citizens were careful
to drop at the feet of the foreigner
who hung from the rope so many months   And Mario
and Mara and Bruno beginning their retreat
to better winter quarters
And the thin light of six a.m.

Dos cuerpos dentro de un saco de dormir
Como si una crisálida se masturbara.
Una fría mañana de primavera cerca del mar.
Sin hacer contorsiones, acariciando según se pueda
Brazos, axilas, suaves muslos peludos.
Los de ella no tanto,
Escribirás luego con una sonrisa y solo
En un bar de la autopista
De Castelldefels.

Two bodies in a sleeping bag
Like a chrysalis masturbating.
A cold spring morning by the sea.
Without bending, caressing whatever you could
Arms, armpits, soft hairy thighs.
Hers less so,
You'll write later with a smile alone
In a bar on the highway
Of Castelldefels.

En realidad el que tiene más miedo soy yo
aunque no lo aparente   En el atardecer
de Barcelona   Una o dos o tres botellas
de cerveza negra   La hermosa Edna tan lejos
Los faros barren tres veces la ciudad
Esta ciudad imaginaria   Una dos tres veces
dijo Edna   Indicando una hora misteriosa
para dormir   Sin más reuniones
De una vez por todas

Truth is I'm the one who's most afraid
even if it doesn't seem so   In the dusk
of Barcelona   One or two or three bottles
of dark beer   The lovely Edna so far away
A lighthouse sweeps the city three times
This imaginary city   One two three times
Edna said   Indicating a mysterious hour
for sleep   Without meeting again
Once and for all

No importa hacia donde te arrastre el viento
(Sí. Pero me gustaría ver a Séneca en este lugar)
La sabiduría consiste en mantener los ojos abiertos
durante la caída   (¿Bloques sónicos
de desesperación?)   Estudiar en las estaciones
de policía   Meditar durante los fines de semana
sin dinero   (Tópicos que has de repetir, dijo
la voz en off, sin considerarte desdichado)
Ciudades supermercados fronteras
(¿Un Séneca pálido? ¿Un bistec sobre el mármol?)
De la angustia aún no hemos hablado
(Basta ya, dialéctica obscena)
Ese vigor irreversible que quemará tu memoria

It doesn't matter where the wind drags you
(Yes. But I'd like to see Seneca here)
Wisdom is keeping your eyes open
during the fall   (Sonic blocks
of despair?)   Studying in police
stations   Meditating on penniless
weekends   (Topics you've got to repeat, said
the voice offscreen, without complaint)
Cities supermarkets frontiers
(A pale Seneca? A steak on the marble?)
Not to mention angst
(Enough already, obscene dialectics)
That irreversible vigor that will fry your memory

UN FIN DE SEMANA

Han cerrado la zona. A esta hora
sólo quedan en pie los cordones
de la policía, las parejitas sin salir
de sus habitaciones,
el dueño del bar indiferente y calvo,
la luna en la claraboya.

Sueño con un fin de semana
lleno de policías muertos y automóviles
quemándose en la playa.

Jóvenes cuerpos tímidos, así
resumiremos estos años:
jóvenes cuerpos tímidos que se arrugan,
que sonríen y estudian despatarrados
en la bañera vacía.

A WEEKEND

They've shut down the area. The only ones
still standing are cordons
of police, lovebirds locked in
their rooms,
the barkeep indifferent and bald,
the moon in the skylight.

I dream of a weekend
full of dead police and cars
burning on the beach.

Timid young bodies, that's how
we'll sum up these years:
timid young bodies wrinkling,
smiling and studying, sprawled out
in the empty bathtub.

NADA MALO ME OCURRIRÁ

NOTHING BAD WILL HAPPEN TO ME

EL DINERO

Trabajé 16 horas en el camping y a las 8
de la mañana tenía 2.200 pesetas pese a ganar
2.400 no sé qué hice con las otras 200
supongo que comí y bebí cervezas y café con
leche en el bar de Pepe García dentro del
camping y llovió la noche del domingo y toda
la mañana del lunes y a las 10 fui donde
Javier Lentini y cobré 2.500 pesetas por una
antología de poesía joven mexicana que
aparecerá en su revista y ya tenía más de
4.000 pesetas y decidí comprar un par de
cintas vírgenes para grabar a Cecil Taylor
Azimuth Dizzie Gillespie Charlie Mingus
y comerme un buen bistec de cerdo
con tomate y cebolla y huevos fritos y escribir
este poema o esta nota que es como un pulmón
o una boca transitoria que dice que estoy
feliz porque hace mucho que no tenía
tanto dinero en los bolsillos

MONEY

I worked 16 hours at the campground and at 8 a.m.
I had 2,200 pesetas despite having earned
2,400 I don't know what I did with the other 200
I guess I ate and drank beer and café con
leche in Pepe García's bar inside the
campground and it rained Sunday night and all
Monday morning and at 10 I went to
Javier Lentini and got 2,500 pesetas for a
selection of poems by young Mexicans that
would appear in his magazine and by then I had more than
4,000 pesetas and I decided to buy a couple
blank tapes to record Cecil Taylor
Azimuth Dizzie Gillespie Charlie Mingus
and have myself a good pork steak
with tomato and onion and fried eggs and write
this poem or this note which is like a lung
or a provisional mouth saying I'm
happy because it's been a long time since
I've had this much money in my pockets

LA CALLE TALLERS

La muchacha se desnudó un cuarto extraño
un refrigerador extraño unas cortinas
de muy mal gusto y música popular española
(Dios mío, pensó) y llevaba medias
sujetas con ligas negras y eran las 11.30
de la noche bueno para sonreír él
no había abandonado del todo
la poesía un ligue callejero cuadros bonitos
pero mal enmarcados y puestos por simple
acumulación la muchacha dijo cuidado
métemelo despacio el rojo se sacó la boina
se marchan ayer dijo aplaudió la pura
esgrima y tu liguero dos cines

TALLERS STREET

The girl undressed a strange room
a strange refrigerator some
hideous curtains and Spanish pop music
(My god, he thought) and she wore stockings
clipped to black garters and it was 11:30
at night good for smiling he
hadn't completely given up on
poetry a fuck buddy pretty paintings
poorly framed and hung just
to fill space the girl said careful
put your chubby in slow she took off her beret
they leave yesterday he said applauded the pure
sword fight and your garter belt a double feature

Todos los comercios hoy estaban cerrados
y además sólo tenía 50 pesetas
Tres tomates y un huevo
Eso fue todo
Y *softly as in a morning sunrise.*
Coltrane en vivo
Y comí bien
Cigarrillos y té hubo a mi alcance.
Y paciencia en el compás
del atardecer.

All the stores were closed today
plus I only had 50 pesetas
Three tomatoes and an egg
That was all
And *softly as in a morning sunrise.*
Coltrane live
And I ate just fine
Cigarettes and tea within reach.
And patience in dusk's
compass.

París rue des Eaux   Dijo que la poesía
cada vez le gustaba más
Vimos una película holandesa
Comimos en silencio en su pequeña habitación
Quesos   Leche   Libros de Claude Pélieu
Dije que estaba cansado y ya no tenía más dinero
Es la hora de volver
Un techo rojo y total
Pero no para asustar a los niños, murmuró

Paris rue des Eaux   He said he
kept liking poetry more and more
We saw a Dutch film
We ate in silence in his tiny room
Cheese   Milk   Claude Pélieu books
I said I was tired and out of money
It's time to go back
A red all-encompassing ceiling
But not to scare the children, he muttered

MARIO SANTIAGO

¿Qué estará haciendo Mario en México?
Recuerdo una foto que me envió
desde Israel,
una simple foto de metro.
Y sus ojos miraban hacia el cielo.
En el dorso: parte de una canción
el cielo se está nublando
parece que va a llover.

MARIO SANTIAGO

What could Mario be doing in Mexico?
I remember a photo he sent
from Israel,
a simple photobooth shot.
His eyes looking up at the sky.
On the back: part of a song
el cielo se está nublando
parece que va a llover.

UNA MOSCA EMPOTRADA EN UNA MOSCA UN PENSAMIENTO EMPOTRADO EN UN PENSAMIENTO Y MARIO SANTIAGO EMPOTRADO EN MARIO SANTIAGO

Qué se siente, dime qué se siente
cuando los pájaros se pierden en lo rojo
y tú estás afirmado en una pared, los pantalones
descosidos y el pelo revuelto como si acabaras
de matar a un presidente.
Qué se siente en la hora casi roja,
en la hora agit-prop, botas que se hunden
en la nieve de una avenida
donde nadie te conoce.
Lengua bífida de saber estar solo e imágenes
que el destino (tan ameno) arrastra
más allá de las colinas.
Dime qué se siente y qué color
adquieren entonces tus ojos notables.

A FLY INSIDE A FLY
A THOUGHT INSIDE A THOUGHT
AND MARIO SANTIAGO INSIDE
MARIO SANTIAGO

What do you feel, tell me what do you feel
when the birds get lost in red
and you're steadied against a wall, your pants
split and hair disheveled as if you'd just
killed a president.
What do you feel in the reddening hour,
in the agitprop hour, boots sinking
into the snow of an avenue
where no one knows you.
Forked tongue of knowing how to be alone and images
that destiny (so pleasant) drags
beyond the hills.
Tell me, what do you feel. What color
do your remarkable eyes turn then.

UNA ESCENA BARCELONESA

No le hago mal a nadie, dijo
preguntando con toda su cara
por qué se lo llevaban.
No adónde, sino por qué
No le hago mal a nadie

Estoy en la Invernal. Escucho
a los grajos jugar en la nieve.
Del bosque vacío vienen los camiones.

A BARCELONA SCENE

I'm not hurting anyone, he said
asking with his whole face
why they were taking him.
Not where, but why
I'm not hurting anyone

I'm in the Hibernal. I'm listening
to crows play in the snow.
Trucks are coming from the empty forest.

FRAGMENTOS

Detective abrumado … Ciudades extranjeras
con teatros de nombres griegos
Los muchachos mallorquines se suicidaron
en el balcón a las cuatro de la mañana
Las chicas se asomaron al oír el primer disparo
Dionisios Apolo Venus Hércules …
Con variedad   El amanecer
sobre los edificios alineados
Un tipo que escucha las noticias dentro del coche
Y la lluvia repiquetea sobre la carrocería
Orfeo …

FRAGMENTS

Crushed detective ... Foreign cities
with Greek-named theatres
The Majorcan boys committed suicide
on the balcony at four in the morning
The girls leaned out upon hearing the first shot
Dionysus Apollo Venus Hercules ...
A variety   Dawn
over the lines of buildings
A guy who hears the news inside his car
And rain tapping at the bodywork
Orpheus ...

BISTURÍ-HOSTIA

Arco de mendicidad. El detective pensó
que estaba entrando en un paisaje
de gestos suntuosos. Calles de Barcelona,
mil veces pateadas, con la verga ardiendo
y el pelo cortado al rape.
Te lo presento: el arco de la mendicidad.
Capas de gestos fríos
como si el aire se abatiera rebanado
sobre un cuerpo que deseamos
intermitentemente.

SCALPEL-HOST

Beggars' Arch. The detective thought
he was heading into a landscape
of sumptuous gestures. Barcelona streets,
stomped a thousand times, with cock burning
and crew cut hair.
Allow me to introduce you: the Beggars' Arch.
Layers of cold gestures
as if slices of air were swooping down
on a body we desire
from time to time.

Las persianas dejan pasar, apenas, dos rayos de luna.
Como en una vieja película española,
No hay nadie en la habitación,
Los ceniceros están limpios, la cama sin deshacer,
el ropero cerrado y lleno de abrigos, chaquetas, pantalones.
Pero no hay nadie.
Sólo dos rayos de luna.
Como en una vieja película española.

The Persian blinds let in, scarcely, two beams of moonlight.
Like in an old Spanish film,
There's no one in the room,
The ashtrays are clean, the bed still made,
the wardrobe closed and full of coats, jackets, pants.
But there's no one.
Only two beams of moonlight.
Like in an old Spanish film.

Todo me lo tengo merecido, patrón, no prenda la luz.
Automóviles silenciosos de una ciudad extranjera.
No tengo idea dónde estoy, qué lugar es éste,
la última imagen de la realidad, al menos que yo me acuerde,
era una muchacha cerrando las cortinas metálicas
de un bazar.
¿Qué sucedió con esa muchacha?
Lo ignoro, sólo recuerdo que era pelirroja
y que me miró unos instantes
y luego echó a caminar calle abajo
hacia el centro de este pueblo miserable.

I deserved every bit of it, boss, don't turn on the light.
Silent cars of a foreign city.
I have no idea where I am, what is this place,
the last image of reality, at least that I remember,
was a girl closing the metal shutters
of a corner store.
What happened to that girl?
I have no idea, I just remember she was a redhead
and she looked at me for a second
and then started running down the street
toward the center of this miserable town.

NUEVAS URBANIZACIONES. PESADILLA

Ciudades nuevas con parques y juegos infantiles
y Grandes Supermercados ...
En zonas abiertas, en viejos pantanos, en haciendas
abandonadas ...
Con guarderías y farmacias y tiendas
y pequeños restaurantes ...
Y muchachas de 15 años caminando con los ojos cerrados ...
Alguien responde por todo esto,
debe haber un vigilante en alguna parte,
un panel de mandos ...
Muchachas y muchachos conversando en las azoteas ...
Voces delgadas que llegan en sordina ...
Como escuchar a alguien que habla en la carretera
sin salir de su vehículo ...
Un poco adormilado tal vez ...
Y es demasiado tarde para salir indemne
de la pesadilla ...

NEW SUBDIVISIONS. NIGHTMARE

New cities with parks and playgrounds
and Super Supermarkets ...
In open fields, in old swamps, on abandoned
ranches ...
With daycares and pharmacies and stores
and little restaurants ...
And 15-year-old girls walking with their eyes closed ...
Someone's responsible for all this,
there must be some watchman somewhere,
an executive board ...
Girls and boys chatting on rooftops ...
Thin voices muffled ...
Like listening to someone talk in the street
without leaving your car ...
A little sleepy perhaps ...
And it's too late to exit the nightmare
unscathed ...

LA CURVA

El pandillero de 20 años, charnego, el cortaplumas en
el pescuezo del chileno, 25 años, único turista de esa hora.
El cortaplumas es blanco como las ventanas de esa hora
en que no hay dinero y las imágenes de ambos se entrecruzan
por unos segundos. La letra de una canción, un café
con leche, una inyección, unos pantalones de pana que huelen
a mierda, la nariz de una mujer, el bronceado del verano,
las manos reales de alguien que descorre una cortina.
La comunión. Da un paso atrás y mira el rostro
de su agresor (podría igualmente decirse: su lazarillo).
Oleadas de palabras quebradas no aciertan a moverse de su
vientre, una especie de premura por desvestir al hombre
más joven que tiene delante y la pelea ganada. Entre
los arcos de la plaza Martorell en Barcelona, da un paso atrás
como si el juego nunca hubiera finalizado, mapas de hace
15 años, el deseo que sólo se manifiesta en una semisonrisa
Y traza una pirámide, un búfalo, una suerte de estrellas
el brazo negro del joven, pero no brilla su cortaplumas
porque en la mente del chileno ya es llave.

THE BEND

The 20-year-old immigrant punk, penknife on
the neck of the Chilean, 25, only tourist out at that hour.
The penknife is white like the windows at that penniless hour
and both their images overlap
a couple seconds. The lyrics of a song, a café
con leche, an injection, some corduroys that smell
like shit, a woman's nose, a summer tan,
the actual hands of someone drawing back a curtain.
Communion. He takes a step back and looks at his
attacker's face (he could just as well say: his guide).
Waves of broken words can't seem to come out of his
belly, a kind of haste to undress the younger
man he has in front of him and checkmate. Between
the arches of the Martorell plaza in Barcelona, he takes a step
    back
as if the game had never ended, maps from
15 years ago, desire that only manifests itself in a half-smile
And traces a pyramid, a buffalo, something like stars
the boy's black arm, but his penknife doesn't shine
because in the Chilean's mind it's already a key.

Es de noche y estoy en la zona alta
de Barcelona y ya he bebido
más de tres cafés con leche
en compañía de gente que no
conozco y bajo una luna que a veces
me parece tan miserable y otras
tan sola y tal vez no sea
ni una cosa ni la otra y yo
no haya bebido café sino coñac y coñac
y coñac en un restaurante de vidrio
en la zona alta y la gente que
creí acompañar en realidad
no existe o son rostros entrevistos
en la mesa vecina a la mía
en donde estoy solo y borracho
gastando mi dinero en uno de los límites
de la universidad desconocida.

It's nighttime and I'm in the Zona Alta
in Barcelona and I've drunk
more than three cafés con leche
with some people I don't
know beneath a moon that sometimes
seems so miserable and other times
so alone and maybe it's neither
one nor the other and I
haven't drunk coffee but cognac and cognac
and cognac in a glass restaurant
in the Zona Alta and the people I
thought I was with really
don't exist or are faces floating
at the table next to mine
where I'm alone and drunk
spending my money on one edge
of the unknown university.

Buenas noches córnea buenas noches
uñas negras buenas noches muñecas
buenas noches cuello mordido buenas
noches ano buenas noches nariz roja
de frío buenas noches estómago peludo
buenas noches líneas de la mano
buenas noches rodillas buenas noches
mandalas ocultos buenas noches verga
buenas noches hombros huesudos buenas
noches ombligo perfecto buenas noches
dientes buenas noches lóbulos
buenas noches fuego oblicuo de la
cintura buenas noches nu(n)ca.

Goodnight cornea goodnight
black nails goodnight wrists
goodnight bitten neck good
night anus goodnight nose red
from cold goodnight hairy stomach
goodnight lines of my palm
goodnight knees goodnight
hidden mandalas goodnight cock
goodnight bony shoulders good
night perfect belly button goodnight
teeth goodnight lobes
goodnight oblique fire of my
waist goodnight (nev)ear.

Amanece en el camping   Los inocentes
duermen   Ha terminado la Semana Santa
Ya no tengo fiebre   Los pájaros
tal vez cantan para mí   Y para los
automóviles que de vez en cuando atraviesan
la carretera   Esto es real
No me interesa decir nada más
    A la vi', a la via, jelos!
    Laissaz nos, laissaz nos
    ballar entre nos, entre nos!

Day breaks at the campground   The innocent
are sleeping   Holy Week's over
My fever is gone   Perhaps the birds
sing for me   And for the
cars that pass now and again
on the road   This is real
I don't care to say more
      A la vi', a la via, jelos!
      Laissaz nos, laissaz nos
      ballar entre nos, entre nos!

OTRO AMANECER EN EL CAMPING
ESTRELLA DE MAR

Sólo la radio cruza el silencio
(Magníficas nubes   Magnífico aire)
Voces lejanas que compartí
contigo   Canciones
que bailamos hace mucho
cuando ninguno tenía
veinte años
y éramos menos pobres y menos serenos
que hoy
(Magníficas nubes   Magnífico aire)
Dulce estilo nuevo de la primavera
10 grados sobre cero
a las 6 a.m.

ANOTHER MORNING AT ESTRELLA DE
MAR CAMPGROUND

Only the radio cuts through the silence
(Magnificent clouds   Magnificent air)
Distant voices I shared
with you   Songs
we danced to long ago
when we weren't even
twenty
and we were less poor and less serene
than today
(Magnificent clouds   Magnificent air)
Sweet new springtime style
50 degrees
at 6 a.m.

NADA MALO ME OCURRIRÁ

Aquella que parpadea fronteras se llama Destino
pero yo le digo Niña Demente.
Aquella que corre veloz por las líneas de mi mano
se llama Destrucción
pero yo le digo Niña Silenciosa.
Avui i sempre,
amics.

NOTHING BAD WILL HAPPEN TO ME

She who makes frontiers flicker goes by the name of Destiny
but I call her Demented Girl.
She who slips swiftly along the lines of my hand
goes by the name of Destruction
but I call her Silent Girl.
Avui i sempre,
amics.

es agradable poder aferrarse a algo
simple y real
como echar a alguien de menos

Escucho a Barney Kessel
y fumo fumo fumo y tomo té
e intento prepararme unas tostadas
con mantequilla y mermelada
pero descubro que no tengo pan y
ya son las doce y media de la noche
y lo único que hay para comer
es una botella casi llena
con caldo de pollo comprado por la
mañana y cinco huevos y un poco
de moscatel y Barney Kessel toca
la guitarra arrinconado entre la
espada y un enchufe abierto
creo que haré consomé y
después me meteré en la cama
a releer *La Invención de Morel*
y a pensar en una muchacha rubia
hasta que me quede dormido y
me ponga a soñar.

> it is nice to be able
> to cling to something
> simple and real
> like missing someone.
>
> FRANK O'HARA

I listen to Barney Kessel
and smoke smoke smoke and drink tea
and try to make myself some toast
with butter and jam
but discover I have no bread and
it's already twelve thirty at night
and the only thing there is to eat
is a nearly full bottle
of chicken broth bought this
morning and five eggs and a little
muscatel and Barney Kessel plays
guitar stuck between a
rock and an open socket
I think I'll make consommé and
then get into bed
to re-read *The Invention of Morel*
and think about a blond girl
until I fall asleep and
start dreaming.

El misterio del amor siempre es
el misterio del amor
y ahora son las doce del día y
estoy desayunando un vaso de té
mientras la lluvia se desliza
por los pilares blancos
del puente.

SPRING 1980. FOR RANDY WESTON

The mystery of love is always
the mystery of love
and now it's twelve noon and
I'm having a cup of tea for breakfast
as the rain slips
along the white piers
of the bridge.

PARA ANTONI GARCÍA PORTA

Me han conmovido tus regalos
Son útiles y contienen vitaminas
(Sobres para mandar cartas,
papel para escribir,
la agenda del vino que Ana
envió para mí,
ocasionalmente queso,
yogurt, pan dulce,
aquellas mañanas de primavera
en que llegabas a despertarme
y yo estaba tan mal,
manzanas, naranjas,
a veces una cajetilla de
Gauloises, qué lujo, bolígrafos BIC,
buenas noticias.)
Escribo esto para
darte las gracias.

FOR ANTONI GARCÍA PORTA

Your gifts were moving
They're useful and contain vitamins
(Envelopes for sending letters,
paper for writing,
the wine diary that Ana
sent me,
sometimes cheese,
yogurt, pastries,
those spring mornings
you came to wake me up
and I was so sick,
apples, oranges,
sometimes a pack of
Gauloises, such luxury, BIC pens,
good news.)
I'm writing this to
say thanks.

MOLLY

Una muchacha con libras irlandesas
y una mochila verde.
143 pesetas por una libra irlandesa,
es bastante, ¿no?
No está mal.
Y dos cervezas en una terraza
de Barcelona.
Y gaviotas.
No está mal.

MOLLY

A girl with Irish pounds
and a green backpack.
143 pesetas to the Irish pound,
that's a lot, right?
Not bad.
And two beers on a terrace
in Barcelona.
And seagulls.
Not bad.

EL ROBOT

Recuerdo que Platón me lo decía
y no presté atención.
Ahora estoy en la discoteca de la muerte
y no hay nada que pueda hacer:
el espacio es una paradoja.
Aquí no puede pasar nada
y sin embargo estoy yo.
Apenas un robot
con una misión sin especificar.
Una obra de arte eterna.

THE ROBOT

I remember Plato told me
and I didn't pay attention.
Now I'm in death's nightclub
and there's nothing I can do:
space is a paradox.
Nothing can happen here
and yet here I am.
Just a robot
with an unspecified mission.
An eternal work of art.

Fría realidad ojo de mosca helada
¡cae la neblina en el camping ✡ de Mar!
¡sombras de ladrones congelados!
¡octubre de 1980!
¡MUSCI!   ¡ES HERMOSO!

Cold reality frozen fly's eye
Mist descends on ☆ de Mar campground!
Shadows of frozen thieves!
October 1980!
MUSCI!   IT'S BEAUTIFUL!

TU LEJANO CORAZÓN

YOUR DISTANT HEART

No escuches las voces de los amigos muertos, Gaspar.
No escuches las voces de los desconocidos que murieron
En veloces atardeceres de ciudades extranjeras.

Don't listen to the voices of dead friends, Gaspar.
Don't listen to the voices of strangers who've died
In the swift dusk of foreign cities.

Colinas sombreadas más allá de tus sueños.
Los castillos que sueña el vagabundo.
Morir al final de un día cualquiera.
Imposible escapar de la violencia.
Imposible pensar en otra cosa.
Flacos señores alaban poesía y armas.
Castillos y pájaros de otra imaginación.
Lo que aún no tiene forma me protegerá.

Hills shaded beyond your dreams.
Castles dreamt by the vagabond.
Dying at the end of any old day.
Impossible to escape violence.
Impossible to think of anything else.
Feeble men praise poetry and arms.
Castles and birds of another imagination.
What has yet to take shape will protect me.

La muerte es un automóvil
con dos o tres amigos lejanos

Death is an automobile
with two or three distant friends

En el Distrito 5.º con los sudacas:
¿Aún lees a los juglares?   Sí
Quiero decir: trato de soñar
castillos y mercados   Cosas de ese tipo
para después volver a mi piso y dormir
No hay nada malo en eso
Vida desaparecida hace mucho
En los bares del Distrito 5.º
gente silenciosa con las manos en
los bolsillos   Y los relámpagos

In District 5 with the Latin Americans:
You still read the troubadours?   Yes
I mean: I try to dream up
castles and fairs   Things like that
so I can go back to my flat and sleep
There's nothing wrong with that
Life long since disappeared
In the bars of District 5
silent people with hands in
their pockets   And lightning

Nadie te manda cartas ahora   Debajo del faro
en el atardecer   Los labios partidos por el viento
Hacia el Este hacen la revolución   Un gato
duerme entre tus brazos
A veces eres inmensamente feliz

No one sends you letters now   Under the lighthouse
at dusk   Lips parted by wind
They're making a revolution to the East   A cat
sleeps in your arms
Sometimes you're incredibly happy

TU LEJANO CORAZÓN

No me siento seguro
En ninguna parte.
La aventura no termina.
Tus ojos brillan en todos los rincones.
No me siento seguro
En las palabras
Ni en el dinero
Ni en los espejos.
La aventura no termina jamás
Y tus ojos me buscan.

YOUR DISTANT HEART

I don't feel safe
Anywhere.
The adventure doesn't end.
Your eyes shine in every corner.
I don't feel safe
In words
Or in money
Or in mirrors.
The adventure never ends
And your eyes are searching for me.

> El que pierda una vez a su amada, siempre volverá a perderla. Aquel en cuyas proximidades ocurrió alguna vez un asesinato, siempre debería estar preparado para un nuevo asesinato.
>
> HANS HENNY JAHNN

Dije que jamás te olvidaría.
Ahora estoy en La Fronda nuevamente
y el viento y los álamos y el
pasto que crece y
las flores entre la hierba
sólo recuerdan a un muchacho
que hablaba con Nadie.

He who loses his love once, will always
lose her again. He in whose proximity
a murder took place, should always be
prepared for another murder.

HANS HENNY JAHNN

I said I'd never forget you.
Now I'm in The Fronde again
and the wind and the poplars and the
lawn growing and
the flowers in the grass
only recall a boy
who spoke to No One.

Ahora paseas solitario por los muelles
de Barcelona.
Fumas un cigarrillo negro y por
un momento crees que sería bueno
que lloviese.
Dinero no te conceden los dioses
mas sí caprichos extraños
Mira hacia arriba:
está lloviendo.

Now you walk alone along the piers
of Barcelona.
You smoke a black cigarette and for
a moment think it would be nice
if it rained.
The gods haven't granted you money
but they've granted you strange whims
Look up:
it's raining.

Entre Friedrich von Hausen
el minnesinger
y don Juanito el supermacho
de Nazario.
En una Barcelona llena de sudacas
con pelas sin pelas legales
e ilegales intentando
escribir.

(Querido Alfred Bester, por lo menos
he encontrado uno de los pabellones
de la Universidad Desconocida!)

Between Friedrich von Hausen
the minnesinger
and strongman
don Juanito Nazario.
In a Barcelona full of Latin Americans
with and without cash, legal
and illegal trying
to write.

(Dear Alfred Bester, at least
I've found one of the wings
of the Unknown University!)

TARDES DE BARCELONA

En el centro del texto
está la lepra.

Estoy bien. Escribo
mucho. Te
quiero mucho.

BARCELONA AFTERNOONS

Leprosy is
at the heart of the text.

I'm fine. I write
lots. I
love you lots.

Segunda parte

TRES TEXTOS

Part Two

THREE TEXTS

NEL, MAJO

Le dije que podíamos quedarnos allí, al menos mientras recobrábamos el aliento ... No había sonidos a nuestras espaldas calma chicha para cubrirnos las cabezas con sombreros y recostarnos contra una pared ... Delante se extendía el bosque y de cuando en cuando escuchábamos voces adolescentes ... Pistas de tenis, restaurantes de amplias terrazas, hoteles familiares ... Le dije que nadie nos perseguía ... Era un tipo pequeño, mucho más bajo que yo, y a veces se quedaba horas sin hablar ... No sé cómo lo conocieron ustedes, para mí aún es un misterio ... Las palabras tomaban el curso normal hasta la mitad del trayecto ... Y ahí se paraban, en un punto equidistante entre la cabeza del interlocutor y el oyente ... Le dije quedémonos aquí ... Al menos durante un tiempo ... Creo que él siempre asentía pero uno no podía tomárselo al pie de la letra ... Voces adolescentes detrás y adelante del bosque ... Un muchacho de 15 años con un rifle de balines ... El vigilante iba de vez en cuando a hablar con él ... Imágenes de gente adolorida hombres vestidos de blanco recostados contra una pared las rodillas levantadas roncando bajo el sombrero ... Nel, majo ... La escena se llena de sonrisas: cogía sonrisas del aire y palabras como «llenar» «airear» «quemar» ... Aún no me explico cómo conocí a ese individuo ... Un pobre jorobado sucio con aire ligeramente acuático ...

FAT CHANCE, HON

I told him we could stay here, at least until we caught our breath ... There were no sounds behind us calm dead enough to cover our heads with sombreros and recline against a wall ... The forest stretched before us and from time to time we heard teenage voices ... Tennis courts, restaurants with wide decks, family hotels ... I told him no one was following us ... He was a little guy, much shorter than I, and sometimes he'd go hours without talking ... I don't know how you all met him, it's still a mystery to me ... The words would follow a normal course until midway through their trajectory ... And there they stopped, at a point halfway between the heads of the speaker and listener ... I told him let's stay here ... At least for a while ... I think he always agreed but you couldn't take him at his word ... Teenage voices behind and in front of the forest ... A 15-year-old boy with a BB gun ... The watchman went over now and again to talk to him ... Images of people aching men dressed in white reclined against a wall knees bent snoring under their hats ... Fat chance, hon ... The scene fills with smiles: plucked smiles from the air and words like "fill" "aerate" "burn" ... I'm still not sure how I met that individual ... A poor dirty hunchback with a slightly aquatic air ...

EL INSPECTOR

El inspector apareció en la oscuridad ... Rostro levemente sonrosado en la oficina cubierta de humo ... Miré hacia el techo, había como estrellitas pintadas de color plateado ... «¿Quién es la muchacha?» ... Las palabras salieron de sus labios silenciosos ... Una boca oscura donde brillaban dientes amarillos ... «Me gustaría entender», dijo, «el rollo de la muchacha, qué coño pinta en todo este asunto» ... Recuerdo que la habitación estaba silenciosa y que me costaba parpadear ... Un dolor gratificante en los ojos ... Y las palabras, blancas, salían de la boca del inspector como la cinta de un teletipo ... Hojas blancas en donde uno podía soñar informes, informes de cavernas y sombras que encendían fuegos ... El hombre rió ... «Supongo que existe» ... La vi en un cine, dije; trabajó en un picadero ... No hay pistas que nos lleven a ella ... Creo que no tiene nada que ver con el asunto del camping ... La sombra apagó el fuego y se deslizó por la caverna ... Sigilosa como un tigre ... «No hay fotografías de ella ni gente que la haya conocido» ... Policía inmóvil de cara al mar ... Atardece lentamente y el viento mediterráneo mece el bosque de pinos ... Contiguo al bosque un automóvil aparcado, cubierto de arena y pinaza ... El poli arroja su cigarrillo al suelo ... Imágenes perdidas, como poemas, donde la ciudad está vacía y el viento destroza suavemente los ventanales ... Vuelan los pasaportes como hojas de periódico ... Hojas viejas y amarillas ... Fotos carentes de sentido ... Cuestionarios y fichas de control de extranjeros ... De repente la imagen encontró nuestros rostros ... El poli recupera su cigarrillo del aire ... Un coche cubierto de arena y cagadas de pájaros ... Es extraño, la muchacha contempló su cuerpo como si supiera que jamás iba a encontrarla ... Policía y poeta, en la hora en que las comisarías están vacías para siempre y los archivos se pudren en las calles cubiertas de arena ...

THE INSPECTOR

The inspector appeared in the darkness ... Face lightly flushed in the smoke-filled office ... I looked at the ceiling, there were these tiny stars painted a silver color ... "Who's the girl?" ... The words emerged from his silent lips ... A dark mouth where yellow teeth glistened ... "I'd like to understand," he said, "the roll of the girl, how the fuck does she fit into all this" ... I remember the room was silent and it was hard to blink ... A gratifying pain in my eyes ... And the empty words came out of the inspector's mouth like teletype tape ... Blank pages on which one could dream up reports, reports of caves and shadows lighting fires ... The river-man ... "I suppose she exists" ... I saw her in a theatre, I said; she worked at a riding school ... There are no clues leading to her ... I don't think she has anything to do with the matter at the campground ... The shadow put out the fire and slid toward the cave ... stealthy as a tiger ... "There are no pictures of her and no one who claims to have known her" ... Motionless police facing the sea ... Dusk falls slowly and the mediterranean wind ripples the pine forest ... Next to the forest a parked car, covered in sand and needles ... The cop tosses his cigarette to the ground ... Lost images, like poems, where the city is empty and wind gently smashes the windows ... Passports blow away like newspaper ... Old yellow pages ... Meaningless photos ... questionnaires and immigration forms ... Suddenly the image found our faces ... The cop retrieves his cigarette from the air ... A car covered in sand and bird shit ... It's strange, the girl was looking at her body as if she knew I'd never find her ... Policeman and poet, at the hour when police stations are empty forever and archives rot in sand-covered streets ... "Step away from the girl" ... "Be on your way" ... The expert spread a map over the table ... Words fixed in the center of the room

«Desvíese de la muchacha» ... «Encuentre su camino» ... El experto extendió un mapa sobre la mesa ... Palabras fijas en el centro de la habitación ... «Las frases se detienen a mitad de camino, entre la boca del inspector y tu boca» ... «Parpadean rostros pistas bosques de un otoño de hace tres años» ... «Observe esta línea: aquí está usted, en un lugar de Barcelona que designaremos con la letra A, y aquí está el jorobadito –maldito hijo de perra– en ese dichoso bosque de Castelldefels.» «Ignoro cuántos años hay entre A y B» ... «Si usted lo averigua le estaremos agradecidos» ... «Espero que de esa manera todo se aclare y sepamos detrás de qué diablos andamos» ... «Hay una ruta a seguir» ... «Un bulto que huele a mierda, un bulto verdaderamente doloroso» ... «Las palabras se concentran en un tumor de color tiza, como una gaita volante, equidistante entre el inspector y su poli preferido» ... Miradas desoladas que me siguen mientras atravieso la ciudad dormida ... Un tipo de mollera dura, pensé ... Aunque no fuera mala persona ... Las luces barren cientos de cuerpos en la noche ... En la lista figuraban demasiadas personas, sólo faltaba yo ... «Ábrame», le dije al número ... Un muchacho joven y bien parecido ... Caminé por un largo pasillo sin cruzarme con ningún ser viviente ... «Ábrame», dije mirando el suelo ... El pasillo se prolongaba en una especie de infinito azul metálico ... «Ábrame» ... Cuarto con polis soñolientos ... Me senté y alguien me ofreció un cigarrillo ... No había informes ... «Tome usted la única ruta, desde el punto A hasta el punto B, y evite perderse en el vacío» ...

... "The sentences stop halfway there, between the inspector's mouth and your mouth" ... "Blinking faces clues autumn forests from three years ago" ... "Look at this line: here you are, somewhere in Barcelona that we'll mark with the letter A, and here's the little hunchback—fucking son of a bitch—in that damn forest in Castelldefels." "I have no idea how many years there are between A and B" ... "If you could check on that we'd appreciate it" ... "I'm hoping this way we'll get everything cleared up and find out what the hell we're after" ... "There's a path to follow" ... "A lump that smells like shit, a very upsetting lump" ... "The words become concentrated in a chalk-colored tumor, like a flying pain equidistant between the inspector and his favorite cop" ... Desolate glances following me across the sleeping city ... pig-headed lout, I thought ... Even if he's not a bad guy ... The lights swept hundreds of bodies in the night ... There were too many people on the list, I was the only one missing ... "Let me in," I said to one ... A fine young boy ... I walked down a long hall without passing a single living being ... "Let me in," I said looking at the ground ... The hallway got longer in a kind of metallic blue infinity ... "Let me in" ... Room with sleepy cops ... I sat down and someone offered me a smoke ... There was nothing to report ... "Take the only route, from point A to point B, and try not to get lost in the void" ...

EL TESTIGO

Le dije que podíamos quedarnos allí, al menos mientras recobrábamos el aliento ... No había sonidos a nuestras espaldas calma chicha para cubrirnos las cabezas con sombreros de paja y recostarnos contra una pared ... El bosque nos devolvió el sentido de la gracia; escuchábamos voces de adolescentes donde terminaban las arboledas ... Eran niños ... Ocupaban las pistas de tenis de la mañana a la noche y algunos apenas sabían jugar ... En la terraza paseaban hombres con trajebaños y vasos vacíos ... Nosotros descansábamos ... Montamos la tienda en un claro, a medio camino de las pistas de tenis y del camping ... A veces él desaparecía ... Nunca le pregunté qué demonios hacía supongo que iba al bar del camping ... A decir verdad era tan insociable como yo así que si tuviera que arriesgar una respuesta acerca de los motivos que lo llevaban al camping no sabría qué decir ... Tal vez curiosidad ... Yo prefería merodear por las pistas ... Voces de niñas tocadas por el sol voces que salían de casamatas de hormigón en donde se duchaban ... En realidad me pasaba horas y horas mirando a través del ramaje ... Las pistas de tierra, las dos hileras de asientos, una más elevada que la otra, las escaleras verdes que conducían a la terraza y al bar ... Un bar exclusivo ... En ocasiones encontramos gente en el bosque pero nunca se fijaron en nosotros ... Nos tapábamos el rostro con sombreros y el chirrido de los grillos nos adormecía ... La tienda estaba en un claro ... Allí guardábamos nuestras pertenencias: harapos revistas latas ... Las latas las metía el jorobadito ... Ahora sé por qué motivo ... Yo quería largarme y se lo dije ... Le dije que me iría al sur y que si quería podía venir conmigo ... El bosque era pequeño y sin embargo él lo veía como algo impenetrable ... A la semana de estar allí dije que me iba ... Tengo parientes en el sur además no me gustan los catalanes ... Por

THE WITNESS

I told him we could stay here, at least until we caught our breath ... There were no sounds behind us calm dead enough to cover our heads with sombreros and recline against a wall ... The forest restored the feeling of grace; we heard teenage voices at the edge of the groves ...They were children ... They took over the tennis courts from morning to night and some hardly knew how to play ... On the deck men passed by in swimsuits with empty glasses ... We rested ... We pitched a tent in a clearing, halfway between the tennis courts and the campground ... Sometimes he disappeared ... I never asked what the hell he was doing I guess he went to the campground bar ... In truth he was just as unsociable as I, so if I had to hazard a guess at his motives for going to the campground I wouldn't know what to say ... Maybe curiosity ... I preferred to skulk around the courts ... Voices of sun-kissed girls voices that came from inside the concrete casemates where they showered ... I actually spent hours and hours watching from behind the branches ... The clay courts, the two rows of seats, one higher than the other, the green stairs going up to the deck of the bar ... An exclusive bar ... Sometimes we came upon people in the woods but they never noticed us ... We covered our faces with sombreros and the crickets' chirping lulled us to sleep ... The tent was in a clearing ... That's where we kept our things: rags magazines cans ... The little hunchback put the cans there ... Now I know why ... I wanted to take off and I told him ... I told him I was going south and if he wanted he could come with me ... The forest was small and still he saw it as something impenetrable ... After being there a week I said I was going ... I have relatives in the South, plus I don't like the Catalans ... In the afternoons I stood motionless beside the tennis club fence ... Sometimes I would cry I guess

las tardes me quedaba inmóvil junto a la cerca del club de tenis ... A veces lloraba supongo que estaba llegando al límite ... Sí, hacía mucho calor ... No recuerdo qué año fue pero la gente que encontramos en el bosque no parecía asustada cuando nos veía ... Obreros de vacaciones ... En cierta ocasión vi a un tipo que lloraba en los linderos ... En la parte quemada del bosque ... Un tipo joven bien vestido que seguramente sabía hablar con educación ... No me dejé ver ... En general era cauteloso todo el tiempo ... Le dije ya está bien ahora vámonos y él dijo «Nel, majo» ... Una mañana me fui sin despertarlo ni dejarle una nota de despedida ... Olvidé algunas cosas un abrelatas no recuerdo qué más ... De alguna manera sabía que tenía que irme y que él no podía hacerlo ... Sentí el hueco y preferí largarme ... El jorobadito sólo dijo «nel, majo» ... Recuerdo el dolor de las pistas de tenis ... Los atardeceres calurosos en medio del bosque en blanco y negro ... El hombre se aleja ... Nuestro único testigo no quiere testigos ...

I was reaching my limit ... Yeah, it was really hot ... I don't remember what year it was but the people we crossed in the woods didn't seem frightened when they saw us ... Workers on vacation ... One time I saw a guy crying at the edge ... In the burnt part of the forest ... A young guy, well dressed, who surely knew how to speak politely ... I didn't let myself watch ... I was usually cautious all the time ... I told him it's okay now, let's go and he said "Fat chance, hon" ... One morning I left without waking him or leaving a note goodbye ... I forgot a few things a can opener I don't remember what else ... Somehow I knew that I had to go and that he couldn't do it ... I felt the hole and preferred to get out of there ... The little hunchback just said "fat chance, hon" ... I remember the pain of the tennis courts ... The sweltering dusks in the middle of the black and white forest ... The man walks away ... Our only witness does not want witnesses ...

GENTE QUE SE ALEJA

Cuando considero la corta duración de mi vida, absorbida en la eternidad precedente y siguiente –*memoria hospitis unius diei praetereuntis*–, el pequeño espacio que ocupo e incluso que veo, abismado en la infinita inmensidad de los espacios que ignoro y que me ignoran, me espanto y me asombro de verme aquí y no allí, porque no existe ninguna razón de estar aquí y no allí, ahora y no en otro tiempo. ¿Quién me ha puesto aquí? ¿Por orden y voluntad de quién este lugar y este tiempo han sido destinados a mí?

PASCAL

PEOPLE WALKING AWAY

When I consider the brief span of my life absorbed into the eternity which comes before and after—*memoria hospitis unius diei praetereuntis*—the small space I occupy and which I see swallowed up in the infinite immensity of spaces of which I know nothing and which know nothing of me, I take fright and am amazed to see myself here rather than there: there is no reason for me to be here rather than there, now rather than then. Who put me here? By whose command and act were this place and time allotted to me?

PASCAL

FACHADA

La vida concluye en el momento en que
se la fotografía. Es casi un símbolo de
Hollywood. Tara no tenía habitaciones
en su interior. Era sólo una fachada.

DAVID O. SELZNICK

El muchacho se acerca a la casa. Vereda de alerces. La Fronda.
Collar de lágrimas. El amor es una mezcla de sentimentalismo
y sexo (Burroughs). La mansión sólo es fachada y la desmante-
lan para instalarla en Atlanta. 1959. Todo está viejo. No es un
fenómeno de ahora. Todo cagado desde hace mucho tiempo.
Y los españoles imitan tu modo de hablar sudamericano. Una
vereda de palmeras. Todo lento y asmático. Biólogos aburridos
contemplan la lluvia desde los ventanales. No sirve *cantar con
sentimiento.* Querida mía, quienquiera que seas, dondequiera
que estés: ya no hay nada que hacer, las cartas se han jugado y
he visto mi dibujo, ya no es necesario el gesto que nunca llegó.
«Era sólo una fachada.» El muchacho camina hacia la casa.

FAÇADE

Once photographed, life here is ended.
It is almost symbolic of Hollywood.
Tara has no rooms inside. It was just
a facade.

DAVID O. SELZNICK

The kid heads toward the house. Alley of larches. The Fronde. Necklace of tears. Love is a mix of sentimentality and sex (Burroughs). The mansion is just a façade—dismantled, to be erected in Atlanta. 1959. Everything looks old. Not a modern phenomenon. From a long time back, everything wrecked. And the Spaniards imitate your South American way of speaking. An alley of palms. Everything slow and asthmatic. Bored biologists watch the rain from the windows. It's no good *singing with feeling*. My darling, whoever you are, wherever you are: it's too late, the cards have been played and I've seen my picture, I no longer need the gesture that never came. "It was just a façade." The kid walks toward the house.

LA TOTALIDAD DEL VIENTO

Carreteras gemelas tendidas sobre el atardecer cuando todo parece indicar que la memoria las ambiciones la delicadeza kaputt como el automóvil alquilado de un turista que penetra sin saberlo en zonas de guerra y ya no vuelve más al menos no en automóvil hombre que corre a través de carreteras tendidas sobre una zona que su mente se niega a aceptar como límite punto de convergencia dragón transparente y las noticias dicen que Sophie Podolski kaputt en Bélgica la niña del Montfauçon Research Center y los labios dicen «veo camareros de temporada caminando por una playa desierta a las 8 de la noche gestos lentos grupo barrido por el viento cargado de arena» ... «una niña de 11 muy gorda iluminó por un instante la piscina pública» ... «¿y a ti también te persigue Colan Yar?» ... «¿una pradera negra incrustada en la autopista?» ... El tipo está sentado en una de las terrazas del ghetto. Escribe postales pues su respiración le impide hacer poemas como él quisiera. Quiero decir: poemas gratuitos, sin ningún valor añadido. Sus ojos retienen una visión de cuerpos desnudos que se mueven con lentitud fuera del mar. Después sólo resta el vacío. «Camareros de temporada caminando por la playa» ... «La luz del atardecer descompone nuestra percepción del viento» ... «La totalidad del viento» ...

THE FULLNESS OF THE WIND

Twin highways flung across the evening when everything seems to indicate that memory ambitions finer feelings are kaput like the rental car of a tourist who unknowingly ventures into war zones and never returns at least not by car, man who speeds down highways strung across a zone that his mind refuses to accept as a barrier vanishing point transparent dragon and in the news Sophie Podolski is kaput in Belgium the girl from the Montfauçon Research Center and the lips say "I see waiters hired for the summer walking along a deserted beach at 8 at night slow movements sandswept group" ... "for an instant a fat 11-year-old girl lit up the public pool" ... "so is Colan Yar after you too?" ... "the highway a black-topped strip of prairie?" ... The man sits at one of the cafes in the ghetto. He writes postcards because breathing prevents him from writing the poems he'd like to write. I mean: free poems, no extra tax. His eyes retain a vision of naked bodies coming slowly out of the sea. Then all that's left is emptiness. "Waiters walking along the beach" ... "The evening light dismantles our sense of the wind" ... "The fullness of the wind" ...

CUADROS VERDES, ROJOS Y BLANCOS

Ahora él se sube a una marea, la marea es blanca. Ha tomado un tren en dirección contraria a la que deseaba. Sólo él ocupa el compartimento, las cortinas están descorridas y el atardecer se pega en el vidrio sucio. El verde oscuro, el amarillo intenso y un rojo desvaído se abren sobre el cuero negro de los asientos. Hemos creado un espacio silencioso para que él de alguna manera trabaje. Enciende un cigarrillo. La cajita de los fósforos es sepia. Sobre la cubierta está dibujado un hexágono compuesto de doce fósforos. El título es: jugar con fósforos, y, como indica un 2 en el ángulo superior izquierdo, éste es el segundo juego de la colección. (El juego número 2 se llama «La increíble fuga de triángulos».) Ahora su atención se detiene en un objeto pálido, al cabo de un rato advierte que es un cuadrado que empieza a fragmentarse. Lo que antes reconoció como pantalla se transforma en marea blanca, palabras blancas, vidrios que finalizan su transparencia en una albura ciega y permanente. De improviso un grito concentra su atención. El breve sonido le parece como un color tragado por una fisura. ¿Pero qué color? La frase «el tren se detuvo en un pueblo del norte» no le deja ver un movimiento de sombras que se desarrolla en el asiento de enfrente. Se cubre el rostro con los dedos lo suficientemente separados como para atisbar cualquier objeto que se le aproxime. Busca cigarrillos en los bolsillos de la chaqueta. Cuando exhala la primera bocanada piensa que la fidelidad se mueve con la misma rigidez que el tren. Una nube de humo opalino cubre su rostro. Piensa que la palabra «rostro» crea sus propios ojos azules. Alguien grita. Observa sus pies fijos en el suelo. La palabra «zapatos» jamás levitará. Suspira, vuelve el rostro hacia la ventana, el campo parece envuelto por una luz más oscura. Como la luz de mi cabeza, piensa. El tren se desliza junto a un bosque. En algu-

GREEN, RED, AND WHITE CHECKS

Now he rises up on a tide, the tide is white. He has taken a train going in the wrong direction. He's the only one in the compartment, the curtains are open, and the dusk clings to the dirty glass. Dark green, intense yellow, and a washed-out red spread across the black leather. We've created a silent space so that he can work somehow. He lights a cigarette. The box of matches is sepia-colored. On the lid is a drawing of a hexagon made of twelve matches. It's labeled: playing with matches, and, as indicated by a 2 in the upper lefthand corner, it's the second game in a series. (Game number 2 is called "The Great Triangle Escape.") Now his attention comes to rest on a pale object. After a while he realizes that it's a square that's beginning to disintegrate. What he at first imagined was a screen becomes a white tide, white words, panes whose transparency is replaced by a blind and permanent whiteness. Suddenly a shout focuses his attention. The brief sound is like a color swallowed by a crack. But what color? The phrase "the train stopped in a northern town" distracts him from a shifting of shadows in the next seat. He covers his face with his fingers, spread wide enough so that he can spot any object coming at him. He searches for cigarettes in the pockets of his jacket. With the first puff, it occurs to him that monogamy moves with the same rigidity as the train. A cloud of opaline smoke covers his face. It occurs to him that the word "face" creates its own blue eyes. Someone shouts. He looks at his feet planted on the floor. The word "shoes" will never levitate. He sighs, turning his face to the window. A darker light seems to have settled over the land. Like the light in my head, he thinks. The train is running along the edge of a forest. In some spots, traces of recent fires are visible. He isn't surprised not to see anyone at the edge of the forest. This is where the little hunchback

nas zonas se puede ver la huella de incendios recientes. A él no le extraña no ver a ninguna persona a orillas del bosque. El jorobadito vive allí, siguiendo un sendero para bicicletas, un kilómetro más adentro. Le dije que prefería no escuchar más. Aquí puedes encontrar conejos y ratas que parecen ardillas. El bosque está delimitado limpiamente por la carretera y la línea de ferrocarril. En el sector contiguo hay algunos campos de labranza y próximo a la ciudad un río contaminado en cuyas riberas pueden verse huertos de gitanos y cementerios de coches. La carretera corre junto al mar. El jorobadito abre una lata de conservas apoyando la mitad de su espalda contra un pino pequeño y podrido. Alguien gritó en el otro extremo del vagón, posiblemente una mujer, se dijo mientras apagaba el cigarrillo con la suela del zapato. La camisa es de cuadros verdes, rojos y blancos, de manga larga y hecha de algodón. En la mano izquierda del jorobadito hay una lata de sardinas con salsa de tomate. Está comiendo. Sus ojos escudriñan el follaje. Escucha pasar el tren.

lives, down a bicycle path, a half mile deeper in. I told him I'd heard enough. There are rabbits and rats here that look like squirrels. The forest is clearly delineated by the highway and the railroad tracks. Right beside it are some tilled fields, and, closer to the city, a polluted river lined with gypsy gardens and junkyards. The highway runs along the sea. The hunchback opens a can of food, resting his hump against a small, rotted pine. Someone shouted at the other end of the car, possibly a woman, he said to himself as he stubbed the cigarette out against the sole of his shoe. His shirt is long-sleeved, cotton, with green, red, and white checks. There is a can of sardines in tomato sauce in the hunchback's left hand. He's eating. His eyes scan the foliage. He hears the train go by.

SOY MI PROPIO HECHIZO

Se pasean los fantasmas de Plaza Real por las escaleras de mi casa. Tapado hasta las cejas, inmóvil en la cama, transpirando y repitiendo mentalmente palabras que no quieren decir nada los siento revolverse, encender y apagar las luces, subir de manera interminable hacia la azotea. Yo soy la luna. Pero antes fui el pandillero y tuve al árabe en mi mira y apreté el gatillo en el minuto menos propicio. Calles estrechas en el interior del Distrito V, sin posibilidades de salir o de cambiar el destino que volaba sobre mis pelos grasientos como una chilaba mágica. Palabras que se alejan unas de otras. Juegos urbanos concebidos desde tiempos inmemoriales ... «Frankfurt» ... «Una muchacha rubia en la ventana más grande de la pensión» ... «Ya no puedo hacer nada» ... Soy mi propio hechizo. Mis manos palpan un mural en donde alguien, 20 centímetros más alto que yo, permanece en la sombra, con las manos en los bolsillos de la chaqueta, preparando la muerte y su ulterior transparencia. El lenguaje de los otros es ininteligible para mí y para mi hora. «Cansado después de tanto» ... «Una muchacha rubia bajó las escaleras» ... «Me llamo Roberto Bolaño» ... «Abrí los brazos» ...

I'M MY OWN BEWITCHMENT

The ghosts of Plaza Real are on the stairs. Blankets pulled up to my ears, motionless in bed, sweating and repeating meaningless words to myself, I hear them moving around, turning the lights on and off, endlessly climbing up toward the roof. I'm the moon. But I used to be in a gang and I had the Arab in my sights and I pulled the trigger at the worst possible moment. Narrow streets in the heart of District V, and no way to escape or alter the fate that hovered over my greasy hair like a magic djellaba. Words that drift away from one another. Urban games played from time immemorial ... "Frankfurt" ... "A blond girl at the biggest window of the boarding house" ... "There's nothing I can do now" ... I'm my own bewitchment. My hands move over a mural in which someone, 8 inches taller than me, stands in the shadows, hands in the pockets of his jacket, preparing for death and his subsequent transparency. The language of others is unintelligible to me and to my time. "Tired after so much" ... "A blond girl came down the stairs" ... "My name is Roberto Bolaño" ... "I opened my arms" ...

AZUL

El camping «La Comuna» de Calabria según nota sensacionalista aparecida en PEN. Hostigados por la gente del pueblo. En el interior los campistas se paseaban desnudos. Seis chicos muertos en las cercanías. «Eran campistas» ... «Bueno, del pueblo no son» ... Meses antes recibieron una visita de la Brigada Antiterrorista. «Se desmadraban, follaban en todas partes, quiero decir: follaban en grupo y en donde se les venía en gana» ... «Al principio guardaron las distancias, sólo lo hacían dentro del camping, pero este año armaron orgías en la playa y en los alrededores del pueblo» ... La policía interroga a los campesinos: «Yo no lo hice», dice uno, «si hubieran prendido fuego al camping podrían echarme la culpa, más de una vez lo pensé, pero no tengo corazón para balear a seis muchachos» ... Tal vez fue la mafia. Tal vez se suicidaron. Tal vez ha sido un sueño. El viento entre las rocas. El mediterráneo. Azul.

BLUE

The "Commune" campground in Calabria, according to a sensationalistic article in PEN. Harassed by the townspeople. Inside the campers walked around naked. Six kids dead in the surrounding area. "They were campers" ... "Not from around here, that's for sure" ... Months before, the Anti-Terrorist Brigade paid them a visit. "They were out of control, I mean, screwing all over the place: they screwed in groups and wherever they felt like it" ... "At first they kept to themselves, they only did it at the campground, but this year they had orgies on the beach and right outside town" ... The police questioning the locals: "I didn't do it," says one, "if they had set fire to the campground, I could be blamed, it's crossed my mind more than once, but I don't have the heart to shoot six kids" ... Maybe it was the mafia. Maybe they committed suicide. Maybe it was all a dream. The wind in the rocks. The Mediterranean. Blue.

GENTE RAZONABLE Y GENTE IRRAZONABLE

«Me sospecharon desde el principio» ... «Tipos pálidos comprendieron por un segundo lo que había detrás de ese paisaje» ... «Un camping un bosque un club de tenis un picadero la carretera te lleva lejos si quieres ir lejos» ... «Me sospecharon un espía pero de qué diablos» ... «Entre gente razonable y gente irrazonable» ... «Ese tipo que corre por allí no existe» ... «Él es la verdadera cabeza de este asunto» ... «Pero también soñé muchachas» ... «Bueno, gente conocida, los mismos rostros del verano pasado» ... «La misma gentileza» ... «Ahora el tiempo es el borrador de todo aquello» ... «La muchacha ideal me sospechó desde el primer momento» ... «Un invento mío» ... «No había espionaje ni hostias similares» ... «Era tan claro que lo desecharon» ...

REASONABLE PEOPLE VS. UNREASONABLE PEOPLE

"They suspected me from the beginning" ... "Pale men could see right away what was hidden in the landscape" ... "A campground a forest a tennis club a riding school—the road will take you far away if you want to go far away" ... "They suspected I was a spy but what kind of fucking spy" ... "Reasonable people vs. unreasonable people" ... "That guy running around here doesn't exist" ... "He's the real ringleader of all this" ... "But I also dreamed of girls" ... "People we know the same faces from last summer" ... "The same kindness" ... "Now time erases all that" ... "The perfect girl suspected me from the very beginning" ... "Something I made up" ... "There was no spying or any shit like that" ... "It was so obvious that they refused to believe it" ...

EL NILO

El infierno que vendrá ... Sophie Podolski se suicidó hace varios años ... Ahora tendría 27, como yo ... Patrones egipcios en el cielo raso, los empleados se acercan lentamente, campos polvorientos, es el fin de abril y les pagan con heroína ... He encendido la radio, una voz impersonal hace el recuento por ciudades de los detenidos en el día de hoy ... «Hasta las cero horas, sin novedad» ... Una muchacha que escribía dragones totalmente podrida en algún nicho de Bruselas ... «Metralletas, pistolas, granadas decomisadas» ... Estoy solo. Toda la mierda literaria ha ido quedando atrás. Revistas de poesía, ediciones limitadas, todo ese chiste gris quedó atrás ... El tipo abrió la puerta a la primera patada y te puso la pistola debajo del mentón ... Edificios abandonados de Barcelona, casi como una invitación para suicidarse en paz ... El sol detrás de la cortina de polvo en el atardecer junto al Nilo ... El patrón paga con heroína y los campesinos esnifan en los surcos, tirados sobre las mantas, bajo palmeras escritas ... Una muchacha belga que escribía como una estrella ... «Ahora tendría 27, como yo» ...

THE NILE

The hell to come ... Sophie Podolski killed herself years ago ... She would've been 27 now, like me ... Egyptian designs on the ceiling, the workers slowly approach, dusty fields, it's the end of April and they're paid in heroin ... I've turned on the radio, an impersonal voice gives the city-by-city count of those arrested today ... "Midnight, nothing to report" ... A girl who wrote dragons completely fucking sick of it all in some corner of Brussels ... "Assault rifles, guns, old grenades" ... I'm alone. All the literary shit gradually falling by the wayside. Poetry journals, limited editions, the whole dreary joke behind me now ... The door opened at the first kick and the guy jammed the gun under your chin ... Abandoned buildings in Barcelona, almost like an invitation to kill yourself in peace ... The sun on the Nile behind the curtain of dust at sunset ... The boss pays in heroin and the farm workers snort it in the furrows, on blankets, under scrawled palm trees ... A Belgian girl who wrote like a star ... "She would've been 27 now, like me" ...

LOS UTENSILIOS DE LIMPIEZA

Alabaré estas carreteras y estos instantes. Paraguas de vagabundos abandonados en explanadas al fondo de las cuales se yerguen supermercados blancos. Es verano y los policías beben en la última mesa del bar. Junto al tocadiscos una muchacha escucha canciones de moda. Alguien camina a estas horas lejos de aquí, alejándose de aquí, dispuesto a no volver más. ¿Un muchacho desnudo sentado junto a su tienda en el interior del bosque? La muchacha entró en el baño torpemente y se puso a vomitar. Bien mirado, es poco el tiempo que nos dan para crear nuestra vida en la tierra, quiero decir: asegurar algo, casarse, esperar la muerte. Sus ojos en el espejo, como cartas desplegadas en una habitación en penumbras; el bulto que respira, hundido en la cama con ella. Los hombres hablan de rateros muertos, precios de chalets en la costa, pagas extras. Un día moriré de cáncer. Los utensilios de limpieza comienzan a levitar en su imaginación. Ella dice: podría seguir y seguir. El muchacho entró en la habitación y la cogió de los hombros. Ambos lloraron como personajes de películas diferentes proyectadas en la misma pantalla. Escena roja de cuerpos que abren el gas. La mano huesuda y hermosa hizo girar la llave. Escoge una sola de estas frases: «escapé de la tortura» … «un hotel desconocido» … «no más caminos» …

CLEANING UTENSILS

All praise to the highways and to these moments. Umbrellas abandoned by bums in shopping plazas with white supermarkets rising at the far ends. It's summer and the policemen are drinking at the back of the bar. Next to the jukebox a girl listens to the latest hits. Around the same time, someone is walking, far from here, away from here, with no plans to come back. A naked boy sitting outside his tent in the woods? The girl stumbled into the bathroom and began to vomit. When you think about it, we're not allotted much time here on earth to make lives for ourselves: I mean, to scrape something together, get married, wait for death. Her eyes in the mirror like letters fanned out in a dark room; the huddled breathing shape burrowed into bed with her. The men talk about dead small-time crooks, the price of houses on the coast, extra paychecks. One day I'll die of cancer. Cleaning utensils begin to levitate in her head. She says: I could go on and on. The kid came into the room and grabbed her by the shoulders. The two of them wept like characters from different movies projected on the same screen. Red scene of bodies turning on the gas. The bony beautiful hand turned the knob. Choose just one of these phrases: "I escaped torture" ... "an unknown hotel" ... "no more roads" ...

UN MONO

Enumerar es alabar, dijo la muchacha (18, poeta, pelo largo).
En la hora de la ambulancia detenida en el callejón. El cami-
llero aplastó la colilla con el zapato, luego avanzó como un
oso. Me gustaría que apagaran las luces de las ventanas y que
esos desgraciados se fueran a dormir. ¿Quién fue el primer ser
humano que se asomó a una ventana? (Aplausos.) La gente está
cansada, no me asombraría que un día de éstos nos recibieran
a balazos. Supongo que un mono. No puedo hilar lo que digo.
No puedo expresarme con coherencia ni escribir lo que pienso.
Probablemente debería dejarlo todo y marcharme, ¿no lo hizo
así Teresa de Ávila? (Aplausos y risas.) Un mono asomado en
una ventana purulenta viendo declinar el día, como una es-
tatua pulsátil. El camillero se acercó a donde estaba fumando
el sargento; apenas se saludaron con un movimiento de hom-
bros sin llegar a mirarse en ningún momento. A simple vista
uno podía notar que no había muerto de un ataque cardiaco.
Estaba bocabajo y en la espalda, sobre el suéter marrón, se
apreciaban varios agujeros de bala. Le descargaron una ame-
tralladora entera, dijo un enano que estaba en el lado izquierdo
del sargento y que el enfermero no había tenido tiempo de
ver. A lo lejos escucharon el murmullo de una manifestación.
Será mejor que nos vayamos antes de que tapen la avenida,
dijo el enano. El sargento parecía no escucharle, embebido en
la contemplación de las ventanas con gente que miraba el es-
pectáculo. Vámonos rápido. ¿Pero adónde? No hay comisarías.
Enumerar es alabar y se rió la muchacha. La misma pasión,
hasta el infinito. Coches detenidos entre baches y tarros de
basura. Puertas que se abren y luego se cierran sin motivo apa-
rente. Motores, faros, la ambulancia sale en marcha atrás. La
hora se infla, revienta. Supongo que fue un mono en la copa
de un bendito árbol.

A MONKEY

To name is to praise, said the girl (18, a poet, long hair). The hour of the ambulance parked in the alley. The medic stubbed out his cigarette on his shoe, then lumbered forward like a bear. I wish those miserable people in the windows would turn out the lights and go to sleep. Who was the first human being to look out a window? (Applause.) People are tired, it wouldn't surprise me if one of these days they greeted us with a hail of bullets. I guess a monkey. I can't string two words together. I can't express myself coherently or write what I want. I should probably give up everything and go away, isn't that what Teresa of Avila did? (Applause and laughter.) A monkey looking out a putrid window, watching the daylight fade, like a pulsing statue. The medic came over to where the sergeant was smoking; they greeted each other with a slight shrug without ever making eye contact. It was clear at a glance that he hadn't died of a heart attack. He was face down and you could see the bullet holes in his back, in his brown sweater. They emptied a machine gun into him, said a dwarf who was standing to the left of the sergeant and who the medic had not yet seen. In the distance they heard the hum of a protest march. We'd better go before they block the street, said the dwarf. The sergeant didn't seem to hear him, absorbed in contemplation of the windows from which people were watching the spectacle. Let's hurry. But where do we go? There aren't any police stations. To name is to praise and the girl laughed. The same passion, taken to infinity. Cars stop between potholes and garbage cans. Doors that open and then close for no apparent reason. Engines, streetlights, the ambulance reverses away. The hour swells, bursts. I guess it was a monkey at the top of a damned tree.

NO HABÍA NADA

No hay comisarías no hay hospitales no hay nada. Al menos no hay nada que puedas conseguir con dinero. «Nos movemos por impulsos instantáneos» ... «Algo así destruirá el inconsciente y quedaremos en el aire» ... «¿Recuerdas ese chiste del torero que salía a la arena y no había toro no había arena no había nada?» ... Los policías bebieron brisas anárquicas. Alguien se puso a aplaudir.

THERE WAS NOTHING

There are no police stations no hospitals no nothing. At least there's nothing money can buy. "We act on instantaneous impulses" ... "This is the kind of thing that destroys the unconscious, and then we'll be left hanging" ... "Remember that joke about the bullfighter who comes out into the ring and there's no bull no ring no nothing?" ... The policemen drank anarchic breezes. Someone started to clap.

ENTRE LOS CABALLOS

Soñé con una mujer sin boca, dice el tipo en la cama. No pude reprimir una sonrisa. Las imágenes son empujadas nuevamente por el émbolo. Mira, le dije, conozco una historia tan triste como ésa. Es un escritor que vive en las afueras de la ciudad. Se gana la vida trabajando en un picadero. Nunca ha pedido gran cosa de la vida, le basta con tener un cuarto y tiempo libre para leer. Pero un día conoce a una muchacha que vive en otra ciudad y se enamora. Deciden casarse. La muchacha vendrá a vivir con él. Se plantea el primer problema: conseguir una casa lo suficientemente grande para los dos. El segundo problema es de dónde sacar dinero para pagar esa casa. Después todo se encadena: un trabajo con ingresos fijos (en los picaderos se gana a comisión, más cuarto, comida y una pequeña paga al mes), legalizar sus papeles, seguro social, etc. Por lo pronto necesita dinero para ir a la ciudad de su prometida. Un amigo le proporciona la posibilidad de escribir artículos para una revista. Él piensa que con los cuatro primeros puede pagar el autobús de ida y vuelta y tal vez algunos días de alojamiento en una pensión barata. Escribe a su chica anunciando el viaje. Pero no puede redactar ningún artículo. Pasa las tardes sentado en una mesa de la terraza del picadero intentando escribir, pero no puede. No le sale nada, como vulgarmente se dice. El tipo reconoce que está acabado. Sólo escribe breves textos policiales. El viaje se aleja de su futuro, se pierde, nunca jamás, y él permanece apático, quieto, trabajando de una manera automática entre los caballos.

AMONG THE HORSES

I dreamed of a woman with no mouth, says the man in bed. I couldn't help smiling. The piston forces the images up again. Look, he tells her, I know another story that's just as sad. He's a writer who lives on the edge of town. He makes a living working at a riding school. He's never asked for much, all he needs is a room and time to read. But one day he meets a girl who lives in another city and he falls in love. They decide to get married. The girl will come to live with him. The first problem arises: finding a place big enough for the two of them. The second problem is where to get the money to pay for it. Then one thing leads to another: a job with a steady income (at the stables he works on commission, plus room, board, and a small monthly stipend), getting his papers in order, registering with social security, etc. But for now, he needs money to get to the city where his fiancée lives. A friend suggests the possibility of writing articles for a magazine. He calculates that the first four would pay for the bus trip there and back and maybe a few days at a cheap hotel. He writes his girlfriend to tell her he's coming. But he can't finish a single article. He spends the evenings sitting outdoors at the bar of the riding school where he works, trying to write, but he can't. Nothing comes out, as they say in common parlance. The man realizes that he's finished. All he writes are short crime stories. The trip recedes from his future, is lost, never again, and he remains listless, inert, going automatically about his work among the horses.

LAS INSTRUCCIONES

Salí de la ciudad con instrucciones dentro de un sobre. No era mucho lo que tenía que recorrer, tal vez 17 o 20 kilómetros hacia el sur, por la carretera de la costa. Debía comenzar las pesquisas en los alrededores de un pueblo turístico que poco a poco había ido albergando en sus barrios suburbanos a trabajadores llegados de otras partes. Algunos tenían, en efecto, trabajos en la gran ciudad; otros no. Los lugares que debía visitar eran los de siempre: un par de hoteles, el camping, la estación de policía, la gasolinera y el restaurante. Más tarde tal vez fueran saliendo otros sitios. El sol batía con fuerza las ventanillas de mi coche, bastante poco común si se tiene en cuenta que era septiembre. Pero el aire era frío y la autopista estaba casi vacía. Dejé atrás el primer cordón de fábricas. Después un cuartel de artillería por cuyos portones abiertos pude ver a un grupo de reclutas fumando en actitudes poco marciales. En el km 10 la carretera entraba en una especie de bosque roto a tramos por chalets y edificios de apartamentos. Estacioné el coche detrás del camping. Anduve un rato, mientras terminaba el cigarrillo, sin saber qué haría. A unos doscientos metros, justo frente a mí, apareció el tren. Era un tren azul y de cuatro vagones a lo sumo. Iba casi vacío. Toqué varias veces el claxon pero nadie salió a abrirme la barrera. Dejé el coche en el bordillo del camino de entrada y pasé por debajo de la barrera. El camino de entrada era de gravilla, sombreado por altos pinos; a los lados había tiendas y roulottes camufladas por la vegetación. Recuerdo haber pensado en su similitud con la selva aunque yo nunca había estado en la selva. Al final del camino se movió algo, después apareció un cubo de basura sobre una carretilla y un viejo empujándola. Le hice una seña con la mano. Al principio aparentó no verme, después bajó hacia donde yo estaba sin soltar la carretilla y con ademanes de

THE INSTRUCTIONS

With instructions in an envelope, I left the city. I didn't have far to go, maybe 10 or 12 miles south, along the coast highway. I was supposed to start my investigation on the outskirts of a tourist town whose edges had gradually begun to house workers from elsewhere. Some actually had jobs back in the city; others didn't. The places I was supposed to visit were the usual spots: a couple of hotels, the campground, the police station, the restaurant, the gas station. There might be other places later. The sun beat on the car windows, rather unusual for September. But the air was cold and the highway was almost deserted. I drove past the first string of factories. Then an artillery barracks—through its open gates I could see a group of recruits smoking, their bearings far from military. At mile 6 the highway entered a sort of forest broken up by houses and apartment buildings. I parked the car behind the campground and walked a while as I finished my cigarette, unsure of what to do. Two hundred yards away, just ahead of me, the train appeared. It was a blue train, four cars long at most. It was almost empty. I sounded the horn several times but no one came to raise the barrier. I left the car on the side of the driveway and ducked under the barrier. The drive was gravel, shaded by tall pines; on either side there were tents and RVs camouflaged by the vegetation. I remember noting that it looked like the jungle, though I had never been in a jungle. At the end of the road, something was moving, then a trash can came into view, wheeled along by an old man. I waved to him. At first he didn't seem to see me, then he came over to me, pulling the can after him with a look of resignation. "I'm with the police," I said. He had never seen the person we were looking for. Are you sure? I asked, handing him a cigarette. He said he was absolutely sure. It was more or less the same answer

resignación. «Soy policía», dije. Nunca había visto a la persona que buscábamos. ¿Está seguro?, pregunté mientras le alargaba un cigarrillo. Dijo que estaba completamente seguro. Más o menos ésa fue la respuesta que me dieron todos. El anochecer me encontró dentro del coche aparcado en el Paseo Marítimo. Saqué del sobre las instrucciones. No tenía luces, así que tuve que utilizar el encendedor para poder leerlas. Eran un par de hojas escritas a máquina con algunas correcciones hechas a mano. En ninguna parte se decía lo que yo debía hacer allí. Junto a las hojas encontré algunas fotos en blanco y negro. Las estudié con cuidado: era el mismo tramo de Paseo Marítimo, tal vez con un poco más de luz. «Nuestras historias son muy tristes, sargento, no intente comprenderlas» ... «Nunca hemos hecho mal a nadie» ... «No intente comprenderlas» ... «El mar» ... Arrugué las hojas y las arrojé por la ventanilla. Por el espejo retrovisor creí ver cómo el viento las arrastraba hasta desaparecer. Encendí la radio, un programa musical de la ciudad; la apagué. Me puse a fumar. Cerré la ventanilla sin dejar de mirar, delante de mí, la calle solitaria y los chalets cerrados. Me pasó por la cabeza la idea de vivir en uno de ellos durante la temporada de invierno. Seguramente serían más baratos, me dije sin poder evitar los temblores.

I got from everyone. Twilight found me in the car, parked on the Paseo Marítimo. I took out the instructions. There were no lights, so I had to use a cigarette lighter to read them. There were a couple of typewritten sheets with handwritten corrections. Nowhere did it say what I should be doing there. With those pages there were some black-and-white photos. I studied them carefully: it was the stretch of the Paseo Marítimo where I was now, maybe earlier in the day. "Our stories are sad, sergeant, there's no point to understand them" ... "We've never hurt anyone" ... "No point trying to understand them" ... "The sea" ... I balled up the papers and threw them out the window. In the rearview mirror I thought I could see how the wind swept them away. I turned on the radio, music, a program from the city; I switched it off. I lit a cigarette. I closed the window, still staring ahead, watching the lonely street and the boarded-up houses. I was struck by the idea of living in one of them during the winter season. They must be cheaper, I said to myself, unable to suppress a shiver.

LA BARRA

Las imágenes emprenden camino, como la voz, nunca llegarán a ninguna parte, simplemente se pierden. Es inútil, dice la voz, y el jorobadito se pregunta ¿inútil para quién? Los puentes romanos son ahora el azar, el autor piensa mientras las imágenes aún fulguran, no demasiado lejanas, como pueblos que el automóvil va dejando atrás. (Pero en este caso el tipo no se mueve.) «He hecho un recuento de cabezas huecas y cabezas cortadas» ... «Sin duda hay más cabezas cortadas» ... «Aunque en la eternidad se confunden» ... Le dije a la judía que era muy triste estar horas en un bar escuchando historias sórdidas. No había nadie que tratara de cambiar de tema. La mierda goteaba de las frases a la altura de los pechos, de tal manera que no pude seguir sentado y me acerqué a la barra. Historias de policías a la caza del emigrante. Bueno, nada espectacular, por supuesto, gente nerviosa por el desempleo, etc. Éstas son las historias tristes que puedo contarte.

THE BAR

The images set off down the road, like the voice, they'll never get anywhere, they're simply lost. It's hopeless, says the voice— and the hunchback asks himself hopeless for who? The Roman bridges are our fate now, thinks the author as the images still shine, not too distant, like towns that the car gradually leaves behind. (But in this case the man isn't moving.) "I've made a count of airheads and severed heads" ... "There're definitely more severed heads" ... "Although in eternity it's hard to tell them apart" ... I told the Jewish girl that it was sad to spend hours in a bar listening to dirty stories. Nobody tried to change the subject. Shit dripped from the sentences at breast height, so that I couldn't stay seated and I went up to the bar. Stories about cops chasing immigrants. Nothing shocking, really, people upset because they were out of work, etc. These are the sad stories I have to tell you.

EL POLICÍA SE ALEJÓ

Recuerdo que andaba de un lado para otro sin detenerse demasiado tiempo en ningún lugar. A veces tenía el pelo rojo, los ojos eran verdes casi siempre. El sargento se le acercó y con gesto triste le pidió los papeles. Miró hacia las montañas, allí estaba lloviendo. Hablaba poco, la mayor parte del tiempo se limitaba a escuchar las conversaciones de los jinetes del picadero vecino, de los albañiles o de los camareros del restaurante de la carretera. El sargento procuró no mirarla a los ojos, creo que dijo que era una pena que estuviera lloviendo en las vegas, después sacó cigarrillos y le ofreció uno. En realidad buscaba a otra persona y pensó que ella podía darle información. La muchacha contemplaba el atardecer apoyada en la cerca del picadero. El sargento caminó por un sendero en la hierba, tenía las espaldas anchas y una chaqueta azul marino. Lentamente empezó a llover. Ella cerró los ojos en el momento en que alguien le contaba que había soñado un pasillo lleno de mujeres sin boca; luego caminó en dirección contraria al bosque. Un empleado viejo y gastado apagó las luces del picadero. Con la manga limpió los cristales de la ventana. El policía se alejó sin decir adiós. A oscuras, se sacó los pantalones en el dormitorio. Buscó su rincón mientras los vellos se le erizaban y permaneció unos instantes sin moverse. La muchacha había presenciado una violación y el sargento pensó que podía servirle de testigo. Pero en realidad él iba detrás de otra cosa. Puso sus cartas sobre la mesa. Fundido en negro. De un salto estuvo de pie sobre la cama. A través de los vidrios sucios de la ventana podían verse las estrellas. Recuerdo que era una noche fría y clara, desde el lugar donde estaba el policía se dominaba casi todo el picadero, los establos, el bar que casi nunca abría, las habitaciones. Ella se asomó a la ventana y sonrió. Escuchó pisadas que subían las escaleras. El sargento dijo que si no

THE POLICEMAN WALKED AWAY

I remember she moved from place to place without staying anywhere too long. Sometimes she had red hair, her eyes were almost always green. The sergeant came up to her and, with a sad gesture, asked for her papers. She turned to look at the mountains—it was raining there. She didn't talk much, most of the time she just listened to the conversations of the riders from the stable next door, or of the construction workers or the waiters from the restaurant on the highway. The sergeant avoided her eyes, I think he said it was too bad it was raining on the plain, then he pulled out some cigarettes and offered her one. He was really looking for someone else and he thought she might be able to give him some information. The girl watched the sunset, leaning on the riding school fence. The sergeant walked along a path in the grass, he had broad shoulders and a navy blue jacket. Slowly it began to rain. She closed her eyes when someone told her that he had dreamed of a corridor full of women without mouths; then she walked away toward the woods. An employee, a tired old man, turned out the lights at the riding school. With his sleeve he wiped the window panes. The policeman walked away without saying goodbye. In the dark, she took off her pants in the bedroom. She tried to decide on a corner, the hairs rising on the backs of her arms, and for a few moments she didn't move. The girl had witnessed a rape and the sergeant thought she could serve as witness. But he was really after something else. He put his cards on the table. Fade to black. In a leap he was standing on the bed. Through the dirty windows you could see the stars. I remember it was cold, a clear night. From where he was the cop could see almost the whole riding school, the stable, the bar that almost never opened, the rooms. She looked out the window and smiled. She heard footsteps coming up the stairs.

quería hablar no lo hiciera. «Mis nexos con el Cuerpo son casi nulos, al menos desde el punto de vista de ellos» ... «Busco a un tipo que hace un par de temporadas vivió aquí, tengo motivos para pensar que usted lo conoció» ... «Imposible olvidar a nadie con esas características físicas» ... «No quiero hacerle daño» ... «Bordeando la costa encontraron bosques dorados y cabañas abandonadas hasta el verano siguiente» ... «El paraíso» ... «Muchacha pelirroja mirando el atardecer desde el establo en llamas» ...

The sergeant said she didn't have to talk if she didn't want to. "My links to the Body are almost nonexistent, at least from their own point of view" ... "I'm looking for someone who lived here a few seasons ago, I have reason to think you knew him" ... "Impossible to forget someone who looked like that" ... "I don't want to hurt you" ... "Along the coast they found golden woods and cabins vacant until next summer" ... "Paradise" ... "Redheaded girl watching the sun go down from the stable in flames" ...

LA SÁBANA

El inglés dijo que no valía la pena. Largo rato estuvo pensando a qué se referiría. Delante de él la sombra de un hombre se deslizó por el bosque. Masajeó sus rodillas pero no hizo ademán de levantarse. El hombre surgió de atrás de un matorral. En el antebrazo, como un camarero aproximándose al primer cliente de la tarde, llevaba una sábana blanca. Sus movimientos tenían algo de desmañados y sin embargo se traslucía una serena autoridad en su manera de caminar. El jorobadito supuso que el hombre ya lo había visto. Con un cordelito amarillo ató una punta de la sábana a un pino, luego ató la punta contraria a la rama de otro árbol. Realizó la misma operación con los extremos inferiores hasta que el jorobadito sólo pudo verle las piernas pues el resto del cuerpo quedaba oculto por la pantalla. Lo escuchó toser. Las piernas parsimoniosamente se pusieron en movimiento hasta traer al hombre otra vez de este lado. Contempló los nudos que mantenían fija la sábana a los pinos. «No está mal», dijo el jorobadito, pero el hombre no le hizo caso. Puso la mano izquierda en el ángulo superior izquierdo y la fue deslizando, la palma contra la tela, hasta el centro. Llegado allí retiró la mano y dio algunos golpecitos con el dedo índice como para comprobar la tensión de la sábana. Se volvió de cara al jorobadito y suspiró satisfecho. Después chasqueó la lengua. El pelo le caía sobre la frente mojada en transpiración. Tenía la nariz roja y larga. «En efecto, no está mal», dijo. «Voy a pasar una película.» Sonrió como si se disculpara. Antes de marcharse miró el techo del bosque, cada vez más oscuro.

THE SHEET

The Englishman said it wasn't worth it. For a long time he wondered what the Englishman could mean. Ahead of him the shadow of a man slipped though the forest. He rubbed his knees but made no move to get up. The man popped up from behind a bush. Over his forearm, like a waiter approaching his first customer of the evening, he carried a white sheet. His movements were slightly clumsy and yet he radiated a serene authority when he walked. The hunchback assumed that the man had seen him. With a little yellow cord the man tied a corner of the sheet to a pine, then tied the other corner to the branch of another tree. He repeated the operation with the bottom corners, after which the hunchback could only see his legs, because the rest of his body was hidden by the screen. The hunchback heard him cough. His legs began moving placidly, eventually bringing the man back around the other side. He contemplated the knots with which the sheet was tied to the pines. "Not bad," said the hunchback, but the man ignored him. He reached his left hand up to the top left corner and slid it, the palm against the cloth, to the center. Once he had done that, he removed his hand and tapped the sheet a few times with his index finger, as if to test its tension. He turned to face the hunchback and sighed in contentment. Then he clicked his tongue. His hair fell over his forehead, which was damp with sweat. He had a long red nose. "Not bad, in fact," he said. "I'm going to show a film." He smiled as if in apology. Before he left he looked up at the darkening treetops.

MI ÚNICO Y VERDADERO AMOR

En la pared alguien ha escrito «mi único y verdadero amor». Se puso el cigarrillo entre los labios y esperó a que el tipo se lo encendiera. Era blanca y pecosa y tenía el pelo color caoba. Alguien abrió la puerta posterior del coche y ella entró silenciosamente. Se deslizaron por calles vacías de la zona residencial. La mayoría de las casas estaban deshabitadas en esa época del año. El tipo aparcó en una calle estrecha, de casas de una sola planta, con jardines idénticos. Mientras ella se metía en el cuarto de baño preparó café. La cocina era de baldosas marrones y parecía un gimnasio. Abrió las cortinas, en ninguna de las casas de enfrente había luz. Se quitó el vestido de satén y el tipo le encendió otro cigarrillo. Antes de que se bajara las bragas el tipo la puso a cuatro patas sobre la mullida alfombra blanca. Lo sintió buscar algo en el armario. El armario estaba empotrado en la pared y era de color rojo. Lo observó al revés, por debajo de las piernas. Él le sonrió. Ahora alguien camina por una calle donde sólo hay coches estacionados al lado de sus respectivas guaridas. En la avenida parpadea el letrero luminoso del mejor restaurante del barrio, cerrado hace mucho tiempo. Las pisadas se pierden calle abajo, a lo lejos se ven las luces de algunos automóviles. Ella dijo no. Escucha. Alguien está afuera. El tipo encendió un cigarrillo junto a la ventana, después regresó desnudo a la cama. Era pecosa y a veces fingía dormir. La miró dulcemente desde el marco de la puerta. Alguien crea silencios para nosotros. Pegó su rostro al de ella hasta hacerle daño y se lo metió de un solo envión. Tal vez gritó un poco. Cielo raso pardo. Lámpara de cubierta marrón claro. Un poco sucia. Se quedaron dormidos sin llegar a despegarse. Alguien camina calle abajo. Vemos su espalda, sus pantalones sucios y sus botas con los tacones gastados. Entra en un bar y se acomoda en la barra como si sintiera escozor en

MY ONE TRUE LOVE

On the wall someone has written "my one true love." She put the cigarette between her lips and waited for the man to light it for her. She was pale-skinned and freckled and had mahogany-colored hair. Someone opened the back door of the car and she got in silently. They glided along the deserted streets of a residential neighborhood. It was the time of year when most of the houses were empty. The man parked on a narrow street of single-story houses with identical yards. She went into the bathroom and he made coffee. The kitchen had brown tiles and looked like a gym. She opened the curtains, there were no lights in any of the houses across the street. She took off her satin dress and the man lit another cigarette for her. Before she pulled down her underpants the man arranged her on all fours on the soft white rug. She heard him look for something in the wardrobe. The wardrobe was built into the wall and it was red. She watched him upside down, through her legs. He smiled at her. Now someone is walking down a street where cars are parked only next to their respective lairs. Above the street flickers the lighted sign of the neighborhood's best restaurant, closed a long time ago. Footsteps vanish down the street, headlights are visible in the distance. She said no. She listens. There's someone outside. The man lit a cigarette over by the window, then came back naked to the bed. She was freckled and sometimes she pretended to be asleep. He looked at her sweetly from the door. There are silences made just for us. He pressed his face against hers until it hurt and pushed himself into her with a single thrust. Maybe she screamed a little. Dun ceiling. Light brown lampshade. Kind of dirty. They fell asleep without moving apart. Someone walks down the street. We see his back, his dirty pants and his down-at-the-heel boots. He goes into a bar and settles himself at the counter as if he felt a

todo el cuerpo. Sus movimientos producen una sensación vaga e inquietante en el resto de los parroquianos. ¿Esto es Barcelona?, preguntó. De noche los jardines parecen iguales, de día la impresión es diferente, como si los deseos fueran canalizados a través de las flores y enredaderas. «Cuidan sus coches y sus jardines» ... «Alguien ha creado un silencio especial para nosotros» ... «Primero se movía de dentro hacia afuera y luego con un movimiento circular» ... «Quedaron completamente arañadas sus nalgas» ... «La luna se ha ocultado detrás del único edificio grande del sector» ... «¿Es esto Barcelona?» ...

prickling all over his body. His movements produce a vague, disturbing sensation in the other drinkers. Is this Barcelona? he asked. At night the yards look alike, by day the impression is different, as if desires were channeled through the plants and flower beds and climbing vines. "They take good care of their cars and yards" ... "Someone has made a silence especially for us" ... "First he moved in and out and then in a circular motion" ... "Her buttocks were covered in scratches" ... "The moon has hidden itself behind the only tall building in the neighborhood" ... "Is this Barcelona?" ...

INTERVALO DE SILENCIO

Observe estas fotos, dijo el sargento. El hombre que estaba sentado en el escritorio las fue descartando con ademán indiferente. ¿Cree usted que podemos sacar algo de aquí? El sargento parpadeó con un vigor similar al de Shakespeare. Fueron tomadas hace mucho tiempo, empezó a decir, probablemente con una vieja Zenith soviética. ¿No ve nada raro en ellas? El teniente cerró los ojos, luego encendió un cigarrillo. No sé a qué se refiere. Mire, dijo la voz... «Un descampado al atardecer»... «Larga playa borrosa»... «A veces tengo la impresión de que nunca antes había usado una cámara»... «Paredes descascaradas, terraza sucia, camino de gravilla, un letrero con la palabra oficina»... «Una caja de cemento a la orilla del camino»... «Ventanales desdibujados de restaurante»... No sé adónde diablos quiere llegar. El sargento vio por la ventana el paso del tren; llevaba gente hasta el techo. No aparece ninguna persona, dijo. La puerta se cierra. Un poli avanza por un largo pasillo tenuemente iluminado. Se cruza con otro que lleva un expediente en la mano. Apenas se saludan. El poli abre la puerta de una habitación oscura. Permanece inmóvil dentro de la habitación, la espalda apoyada contra la puerta de zinc. Observe estas fotos, teniente. Ya no importa. ¡Mire! Ya nada importa, regrese a su oficina. «Nos han metido en un intervalo de silencio.» Lo único que quiero es regresar al lugar donde fueron tomadas. Estas cajas de cemento son para la electricidad, allí se colocan los automáticos o algo parecido. Puedo localizar la tienda donde fueron reveladas. «Esto no es Barcelona», dice la voz. Por la ventana empañada vio pasar el tren repleto de gente. La luz recorta los contornos del bosque sólo para que unos ojos entornados disfruten del espectáculo. «Tuve una pesadilla, desperté al caer de la cama, luego estuve casi diez minutos riéndome.» Por lo menos hay dos colegas

INTERVAL OF SILENCE

Look at these pictures, said the sergeant. The man who was
sitting at the desk flipped through them indifferently. Do you
think there's something here? The sergeant blinked with Shake-
spearean vigor. They were taken a long time ago, he started to
say, probably with an old Soviet Zenith. Don't you see any-
thing strange about them? The lieutenant closed his eyes, then
lit a cigarette. I don't know what you're talking about. Look,
said the voice ... "A vacant lot at dusk" ... "Long blurry beach"
... "Sometimes you'd think he'd never used a camera before"
... "Crumbling walls, dirty terrace, gravel path, a sign that
says Office" ... "A cement box by the side of the road" ...
"Restaurant windows, out of focus" ... I don't know what the
hell he's trying to get at. Through the window, the sergeant
watched the train go by; it was crowded to the roof with pas-
sengers. There're no people in them, he said. The door closes.
A cop walks down a long, dimly lit hallway. He passes another
cop with a file in his hand. They barely nod at each other.
The cop opens the door of a dark room. He stands motion-
less inside the room, his back against the metal door. Look at
these pictures, Lieutenant. It doesn't matter anymore. Look!
Nothing matters anymore, go back to your office. "We've been
consigned to an interval of silence." All I want is to go back
to the place where they were taken. Those cement boxes are
for power lines, that's where the circuit breakers go, maybe. I
can find the shop where they were developed. "This isn't Bar-
celona," says the voice. Through the foggy window he saw the
train go by full of people. The woods are silhouetted against
the light just so that half-closed eyes can enjoy the show. "I
had a nightmare, and woke up when I fell out of bed, then I
laughed at myself for almost ten minutes straight." There are
at least two other cops who would recognize the hunchback,

que reconocerían al jorobadito pero justo ahora están lejos de la ciudad, en misiones especiales, mala suerte. Ya no importa. En una foto pequeña, en blanco y negro como todas, puede verse la playa y un pedacito del mar. Bastante borrosa. Sobre la arena hay algo escrito. Puede que sea un nombre, puede que no, tal vez sólo sean las pisadas del fotógrafo.

but they're away right now, on special assignments, worse luck. It doesn't matter anymore. In a small photo, black and white like all the rest, you can see the beach and a little piece of sea. Pretty fuzzy. There's something written in the sand. Maybe it's a name, maybe not, it might just be the photographer's footsteps.

HABLAN PERO SUS PALABRAS
NO SON REGISTRADAS

Es absurdo ver princesas encantadas en todas las muchachas que pasan. El adolescente flaco silbó con admiración. Estábamos en la orilla de la represa y el cielo era muy azul. A lo lejos se veían algunos pescadores y el humo de una chimenea ascendía sobre el bosque. Madera verde, para quemar brujas, dijo el viejo casi sin mover los labios. En fin, hay un montón de chicas bonitas acostadas en este momento con tecnócratas y ejecutivos. A cinco metros de donde me hallaba saltó una trucha. Apagué el cigarrillo y cerré los ojos. Primer plano de muchacha mexicana leyendo. Es rubia, tiene la nariz larga y los labios delgados. Levanta la vista, mira hacia la cámara, sonríe calles húmedas después de lluvias de agosto, septiembre, en un D.F. que ya no existe. Camina por una calle de barrio vestida con abrigo blanco y botas. Con el dedo índice aprieta el botón del ascensor. El ascensor baja, ella abre la puerta, aprieta el número del piso y se mira en el espejo. Sólo un instante. Un hombre de treinta años, sentado en un sillón rojo, la mira entrar. El sujeto es moreno y le sonríe. Hablan pero sus palabras no son registradas en la banda sonora. De todas maneras debe ser algo así como qué tal te ha ido, estoy cansada, en la cocina hay una torta de aguacate, gracias, y una cerveza en el refrigerador. Afuera llueve. La habitación es cálida, con muebles mexicanos y alfombras mexicanas. Ambos están estirados en la cama. Leves relámpagos blancos. Abrazados y quietos, parecen niños agotados. (En realidad no tienen motivos para estarlo.) La cámara los toma en gran picado. Dame toda la información del mundo. Franja azul. ¿Como un jorobadito azul? Él es un cerdo pero sabe mantener la ternura. Es un cerdo, pero es dulce su mano rodeándole el talle. El rostro de ella se hunde entre la almohada y el cuello de su amante. La

THEY TALK BUT THEIR WORDS
DON'T REGISTER

It's absurd to see an enchanted princess in every girl who walks by. The skinny adolescent whistled in admiration. We were on the edge of the reservoir and the sky was very blue. A few fishermen were visible in the distance and smoke from a chimney rose over the trees. Green wood, for burning witches, said the old man, his lips hardly moving. The point is, there are all kinds of pretty girls in bed at this very moment with technocrats and executives. Five yards from me, a trout leaped. I put out my cigarette and closed my eyes. Close-up of a Mexican girl reading. She's blond, with a long nose and narrow lips. She looks up, turns toward the camera, smiles: streets damp after the rains of August, September, in a Mexico City that doesn't exist anymore. She walks down a residential street in a white coat and boots. With her index finger she presses the button for the elevator. The elevator arrives, she opens the door, selects the floor, and glances at herself in the mirror. Just for an instant. A man, thirty, sitting in a red armchair, watches her come in. He's dark-haired and he smiles at her. They talk but their words don't register on the soundtrack. Anyway, it must be something like how was your day, I'm tired, there's an avocado sandwich in the kitchen, thanks, and a beer in the refrigerator. Outside it's raining. The room is cozy, with Mexican furniture and Mexican rugs. The two of them are lying in bed. Small white flashes of lightning. Entwined and still, they look like exhausted children. (They really have no reason to be tired.) The camera zooms out. Give me all the information in the world. Blue stripe. Like a blue hunchback? He's a bastard but he knows how to feign tenderness. He's a bastard but his hand on her side is gentle. Her face is buried between the pillow and her lover's neck. The camera zooms in: impassive

cámara los toma en primer plano: rostros impasibles que de alguna manera, y sin desearlo, te apartan. El autor mira largo rato las mascarillas de yeso, después se cubre la cara. Fundido en negro. Es absurdo pensar que todas las muchachas hermosas salen de allí. Se suceden imágenes vacías: la represa y el bosque, la cabaña que tenía encendida la chimenea, el amante con bata roja, la muchacha que se vuelve y te sonríe. (No hay nada diabólico en todo esto.) El viento mueve los árboles de los barrios residenciales. ¿Un jorobadito azul en el otro lado del espejo? No sé. Se aleja una muchacha arrastrando su moto por el fondo de la avenida. De seguir en esa misma dirección llegará al mar. Pronto llegará al mar.

faces that somehow, without intending to, shut you out. The author stares for a long time at the plaster masks, then covers his face. Fade to black. It's absurd to think that this is where all the pretty girls come from. Empty images follow one after the other: the reservoir and the woods, the cabin with a fire in the hearth, the lover in a red robe, the girl who turns and smiles at you. (There's nothing diabolic about any of it.) The wind tosses the neighborhood trees. A blue hunchback on the other side of the mirror? I don't know. A girl heads away, walking her motorcycle toward the end of the boulevard. If she keeps on in the same direction, she'll reach the sea. Soon she'll reach the sea.

LITERATURA PARA ENAMORADOS

Me quedé en silencio un momento y luego pregunté si él creía realmente que Roberto Bolaño ayudó al jorobadito sólo porque hacía años había estado enamorado de una mexicana y el jorobadito también era mexicano. Sí, dijo el guitarrista, parece mala literatura para enamorados, pero no encuentro otra explicación, quiero decir que en esa época Bolaño tampoco andaba muy sobrado de solidaridad o de desesperación, dos buenas razones para ayudar al mexicano. En cambio, de nostalgia ...

ROMANCE NOVEL

I was silent for a moment and then I asked whether he really thought Roberto Bolaño had helped the hunchback just because years ago he was in love with a Mexican girl and the hunchback was Mexican too. Yes, said the guitarist, it sounds like a cheap romance novel, but I don't know how else to explain it, I mean in those days it wasn't like Bolaño was overflowing with solidarity or with desperation, two good reasons to help the Mexican. But with nostalgia, on the other hand . . .

SINOPSIS. EL VIENTO

Sinopsis. El jorobadito en el terreno colindante al camping y las pistas de tenis. Agoniza en Barcelona un sudamericano, Distrito V, en un dormitorio que apesta. Hace mucho se fue la judía. Redes policiales. Tiras que follan con muchachas sin nombre. El escritor inglés habla con el jorobadito en el bosque. Agonía y un sudamericano canalla viajando. Cinco o seis camareros regresan al hotel por una playa solitaria. Comienzos del otoño. El viento levanta arena y los cubre.

Synopsis. The hunchback on the land adjacent to the campground and the tennis courts. In Barcelona, District V, a South American is dying in a foul-smelling room. The Jewish girl left a while ago. Police dragnets. Cops who fuck nameless girls. The English writer talks to the hunchback in the woods. Death throes and an asshole from South America, on the road. Five or six waiters return to the hotel along a deserted beach. Stirrings of autumn. The wind whips up sand and buries them.

CUANDO NIÑO

Escenas libres kaputt, tipos de pelo largo otra vez por la playa pero tal vez sólo esté soñando árboles humedad libros de bolsillo toboganes al final de los cuales te espera una niña o un amigo o un automóvil negro. Dije espera un movimiento de cuerpos pelos brazos tatuados elegir entre la cárcel o la cirugía plástica dije no me esperes a mí. El jorobadito recortó algo que podríamos decir era un póster en miniatura y nos sonrió desde la rama de un pino. Estaba encaramado sobre un pino, no sé cuánto tiempo llevaba allí arriba ... «No puedo registrar las frecuencias velocísimas de la realidad» ... «El giro de una muchacha que sin embargo no se mueve, clavada sobre una cama que está clavada sobre el parquet que está clavado, etc.» ... «Cuando niño solía soñar algo así ⎯⎯⎯⌒⌒⌒⌒⋀⋀⋀⋀ » ... «La línea recta es el mar en calma, la curva es el mar con oleaje y la quebrada es la tempestad» ... «Bueno, supongo que ya poca *estética* queda en mí» ... «△» ... «Un barquito» ... « ⛵» ... «⛵» ...

WHEN I WAS A BOY

Stray scenes kaput, long-haired kids on the beach again, but maybe I'm just dreaming—trees dampness paperbacks slides at the end of which wait a little girl or a friend or a black car. I said wait for a movement of bodies hairs tattooed arms choosing between prison and plastic (or aesthetic) surgery I said don't wait for me. The hunchback cut out something you might have called a miniature poster and smiled at us from the branch of a pine tree. He was up in a tree, how long he'd been up there I don't know ... "I can't get a fix on the frequencies of reality, they're so high" ... "A girl, motionless, who nonetheless spins, pinned to a bed that's pinned to the parquet that's pinned, etc." ... "When I was a boy I used to dream something like this ——————∿∿∿⋀⋁⋀∿⋀⋀⋀⋀⋀" ... "The straight line is the sea when it's calm, the wavy line is the sea with waves, and the jagged line is a storm" ... "Well, I guess there isn't much *aesthetics* left in me" ... "⛵" ... "A little boat" ... "⛵" ... "⛵" ...

EL MAR

Fotos de la playa de Castelldefels ... Fotos del camping ... El mar contaminado ... Mediterráneo, septiembre en Cataluña ... Solo ... El ojo de la Zenith ...

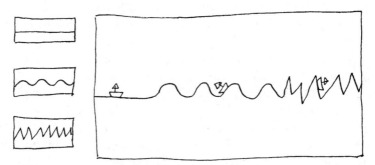

La línea recta me producía calma. La línea curva me inquietaba, presentía el peligro pero me gustaba la suavidad: subir y bajar. La última línea era la crispación. Me dolía el pene, el vientre, etc.

THE SEA

Photos of the Castelldefels beach ... Photos of the camp-
ground ... The polluted sea ... Mediterranean, September in
Catalonia ... Alone ... The Zenith's eye ...

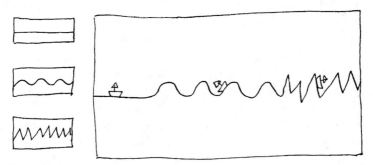

The straight line made me feel calm. The curved line made
me uneasy, I sensed danger but liked the smoothness: up and
down. The last line was agitation. My penis hurt, my belly
hurt, etc.

PERFECCIÓN

Hamlet y la Vita Nuova, en ambas obras hay una respiración juvenil. «La inocencia», dijo el inglés, «léase inmadurez.» En la pantalla sólo hay risas, risas silenciosas que sorprenden al espectador como si estuviera escuchando su propia agonía. Cualquiera es capaz de morir enuncia algo distinto a «Cualquiera muere». Una respiración inmadura en donde aún es dable encontrar asombro, juego, perversión, pureza. «Las palabras están vacías» ... «Si quitara de allí esa pistola tal vez podríamos negociar» ... El autor escribe estas amenazas en una piscina vacía, a principios del mes de septiembre, con un promedio de tres horas diarias de sueño. La inocencia, casi como la imagen de Lola Muriel que deseo destruir. (Pero no puedo destruir lo que no poseo.) Un impulso, a costa de los nervios que quedan destrozados en habitaciones baratas, propulsiona a la poesía hacia algo que los detectives llaman perfección. Callejón sin salida. Sótano cuya única virtud es su limpieza. Pero quién ha estado aquí sino la Vita Nuova y Hamlet. «Escribo en la piscina del camping, en septiembre, cada vez hay menos personas y más moscas; a mediados de mes no quedará gente y los servicios de limpieza desaparecerán, las moscas serán las dueñas de esto hasta noviembre o algo así.»

PERFECTION

Hamlet and La Vita Nuova, in both works there's a youthful breathing. "For innocence," says the Englishman, "read immaturity." On the screen there's only laughter, silent laughter that startles the spectator as if he were hearing his own last gasps. "Anyone can die" means something different than "Anyone would die." A callow breathing in which it's still possible to discover wonder, play, perversion, purity. "Words are empty" ... "If you put that gun away we might be able to negotiate" ... On an average of three hours' sleep a night the author writes these threats in an empty pool at the beginning of the month of September. Innocence, almost like the image of Lola Muriel that I'd like to destroy. (But I can't destroy what I don't possess.) An urge, at the cost of nervous collapse in cheap rooms, propels poetry toward something that detectives call perfection. Dead-end street. A basement whose only virtue is its cleanliness. And yet who has been here if not La Vita Nuova and Hamlet. "I write in the pool at the campground, it's September, there are more and more flies now and fewer and fewer people; by the time the month's half gone there'll be no one left and the cleaning service will stop coming, the flies will take over until November, maybe."

PASOS EN LA ESCALERA

Nos acercamos con suavidad. Lo que en su memoria se denomina *pasado inmediato* está amueblado con colchones apenas tocados por la luz. Colchones grises de franjas rojas o azules en algo que parece un pasillo o una sala de espera demasiado alargada. De todas maneras la memoria está inmovilizada en «pasado inmediato» como un tipo sin rostro en la silla del dentista. Hay casas y avenidas que bajan al mar, ventanas sucias y sombras en los rellanos. Escuchamos que alguien dice «hace mucho fue mediodía», la luz rebota contra el centro de «pasado inmediato», algo que no es pantalla ni intenta sugerir imágenes. La memoria dicta con lentitud frases sin sonido. Suponemos que todo esto se ha hecho para que no aturda, una capa de pintura blanca recubre la película del suelo. «Huir juntos» se transformó hace mucho en «vivir juntos» y así la fidelidad del gesto quedó suspendida; el brillo de «pasado inmediato». ¿Realmente hay sombras en los rellanos?, ¿realmente hubo un jorobadito que escribió poemas felices? (Alguien aplaude.) «Supe que eran ellos cuando oí sus pasos en la escalera» . . . «Cerré los ojos, la imagen de la pistola no correspondía a la realidad-pistola» . . . «No me molesté en abrirles la puerta» . . . «Eran las dos de la mañana y entró una rubia que parecía hombre» . . . «Sus ojos se fijaron en la luna a través de la cortina» . . . «Una sonrisa estúpida se dibujó lentamente en su rostro embadurnado de blanco» . . . «La pistola sólo era una palabra» . . . «Mi soledad sólo era una palabra» . . . «Cierren la puerta, dije» . . . «Trizadura no es real. Es chantaje» . . .

FOOTSTEPS ON THE STAIRS

We came softly forward. The place in his memory that's labeled *immediate past* is furnished with mattresses scarcely touched by light. Gray mattresses with red or blue stripes in something that looks like a hallway or an overly long waiting room. In any case, his memory is frozen in that "immediate past" like a faceless man in a dentist's chair. There are houses and streets that run down to the sea, dirty windows and shadows on staircase landings. We hear someone say "a long time ago it was noon," the light bounces off the center of that "immediate past," something that's neither a screen nor attempts to offer images. Memory slowly dictates soundless sentences. We imagine that all of this has been done to avoid confusion, a layer of white paint covers the film on the floor. "Fleeing together" long ago became "living together" and thus the integrity of the gesture was lost; the shine of that "immediate past." Are there really shadows on the landings? was there really a hunchback who wrote happy poems? (Someone applauds.) "I knew it was them when I heard their footsteps on the stairs" ... "I closed my eyes, the image of the gun didn't match the reality" ... "I didn't bother to open the door for them" ... "It was two in the morning and a blonde who looked like a man came in" ... "Her eyes watched the moon through the curtain" ... "A stupid smile spread slowly across her face daubed with white" ... "The gun was only a word" ... "My loneliness was only a word" ... "Close the door, I said" ... "Shattering isn't real. It's blackmail" ...

27 AÑOS

La única escena posible es la del tipo corriendo por el sendero del bosque. Alguien parpadea un dormitorio azul. Ahora tiene 27 años y sube al autobús. Fuma, lleva el pelo corto, bluejeans, camiseta oscura, chaqueta con capucha, botas, lentes negros. Está sentado del lado de la ventana, junto a él un obrero que regresa a Andalucía. Se sube a un tren en la estación de Zaragoza, mira hacia atrás, la neblina cubre hasta las rodillas a un inspector de ferrocarriles. Fuma, tose, pega la frente contra la ventanilla, abre los ojos. Fundido en negro y la siguiente escena nos muestra a un tipo con la frente apoyada contra la ventanilla del autobús. Ahora camina por una ciudad desconocida, en la mano lleva un bolso azul, tiene levantado el cuello de la chaqueta, hace frío, cada vez que respira expele una bocanada de humo. El obrero duerme con la cabeza apoyada sobre su hombro. Enciende un cigarrillo, mira la llanura, cierra los ojos. La siguiente escena es amarilla y fría y en la banda sonora revolotean algunos pájaros. (Como chiste privado, él dice: soy una jaula. Luego compra cigarrillos. Se aleja de la cámara.) Está sentado en una estación de trenes al atardecer, llena un crucigrama, lee las noticias internacionales, sigue el vuelo de un avión, se humedece los labios con la lengua. Alguien tose, fundido en negro, una mañana clara y fría desde la ventana de un hotel, él tose. Sale a la calle, levanta el cuello de su chaqueta azul, abotona todos los botones menos el último. Compra una caja de cigarrillos, saca uno, se detiene en la vereda junto al escaparate de una joyería, enciende un cigarrillo. Lleva el pelo corto. Camina con las manos metidas en los bolsillos de la chaqueta y el cigarrillo colgando de los labios. La escena es un primer plano del tipo con la frente apoyada en la ventanilla. El vidrio está empañado. Ahora tiene 27 años y baja del autobús. Avanza por una calle solitaria.

27 YEARS OLD

The only possible scene is the one with the man running on the path through the woods. Someone blinks a blue bedroom. Now he's 27 and he gets on a bus. He's smoking a cigarette, has short hair, is wearing jeans, a dark shirt, a hooded jacket, boots, dark glasses. He's sitting next to the window, beside him a workman on his way back from Andalusia. He gets on a train at the station in Zaragoza, he looks back, the mist has risen to the knees of a track worker. He smokes, coughs, rests his forehead on the window, opens his eyes. Fade to black and the next scene presents us with a man, forehead pressed against the bus window. Now he's walking around a strange city, a blue bag in his hand, his hood pulled up, it's cold, with each breath he lets out a puff of smoke. The workman sleeps with his head resting on his shoulder. He lights a cigarette, glances at the plains, closes his eyes. The next scene is yellow and cold and on the soundtrack birds beat their wings. (He says: I'm a cage—it's a private joke. Then he buys cigarettes. He walks away from the camera.) He's sitting in a train station at dusk, he does a crossword puzzle, he reads the international news, he tracks the flight of a plane, he moistens his lips with his tongue. Someone coughs, fade to black, a cold clear morning from the window of a hotel; he coughs. He goes out to the street, pulls up the hood of his blue jacket, buttons all the buttons except the top one. He buys a pack of cigarettes, takes one, stops on the sidewalk by the window of a jewelry shop, lights a cigarette. He has short hair. He walks with his hands in the pockets of his jacket and the cigarette dangling from his lips. The scene is a close-up of the man with his forehead resting on the window. The glass is foggy. Now he's 27 and he gets off the bus. He heads down a deserted street.

UN SILENCIO EXTRA

Las imágenes borrosas del jorobadito y el policía empiezan a alejarse en direcciones opuestas. La escena es negra y líquida. Por el medio, en el espacio que van vaciando las primeras imágenes, comienza a deslizarse hacia el primer plano la figura de un tipo con el pelo corto y la barba recién afeitada. Destaca su palidez y su lentitud. En off, una voz dice que el sudamericano no murió. (Es de suponer que la figura que reemplaza al vapor-jorobadito y al vapor-policía es la del sudamericano.) Lleva puesta una chaqueta azul marino que nos induce a creer que estamos en el final del otoño. Sin duda ha estado enfermo, su palidez y el rostro demacrado así nos lo sugieren. La pantalla se rasga por la mitad, verticalmente. El sudamericano camina por una calle solitaria. Ha reconocido al autor y siguió de largo. La pantalla se recompone como si acabara de llover. Aparecen edificios grises tocados por el sol en una tarde vacía y familiar. El macadam de las calles es limpio y gris. Viento en avenidas de árboles rojos. Las nubes se reflejan, brillantes, en los ventanales de oficinas donde no hay nadie. Alguien ha creado un silencio extra. Por el final de la calle se desliza el monte. Casitas de tejados bermejos desperdigadas por la ladera; de algunas chimeneas escapan tenues espirales de humo. Arriba está la represa, una barraca de camineros, unos rústicos servicios de baño. A lo lejos un labriego se inclina sobre la tierra negra. Lleva un bulto envuelto en amarillentos papeles de periódico. Desaparecen las cabezas borrosas del jorobadito y el policía. «El sudamericano abrió la puerta» … «Vale, llévenselo» … «No sé si podré entrar» …

AN EXTRA SILENCE

The fuzzy images of the hunchback and the policeman begin to retreat in opposite directions. The scene is black and liquid. In the middle, in the space vacated by the first images, a freshly shaven man with short hair starts gliding toward the foreground. His pallor and slowness are notable. A voiceover says that the South American didn't die. (It's to be assumed that the figure who replaces the mist-hunchback and the mist-policeman is the South American.) He's wearing a navy blue jacket that calls to mind the last days of fall. Clearly he's been sick, his pallor and haggard face suggest as much. The screen splits down the middle, vertically. The South American walks along a deserted street. He has recognized the author and kept walking. The screen recomposes itself as if it's just stopped raining. Sun-dappled gray buildings appear on an empty, familiar afternoon. The asphalt of the streets is clean and gray. The wind sweeps down avenues of red trees. Bright clouds are reflected in the windows of offices where no one is at work. Someone has created an extra silence. The mountain swoops at the end of the street. Little red-roofed houses scattered along the slope; thin spirals of smoke rise from some chimneys. Above is the reservoir, a lot for trucks, some crude latrines. In the distance a farmworker bends over the black earth. He's carrying a package wrapped in yellowed newspaper. The blurry heads of the hunchback and the policeman disappear. "The South American opened the door" ... "All right, take him away" ... "I don't know whether I'll be able to get in" ...

A VECES TEMBLABA

La desconocida se abrió de piernas debajo de las sábanas. Un policía puede mirar como quiera, todos los *riesgos* de la mirada ya han sido traspuestos por él. Quiero decir que en la gaveta hay miedo y fotos y tipos a los que es imposible encontrar, además de papeles. Así que el poli apagó la luz y se bajó la bragueta. La muchacha cerró los ojos cuando él la puso bocabajo. Sintió la presión de sus pantalones contra las nalgas y el frío metálico de la hebilla del cinturón. «Hubo una vez una palabra»... (Toses)... «Una palabra para designar todo esto»... «Ahora sólo puedo decir: no temas»... Imágenes empujadas por el émbolo. Sus dedos se hundieron entre los glúteos y ella no dijo nada, ni siquiera un suspiro. El tipo estaba de lado pero ella siguió con la cabeza hundida entre las sábanas. Los dedos índice y medio entraron en su culo, relajó el esfínter y abrió la boca, pero sin articular sonido alguno. (Soñé un pasillo repleto de gente sin boca, dijo él, y el viejo le contestó: no temas.) Metió los dedos hasta el fondo, la chica gimió y alzó la grupa, sintió que sus yemas palpaban algo que instantáneamente nombró con la palabra estalagmita. Después pensó que podía ser mierda, sin embargo el color del cuerpo que tocaba siguió fulgurando en verde y blanco, como la primera impresión. La muchacha gimió roncamente. Pensó en la frase «la desconocida se perdió en el metro» y sacó los dedos hasta la primera articulación. Luego los volvió a hundir y con la mano libre tocó la frente de la muchacha. Sacó y metió los dedos. Apretó las sienes de la muchacha mientras pensaba que los dedos entraban y salían sin ningún adorno, sin ninguna figura literaria que les diera otra dimensión distinta a un par de dedos gruesos incrustados en el culo de una muchacha desconocida. Las palabras se detuvieron en el centro de una estación de metro. No había nadie. El policía parpadeó. Supongo que

The nameless girl spread her legs under the sheets. A police-
man can watch any way he wants, he's already overcome all
the *risks* of the gaze. What I mean is, the drawer holds fear
and photographs and men who can never be found, as well as
papers. So the cop turned out the light and unzipped his fly.
The girl closed her eyes when he turned her face down. She
felt his pants against her buttocks and the metallic cold of the
belt buckle. "There was once a word" ... (Coughs) ... "A word
for all this" ... "Now all I can say is: don't be afraid" ... Images
forced up by the piston. His fingers burrowed between her
cheeks and she didn't say a thing, didn't even sigh. He was on
his side, but she still had her head buried in the sheets. His in-
dex and middle finger probed her ass, massaged her sphincter,
and she opened her mouth but without any sound. (I dreamed
of a corridor full of people without mouths, he said, and the
old man replied: don't be afraid.) He pushed his fingers all the
way in, the girl moaned and raised her haunches, he felt the
tips of his fingers brush something to which he instantly gave
the name *stalagmite*. Then he thought it might be shit, but
the color of the body that he was touching kept blazing green
and white, like his first impression. The girl moaned hoarsely.
The phrase "the nameless girl was lost in the metro" came to
mind and he pulled his fingers out to the first joint. Then he
sank them in again and with his free hand he touched the girl's
forehead. He worked his fingers in and out. As he squeezed
the girl's temples, he thought that the fingers went in and out
with no adornment, no literary rhetoric to give them any other
sense than a couple of thick fingers buried in the ass of a name-
less girl. The words came to a stop in the middle of a metro
station. There was no one there. The policeman blinked. I
guess the risk of the gaze was partly overcome by his profes-

el riesgo de la mirada era algo superado por su profesión. La muchacha sudaba profusamente y movía las piernas con sumo cuidado. Tenía el culo mojado y a veces temblaba. Más tarde se acercó a mirar por la ventana y se pasó la lengua por los dientes. (Muchas palabras «dientes» se deslizaron por el cristal. El viejo tosió después de decir no temas.) El pelo de ella estaba desparramado sobre la almohada. Se subió encima, dio la impresión de decirle algo al oído antes de ensartarla. Supimos que lo había hecho por el grito de la desconocida. Las imágenes viajan en ralentí. Pone agua a calentar. Cierra la puerta del baño. La luz del baño desaparece suavemente. Ella está sentada en la cocina, los codos apoyados en las rodillas. Fuma un cigarrillo rubio. El policía, la impostura que es el policía, aparece con un pijama verde. Desde el pasillo la llama, la invita a ir con él. Ella vuelve la cabeza hacia la puerta. No hay nadie. Abre un cajón de la cocina. Algo fulgura. Cierra la puerta.

sion. The girl was sweating profusely and moved her legs with great care. Her ass was wet and occasionally quivered. Later he went over to look out the window and he ran his tongue over his teeth. (The word "teeth" slid across the glass, many times. The old man had coughed after he said don't be afraid.) Her hair spilled over the pillow. He mounted her, seemed to say something in her ear before he plunged into her. We knew he had done that by the girl's scream. The images travel in slow motion. He puts water on to boil. He closes the bathroom door. The bathroom light softly disappears. She's sitting in the kitchen, her elbows resting on her knees. She's smoking a cigarette. The policeman, the fake policeman, appears in a pair of green pajamas. From the hallway he calls her, asks her to come with him. She turns her head toward the door. There's no one there. She opens a kitchen drawer. Something gleams. She closes the door.

UN LUGAR VACÍO CERCA DE AQUÍ

«Tenía los bigotes blancos o grises» ... «Pensaba en mi situación, de nuevo estaba solo y trataba de entenderlo» ... «Ahora junto al cadáver hay un hombre flaco que saca fotos» ... «Sé que hay un lugar vacío cerca de aquí, pero no sé dónde» ...

AN EMPTY PLACE NEAR HERE

"He had a white mustache, or maybe it was gray" ... "I was thinking about my situation, I was alone again and I was trying to understand why" ... "There's a skinny man over by the body now, taking pictures" ... "I know there's an empty place near here, but I don't know where" ...

AMARILLO

El inglés lo vio entre los arbustos. Caminó sobre la pinaza alejándose de él. Probablemente eran las 8 de la noche y el sol se ponía entre las colinas. El inglés se volvió, le dijo algo pero no pudo escuchar nada. Pensó que hacía días que no oía cantar a los grillos. El inglés movió los labios pero hasta él sólo llegó el silencio de las ramas movidas por el viento. Se levantó, le dolía una pierna, buscó cigarrillos en el bolsillo de la chaqueta. La chaqueta era de mezclilla azul, desteñida por el tiempo. El pantalón era ancho y de color verde oscuro. El inglés movió los labios al final del bosque. Notó que tenía los ojos cerrados. Se miró las uñas: estaban sucias. La camisa del inglés era azul y los pantalones que llevaba parecían aún más viejos que los suyos. Los troncos de los pinos eran marrones pero tocados por un rayo de luz se volvían amarillentos. Al fondo, donde acababan los pinos, había un motor abandonado y unas paredes de cemento en parte destruidas. Sus uñas eran grandes e irregulares a causa de la costumbre que tenía de morderlas. Sacó una cerilla y prendió el cigarrillo. El inglés había abierto los ojos. Flexionó la pierna y después sonrió. Amarillo. Flash amarillo. En el informe aparece como un jorobado vagabundo. Vivió unos días en el bosque. Al lado había un camping pero él no tenía dinero para pagar, así que al camping sólo iba para tomar un café en el restaurante. Su tienda estaba cerca de las pistas de tenis y frontón. A veces iba a ver cómo jugaban. Entraba por la parte de atrás, por un hueco que los niños habían hecho en el cañizo. Del inglés no hay datos. Posiblemente lo inventó.

YELLOW

The Englishman spotted him through the bushes. He walked away, treading on pine needles. It was probably 8 o'clock and the sun was setting in the hills. The Englishman turned and said something to him but he couldn't hear a thing. It occurred to him that it had been days since he'd heard the crickets chirping. The Englishman moved his lips but all that reached him was the silence of the branches moving in the wind. He got up, his leg hurt, he felt for cigarettes in the pocket of his jacket. It was a denim jacket, old and faded. His pants were wide-legged and dark green. At the far end of the woods the Englishman moved his lips. He noticed that his eyes were closed. He looked at his fingernails: they were dirty. The Englishman's shirt was blue and the pants he was wearing looked even older than his. The trunks of the pine trees were brown, but touched by a ray of light they turned yellowish. In the distance, where the pines ended, there was an abandoned car motor and a few crumbling cement walls. His nails were big and ragged because of his habit of biting them. He took out matches and lit a cigarette. The Englishman had opened his eyes. He flexed his leg and then smiled. Yellow. Flash of yellow. In the report he's described as a hunchbacked vagrant. For a few days, he lived in the woods. There was a campground nearby, but he didn't have enough money for that, so he only went to the campground to have coffee at the restaurant. His tent was near the tennis and handball courts. Sometimes he went to watch people play. He came in through the back, through a gap the children had made in the tall grass. There's no information on the Englishman. Possibly he invented him.

EL ENFERMERO

Un muchacho obsesivo. Quiero decir que si lo conocías no podías dejar de pensar en él. El sargento se acercó al bulto caído en el parque. Frente a él no brillaba ninguna luz, sin embargo advirtió gente mirando por las ventanas. Las pisadas del enfermero vinieron detrás de él. Encendió un cigarrillo. El enfermero parpadeó y dijo si se lo podían llevar de una puta vez. Apagó la cerilla con un bostezo ... «No tengo idea en qué ciudad estoy» ... «La pantalla aparece permanentemente ocupada por la imagen del muchacho imbécil» ... «Hace muecas en las afueras del infierno» ... «Constantemente me toca el hombro con sus dedos flacos para preguntarme si puede entrar» ... El enfermero se chupó los dientes. Tuvo deseos de tirarse un pedo, en lugar de eso se acuclilló al lado del cadáver. Gente desvestida acodada en las ventanas oscuras. Sin sentir desde hacía mucho tiempo una sensación real de peligro. El escritor, creo que era inglés, le confesó al jorobadito cuánto le costaba escribir. Sólo me salen frases sueltas, dijo, tal vez porque la realidad me parece un enjambre de imágenes sueltas. Algo así debe de ser el desamparo, dijo el jorobadito ... «Vale, llévenselo» ...

THE MEDIC

An obsessive boy. Actually, what I mean is, if you knew him you couldn't stop thinking about him. The sergeant went up to the fallen shape in the park. He didn't shine a light, but he still noticed people looking out their windows. Behind him came the medic's footsteps. He lit a cigarette. The medic blinked and said if they could finally just take the fucking body away. He yawned, putting out the match ... "I have no idea what city I'm in" ... "It's always the image of that idiot boy on the screen" ... "He makes faces on the brim of hell" ... "He's constantly tapping my shoulder with his skinny fingers to ask if he can come in" ... The medic licked his teeth. He felt like farting, he knelt by the body instead. People, undressed, leaning on their elbows in the dark windows. It had been a while since they felt any real sense of danger. The writer, I think he was English, confessed to the hunchback how hard it was for him to write. All I can come up with are stray sentences, he said, maybe because reality seems to me like a swarm of stray images. Desolation must be something like that, said the hunchback ... "All right, take him away" ...

UN PAÑUELO BLANCO

Camino por el parque, es otoño, parece que hay un tipo muerto en el césped. Hasta ayer pensaba que mi vida podía ser diferente, estaba enamorado, etc. Me detengo en el surtidor; es oscuro, de superficie brillante, sin embargo al pasar la palma de la mano compruebo su extrema aspereza. Desde aquí veo a un poli viejo acercarse con pasos vacilantes al cadáver. Sopla una brisa fría que eriza los pelos. El poli se arrodilla al lado del cadáver, con la mano izquierda se tapa los ojos con expresión de abatimiento. Surge una bandada de palomas. Vuelan en círculo sobre la cabeza del policía. Éste registra los bolsillos del cadáver y amontona lo que encuentra sobre un pañuelo blanco que ha extendido sobre la hierba. Hierba de color verde oscuro que da la impresión de querer *chupar* el cuadrado blanco. Tal vez sean los papeles viejos y oscuros que el poli deja sobre el pañuelo los que me induzcan a pensar así. Creo que me sentaré un rato. Las bancas del parque son blancas con patas de hierro negras. Por la calle aparece un coche patrulla. Se detiene. Bajan dos agentes. Uno de ellos avanza hacia donde está inclinado el poli viejo, el otro se queda junto al automóvil y enciende un cigarrillo. Pocos instantes después aparece silenciosamente una ambulancia que se estaciona detrás del coche patrulla ... «No he visto nada» ... «Un tipo muerto en el parque, un poli viejo» ...

A WHITE HANDKERCHIEF

I'm walking in the park, it's fall, looks like somebody got killed on the grass. Until yesterday I thought my life could be different, I was in love, etc. I stop by the fountain; it's dark, the surface shiny, but when I brush it with the palm of my hand I feel how rough it really is. From here I watch an old cop approach the body with hesitant steps. A cold breeze is blowing, raising goose bumps. The cop kneels by the body, with a dejected gesture he covers his eyes with his left hand. A flock of pigeons rise. They circle over the policeman's head. The policeman goes through the dead man's pockets and piles what he finds on a white handkerchief that he's spread out on the grass. Dark green grass that seems to want to *swallow* the white square. Maybe it's the dark old papers that the cop sets on the handkerchief that would make me think this way. I decide to sit down for a while. The park benches are white with black wrought-iron legs. A police car comes down the street. It stops. Two cops get out. One of them heads toward where the old cop is crouched, the other waits by the car and lights a cigarette. A few moments later an ambulance silently appears and parks behind the police car ... "I didn't see anything" ... "A dead man in the park, an old cop" ...

LA CALLE TALLERS

Solía caminar por el casco antiguo de Barcelona. Llevaba una gabardina larga y vieja, olía a tabaco negro, casi siempre llegaba con algunos minutos de anticipación a los lugares más insólitos. Quiero decir que la pantalla se abre a la palabra insólito para que él aparezca. «Me gustaría hablar con usted con más calma», decía. Escena de avenida solitaria, paralela al Paseo Marítimo de Castelldefels. Un obrero camina por la vereda, las manos en los bolsillos, masticando un cigarrillo con movimientos regulares. Chalets vacíos, cerradas las cortinas de madera. «Sáquese la ropa lentamente, no voy a mirar.» La pantalla se abre como molusco, recuerdo haber leído hace tiempo las declaraciones de un escritor inglés que decía cuánto trabajo le costaba mantener un tiempo verbal coherente. Utilizaba el verbo sufrir para dar una idea de sus esfuerzos. Debajo de la gabardina no hay nada, tal vez un ligero aire de jorobadito inmovilizado en la contemplación de la judía, pisos arruinados de la calle Tallers (el flaco Alan Monardes avanza a tropezones por el pasillo oscuro), héroes de inviernos que van quedando atrás. «Pero usted escribe, Montserrat, y resistirá estos días.» Se sacó la gabardina, la cogió de los hombros y luego la abofeteó. El vestido de ella cayó en cámara lenta sobre su abrigo de piel. En frío se puso a cuatro patas y le ofreció la grupa. Restregó su pene fláccido sobre sus nalgas. Descuidadamente miró a un lado: la lluvia resbalaba por la ventana. La pantalla ofrece la palabra «nervio». Luego «arboleda». Luego «solitaria». Luego la puerta se cierra.

CALLE TALLERS

He used to walk around the old city of Barcelona. He wore a long shabby trench coat, smelled of black tobacco, almost always happened upon the most unusual spots a few minutes in advance. In other words, the screen flashes the word *unusual* to make him appear. "I'd like to have a word with you in private," he'd say. Lonely street scene, parallel to the Paseo Marítimo of Castelldefels. A workman walks along the sidewalk, hands in his pockets, rhythmically masticating a cigarette. Empty houses, the wooden shutters closed. "Take off your clothes slowly, I won't look." The screen opens like a mollusk, I remember a while ago reading the pronouncements of an English writer who said how hard it was for him to keep his verb tenses consistent. He used the word *suffer* to give a sense of his struggles. Under the trench coat there's nothing, perhaps the faint whiff of a hunchback lost in contemplation of the Jewish girl, of trashed apartments on Calle Tallers (skinny Alan Monardes stumbles down the dark hallway), of heroes of winters that gradually fade into the past. "But you write, Montserrat, and you'll get through this." He removed his coat, took her by the shoulders, and then hit her. Her dress dropped in slow motion onto her fur coat. Just like that she got down on all fours and offered him her rear. He rubbed his flaccid penis on her buttocks. Carelessly he glanced to one side: rain was sliding down the window. The screen flashes the word "nerve." Then "grove." Then "deserted." Then the door closes.

LA PELIRROJA

Tenía 18 años y estaba metida en el negocio de las drogas. En aquel tiempo solía verla a menudo y si ahora tuviera que hacer un retrato robot de ella creo que no podría. Seguramente tenía nariz aguileña y durante algunos meses fue pelirroja; seguramente alguna vez la vi reírse detrás de los ventanales de un restaurante mientras yo aguardaba un taxi o simplemente sentía la lluvia sobre mis hombros. Tenía 18 años y una vez cada quince días se metía en la cama con un tira de la Brigada de Estupefacientes. En los sueños ella aparece vestida con bluejeans y suéter negro y las pocas veces que se vuelve a mirarte se ríe tontamente. Sus ojos recorrían gatos, olas, edificios abandonados con la misma frialdad con que podían obstruirse y dormir. El tira la ponía a cuatro patas y se agachaba junto al enchufe. Al vibrador se le habían acabado hacía mucho tiempo las pilas y él se las ingenió para hacerlo funcionar con electricidad. El sol se filtra por el verde de las cortinas, ella duerme con las medias hasta los tobillos, bocabajo, el pelo le cubre el rostro. En la siguiente escena la veo en el baño, asomada al espejo, luego exclama buenos días y sonríe. Era una muchacha dulce, quiero decir que en ocasiones podía levantarte el ánimo o prestarte algunos billetes. El tira tenía una verga enorme, por lo menos ocho centímetros más larga que el consolador, y se la metía raras veces. Supongo que de esa manera era más feliz. (Nunca mejor empleado el término felicidad.) Miraba con ojos acuosos su polla erecta. Ella lo contemplaba desde la cama ... Fumaba cigarrillos rubios y posiblemente alguna vez pensó que los muebles del dormitorio y hasta su amante eran cosas huecas a las que debía dotar de sentido ... Escena morada: aún sin bajarse las medias hasta los tobillos, relata lo que le ha pasado durante el día ... «Todo está asquerosamente inmovilizado, fijo en algún punto del aire.» Lámpara de cuarto

THE REDHEAD

She was 18 and she was mixed up in the drug trade. Back then I saw her all the time but if I had to make a police sketch of her now, I don't think I could. I know she had an aquiline nose, and for a few months she was a redhead; I know I saw her laugh once or twice from the window of a restaurant as I was waiting for a taxi or just feeling the rain on my shoulders. She was 18 and once every two weeks she went to bed with a cop from the Narcotics Squad. In my dreams she wears jeans and a black sweater and the few times she turns to look at you she laughs a dumb laugh. Her eyes looking over cats, waves, abandoned buildings, were as cold as when they glazed over and slept. The cop would get her down on all fours and kneel by the outlet. The vibrator's batteries had died long ago but he'd rigged it to work on electric current. The sun filters through the green of the curtains, she's asleep with her tights around her ankles, face down, her hair covering her face. In the next scene I see her in the bathroom, looking in the mirror, then she says good morning and smiles. She was a sweet girl, I mean sometimes she might try to cheer you up or loan you a few bucks. The cop had a huge dick, at least three inches longer than the dildo, and he hardly ever fucked her with it. I guess that made him happy. (Never has the word *happiness* been better suited.) He stared with teary eyes at his erect cock. She watched him from the bed ... She smoked Camel Lights and maybe at some point she imagined that the furniture in the room and even her lover were empty things that she had to invest with meaning ... Purple scene: before she pulls down her tights, she tells him about her day ... "Everything is disgustingly still, frozen somewhere in the air." Hotel room lamp. A stenciled pattern, dark green. Frayed rug. Girl on all fours moaning as the vibrator enters her cunt. She had long legs and

de hotel. Cenefa verde oscura. Alfombra gastada. Muchacha a cuatro patas gimiendo mientras el vibrador entra en su coño. Tenía piernas largas y 18 años, en aquellos tiempos estaba en el negocio de las drogas y no le iba mal: abrió una cuenta corriente y se compró una moto. Tal vez parezca extraño pero yo nunca deseé acostarme con ella. Alguien aplaude desde una esquina mal iluminada. El policía se acurrucaba a su lado y la tomaba de las manos. Luego guiaba éstas hasta su entrepierna y ella podía estar una hora o dos haciéndole una paja. Durante ese invierno llevó un abrigo de lana, rojo y largo hasta las rodillas. Mi voz se pierde, se fragmenta. Creo que sólo se trataba de una muchacha triste, extraviada ahora entre la multitud. Se asomó al espejo y dijo «¿hoy has hecho cosas hermosas?». El hombre de Estupefacientes se aleja por una avenida sombreada de alerces. Sus ojos eran fríos, a veces aparece en mis pesadillas sentada en la sala de espera de una estación de autobuses. La soledad es una vertiente del egoísmo natural del ser humano. La persona amada un buen día te dirá que no te ama y no entenderás nada. Eso me pasó a mí. Hubiera querido que me explicara qué debía hacer para soportar su ausencia. No dijo nada. Sólo sobreviven los inventores. En mi sueño un vagabundo viejo y flaco aborda al policía para pedirle fuego. Al meter la mano en el bolsillo para sacar el encendedor el vagabundo le ensartó un cuchillo. El poli cayó sin emitir ruido alguno. (Estoy sentado en mi habitación del Distrito V, inmóvil, sólo muevo el brazo para poner o sacar el cigarrillo de mi boca.) Ahora le toca a ella perderse. Se suceden rostros de adolescentes en el espejo retrovisor de un automóvil. Un tic nervioso. Fisura, mitad saliva, mitad café, en el labio inferior. La pelirroja se aleja arrastrando su moto por una avenida arbolada ... «Asquerosamente inmóvil» ... «Decirle a la niebla: todo está bien, me quedo contigo» ...

she was 18, in those days she was in the drug trade and she was doing all right: she opened a checking account and bought a motorcycle. It may seem strange but I never wanted to sleep with her. Someone applauds from a dimly lit corner. The policeman would snuggle up beside her and take her hands. Then he would guide them to his crotch and she could spend an hour or two getting him off. That winter she wore a red knee-length wool coat. My voice fades, splinters. She was just a sad girl, I think, lost now among the multitudes. She looked in the mirror and asked "did you do anything nice today?" The man from Narcotics walks away down an avenue of larches. His eyes were cold, sometimes I saw him in my dreams sitting in the waiting room of a bus station. Loneliness is an aspect of natural human egotism. One day the person you love will say she doesn't love you and you won't understand. It happened to me. I would've liked her to tell me how to endure her absence. She didn't say anything. Only the inventors survive. In my dream, a skinny old bum comes up to the policeman to ask for a light. When the policeman reaches into his pocket for a lighter the bum sticks him with a knife. The cop falls without a sound. (I'm sitting very still in my room in District V, all that moves is my arm to raise or lower a cigarette from my lips.) Now it's her turn to be lost. Adolescent faces stream by in the car's rearview mirror. A nervous tic. Fissure, half saliva, half coffee, in the bottom lip. The redhead walks her motorcycle away down a tree-lined street ... "Disgustingly still" ... "Tell the fog: it's all right, I'm staying with you" ...

RAMPAS DE LANZAMIENTO

En la escena sólo hay cuadrados. Se aguantan durante todo el día, como una fotofija, en la pantalla. Anochece. A lo lejos hay un grupo de chalets de cuyas chimeneas comienza a salir humo. Los chalets están en un valle rodeado de colinas marrones. Se humedecen los cuadrados. De sus rectas brota una especie de sudor cartilaginoso. Ahora es indudable que es de noche; al pie de una de las colinas un labrador entierra un paquete envuelto en periódicos. Podemos ver una noticia: en uno de los suburbios de Barcelona existe un parque infantil tan peligroso como un campo minado. En una de las fotografías que ilustran el artículo se observa un tobogán a pocos metros de un abismo; dos niños, con los pelos erizados, saludan desde lo alto del tobogán; al fondo se recorta una enorme bodega abandonada. Volvamos a los cuadrados. La superficie se ha transformado en algo que vagamente nos recuerda, como los dibujos de Rorschach, oficinas de policía. Desde los escritorios un hombre absolutamente límite mira los cuadrados intentando reconocer los chalets, las colinas, las pisadas del labrador que se pierden en la oscuridad marrón y sepia. Ahora los cuadrados parpadean. Un policía vestido de paisano recorre un pasillo solitario y estrecho. Abre una puerta. Delante de él se extiende un paisaje de rampas de lanzamiento. Las pisadas del policía resuenan en los patios silenciosos. La puerta se cierra.

LAUNCH RAMPS

It's a scene of squares, nothing else. They sit on the screen all day, like a still photograph. It gets dark. In the distance there's a cluster of houses with smoke beginning to trickle from the chimneys. The houses are in a valley surrounded by brown hills. The squares grow damp. From their edges seeps a kind of cartilaginous sweat. Now it's definitely night; at the foot of one of the hills a workman buries a package wrapped in newspaper. We can see the article: in a suburb of Barcelona there's a playground as dangerous as a minefield. In one of the photographs that accompany the story, a slide is visible a few yards from an abyss; two children with goosebumps wave from the top of the slide; behind them, the silhouette of a huge abandoned warehouse. Back to the squares. The surface has changed into something that vaguely reminds us, like Rorschach blots, of offices in a police station. From the desks a man at his absolute limit stares at the squares, trying to recognize the houses, the hills, the footsteps of the workman fading into the brown and sepia darkness. Now the squares flicker. A plainclothes policeman walks down a narrow, deserted hallway. He opens a door. Before him spreads a landscape of launch ramps. The policeman's footsteps echo in the silent yard. The door closes.

UN HOSPITAL

Aquella muchacha ahora pesa 28 kilos. Está en el hospital y parece que se apaga. «Destruye tus frases libres.» No entendí hasta mucho después a qué se refería. Pusieron en duda mi honestidad, mi eficiencia, dijeron que dormía cuando me tocaba guardia. En realidad ellos estaban enjuiciando a otra persona y yo llegué casualmente en el momento menos indicado. La chica pesa ahora 28 kilos y es difícil que salga del hospital con vida. (Alguien aplaude. El pasillo está lleno de gente que abre la boca sin emitir sonido alguno.) ¿Una muchacha que yo conocí? No recuerdo a nadie con ese rostro, dije. En la pantalla se proyecta una calle, un muchacho borracho se dispone a cruzarla, aparece un autobús. ¿El apuntador dijo Sara Bendeman? De todas maneras no entendí nada en ese momento. Sólo me acuerdo de una muchacha flaca, de piernas largas y pecosas, desnudándose al pie de la cama. Fundido en negro. Se abre la escena en un callejón mal iluminado: una mujer de 40 años fuma un cigarrillo negro apoyada en el quicio de una ventana en el cuarto piso. Por las escaleras sube lentamente un poli de paisano, sus facciones son parecidas a las mías. (El único que aplaudió ahora cierra los ojos. En su mente se forma algo que con otro sentido de la vida podría ser un hospital. En uno de los cuartos está acostada la muchacha. Las cortinas permanecen descorridas y la luz se desparrama por toda la habitación.) «Destruye tus frases libres» ... «Un policía sube por la escalera» ... «En su mirada no existe el jorobadito, ni la judía, ni el traidor» ... «Pero aún podemos insistir» ...

A HOSPITAL

The girl weighs 60 pounds now. She's in the hospital and it seems she's losing ground. "Destroy your stray phrases." I didn't understand what she meant until much later. Doubt was cast on my honesty, my reliability: they said I slept while I was on guard duty. Really, they were after someone else and I happened to show up at the wrong time. The girl weighs 60 pounds now and she probably won't leave the hospital alive. (Someone applauds. The hallway is full of people who open their mouths without a sound.) A girl I knew? I don't remember anyone with that face, I said. On the screen there's a street, a drunk kid is about to cross, a bus appears. The prompter said Sara Bendeman? Still, I couldn't understand anything at the time. All I remember is a skinny girl with long freckled legs, undressing at the foot of the bed. Fade to black. The scene opens in a dimly lit alley: a woman, 40, smokes a cigarette on the fourth floor, leaning on the windowsill. A cop in civilian clothes slowly comes up the stairs, his features like mine. (The sole person who applauded closes his eyes now. In his mind something takes shape, something that might be a hospital if the meaning of life were different. In one of the rooms the girl is in bed. The curtains are open and light spills into the room.) "Destroy your stray phrases" ... "A policeman climbs the stairs" ... "In his gaze there is no hunchback, no Jewish girl, no traitor" ... "But we can still insist" ...

GENTE QUE SE ALEJA

No hay nada estable, los ademanes netamente amorosos del niño se precipitan al vacío. Escribí: «grupo de camareros retornando al trabajo» y «arena barrida por el viento» y «vidrios sucios de septiembre». Ahora puedo darle la espalda. El jorobadito es la estrella de tu camino. Casas blancas desperdigadas a lo largo del atardecer. Carreteras desiertas, chillidos de pájaros provenientes del follaje. Y ¿lo hice todo?, ¿besé cuando nadie esperaba nada? (Bueno, a bastantes kilómetros de aquí la gente aplaude y ése es mi desconsuelo.) Ayer soñé que vivía en el interior de un árbol hueco, al poco rato el árbol empezaba a girar como un carrusel y yo sentía que las paredes se comprimían; desperté con la puerta del bungalow abierta de par en par. La luna ilumina el rostro del jorobadito ... «Palabras solitarias, gente que se aleja de la cámara y niños como árboles huecos» ... «Adondequiera que vayas» ... Me detuve en «palabras solitarias». Escritura sin disciplina. Eran como cuarenta tipos, todos con sueldos de hambre. Cada mañana el andaluz reía estrepitosamente después de leer el periódico. Luna creciente en agosto. En septiembre estaré solo. En octubre y noviembre recogeré piñas.

PEOPLE WALKING AWAY

Nothing lasts, the purely loving gestures of children tumble into the void. I wrote: "a group of waiters returning to work" and "windswept sand" and "the dirty windowpanes of September." Now I can turn my back on him. The hunchback is your guiding light. White houses scattered across the evening. Deserted highways, the screech of birds coming from the trees. And did I do everything? did I kiss her when no one was expecting anything? (Miles from here people are applauding, and that's why I feel such despair.) Yesterday I dreamed that I lived inside a hollow tree—soon the tree began to spin like a carousel and I felt as if the walls were closing in on me; I woke to find the door of the bungalow ajar. The hunchback's face shone in the moonlight ... "Lonely words, people walking away from the camera, and children like hollow trees" ... "No matter where you go" ... I stopped at "lonely words." Undisciplined writing. It was forty men, more or less, all working for starvation wages. Each morning the Andalucian laughed uproariously when he read the paper. Waxing moon in August. In September I'll be alone. In October and November I'll pick pineapples.

TRES AÑOS

Toda escritura finalmente traicionada por la escena de los hombres retornando al edificio. No existen más reglas que una niña pelirroja observándonos al final de la reja (Bruno lo entendió como yo, sólo que con pasiones distintas). Los polis están cansados, hay escasez de gasolina y miles de jóvenes desempleados dando vueltas por Barcelona. (Bruno está en París, me dicen que tocando el saxo afuera del Pompidou y ya sin la maniática.) Con pasos cartilaginosos se acercan los cuatro o cinco camareros al barracón donde duermen. Uno de ellos escribió poesía, pero de eso hace demasiado tiempo. El autor dijo «no puedo ser pesimista ni optimista, está claro, mis imágenes están determinadas por el compás de espera que se manifiesta en todo lo que llamamos realidad». No puedo ser un escritor de ciencia ficción porque he perdido gran parte de mi inocencia . . . Palabras que nadie dice que nadie está obligado a decir . . . Manos en proceso de fragmentación escritura que se sustrae así como el amor la amistad los patios lluviosos . . . Por momentos tengo la impresión de que todo esto es «interior» . . . Línea a seguir en la frecuencia que califique la computadora (toda línea es soledad total) . . . Tal vez por eso viví solo y durante tres años no hice nada . . . (Je je je, el tipo rara vez se lavaba, no necesitaba escribir a máquina, le bastaba sentarse en un sillón desvencijado para que las cosas huyeran por iniciativa propia) . . . ¿Un atardecer sorpresivo para el jorobadito? ¿Facciones de policía a menos de cinco centímetros de su rostro? ¿La lluvia limpió los vidrios de la ventana?

THREE YEARS

In the end, all writing betrayed by the scene of the men going back to the building. The only rule that exists is a redheaded girl watching us from the end of the fence (Bruno understood that the same way I did, he just cared about different things). The cops are tired, there's a gasoline shortage, and thousands of unemployed youths roam Barcelona. (Bruno is in Paris, playing sax outside the Pompidou, they say, and now without that nag.) With cartilaginous steps, four or five waiters approach the shack where they sleep. One of them used to write poetry, but that was a long time ago. The author said "I can't be pessimistic or optimistic, clearly my imagery is determined by the beat of hope that manifests itself in all that we call reality." I can't be a science fiction writer because my innocence is mostly gone ... Words that no one speaks that no one is required to speak ... Hands in the process of geometric fragmentation writing that's stolen away just like love friendship rainy backyards ... Sometimes I get the sense that it's all "internal" ... Line to be followed at whatever frequency the computer gives (all lines are absolute loneliness) ... Maybe that's why I lived alone and did nothing for three years ... (Ha, ha, ha, the man hardly ever washed, he didn't need a typewriter, all he had to do was sit in that shabby armchair for things to flee of their own accord) ... A surprising evening for the hunchback? Policemen's faces an inch from his nose? Did the rain wash clean the windowpanes?

LA PISTOLA EN LA BOCA

Biombo de pelo rubio, detrás el jorobadito dibuja piscinas, ciudades dormitorio, alamedas vacías. La delicadeza estriba en los ademanes adecuados para cada situación. El jorobadito dibuja una persona gentil. «Me quedé bocarriba en la cama, chirriar de grillos y alguien que recitaba a Manrique.» Árboles secos de agosto, escribo para ver qué pasa con la inmovilidad y no para gustar. ¡Una persona gentil! Sea el arte o la aventura de cinco minutos de un muchacho corriendo escaleras arriba. «Escapó al ojo del autor mi despedida.» Un ah y un ay y postales de pueblos blancos. El jorobadito se pasea por la piscina vacía, se sienta en la parte más honda y saca un cigarrillo. Pasa la sombra de una nube, una araña se detiene junto a su uña, expele el humo. «La realidad apesta.» Supongo que todas las películas que he visto de nada me servirán cuando me muera. Escena de ciudades dormitorio vacías, el viento levanta periódicos viejos, costras de polvo en bancos y restaurantes. *La guerra la he tenido en mí mismo desde hace tiempo, de ahí que no me afecte interiormente*, escribió Klee. ¿Vi por primera vez al jorobadito en México D.F.? ¿Era Gaspar el que contaba historias de policías y ladrones? Le pusieron la pistola en la boca y con dos dedos le taparon la nariz ... Tuvo que abrir la boca para respirar y entonces empujaron el cañón hacia dentro ... En el centro del telón negro hay un círculo rojo ... Creo que el tipo dijo *mamá* o *mierda*, no sé ...

Screen of blond hair, behind it the hunchback draws swimming pools, commuter towns, empty boulevards. Tact stems from proper behavior in each situation. The hunchback draws a kind person. "I lay there on my back in bed, crickets chirping and someone reciting Manrique." Parched trees of August, I write to understand stillness, not to please. A kind person! Whether it's art or a five-minute adventure of a boy running up some stairs. "My departure escaped the author's eye." An *ah*, and an *oh*, and postcards from white towns. The hunchback strolls down the empty pool, sits in the deep end, and selects a cigarette. The shadow of a cloud passes, a spider pauses next to his fingernail, he expels smoke. "Reality is a drag." I suppose all the movies I've seen will be worthless to me when I die. Scene of an empty commuter town, old newspapers blowing in the wind, dust crusted on benches and restaurants. *I have long had this war inside me, which is why it doesn't affect me internally*, wrote Klee. Was it in Mexico City that I saw the hunchback for the first time? Was it Gaspar who told stories about cops and robbers? They put the gun to his mouth and pinched his nose ... He had to open his mouth to breathe and then they shoved the barrel in ... In the center of the black curtain there's a red circle ... I think the man said *mama* or *shit*, I don't know ...

GRANDES OLAS PLATEADAS

El poeta estuvo en este camping. Esa tienda que ves allí fue su tienda. Entra. Está llena de viento. En aquel árbol encendió un cigarrillo. Desde donde estamos podía verse la transpiración que le cubría el rostro. En su barbilla se formaban gruesas gotas que luego caían en la hierba. Aquí, toca, entre estos matorrales él durmió durante horas. El poeta entró al bar y bebió una cerveza. Pagó con dinero francés y metió el cambio en el bolsillo sin contarlo. Hablaba perfectamente español. Tenía una cámara fotográfica que ahora está en los almacenes de la policía. Pero nadie le vio jamás tomar una foto. Paseaba por la playa al atardecer. En esa escena la playa adquiría tonalidades pálidas, amarillo pálido, con manchas vagamente doradas. El poeta se deslizó sobre la arena. La única banda sonora era la tos seca y obsesiva de una persona a quien nunca pudimos ver. Grandes olas plateadas, el poeta de pie en la playa, sin zapatos y la tos. ¿Hace mucho él también fue feliz dentro de una tienda? Supongo que debe existir una escena donde él está encima de una muchacha delgada y morena. Es la noche de un camping desierto, en el interior de Portugal. La muchacha está bocabajo y él se lo mete y saca mientras le muerde el cuello. Después la voltea. Ajusta las rodillas de ella entre sus axilas y ambos se vienen. Al cabo de una hora volvió a montarla. (O como dijo un chulo del Distrito V: «pim pam pim pam hasta el infinito».) No sé si estoy hablando de la misma persona. Su cámara está ahora en los almacenes de la policía y tal vez a nadie se le ha ocurrido revelar los carretes. Pasillos interminables, de pesadilla, por donde avanza un técnico gordo de la Brigada de Homicidios. Han apagado la luz roja, ahora puedes entrar. El rostro del policía se distiende en algo así como una sonrisa. Por el fondo del pasillo avanza la silueta de otro policía. Éste recorre el tramo que lo separa de su compañero y luego ambos

BIG SILVER WAVES

The poet stayed here. That tent you see there was his tent. Go on in. It's full of rope. He lit a cigarette under that tree. From where we're standing you could see his face covered in sweat. Big drops formed on his chin and dripped onto the grass. Here, feel, he slept for hours in the weeds here. The poet came into the bar and had a beer. He paid with French money and put the change in his pocket, not counting it. He spoke perfect Spanish. He had a camera that the police took as evidence. But no one ever saw him take a photo. He walked on the beach in the evening. In this scene, the beach looks pale, pale yellow, with faintly golden splotches. The poet slid across the sand. The only soundtrack was the dry obsessive cough of a person we could never see. Big silver waves, the poet standing on the beach, barefoot, and the cough. A long time ago was he happy in a tent too? I guess there must be a scene where he's on top of a thin brown girl. It's nighttime in a deserted campground, somewhere in Portugal. The girl is on her stomach and he moves in and out of her, biting her neck. Then he turns her over. He lifts her knees into his armpits and they both come. An hour later he's on top of her again. (Or as a District V pimp says: "wham bam wham bam times infinity.") I don't know whether I'm talking about the same person. His camera is in some evidence locker now and maybe no one's thought to develop the film. Endless hallways, nightmarish, along which strides a fat tech from the Homicide Squad. The red light is off now, you can come in. The policeman's face relaxes into something like a smile. From the end of the hallway the silhouette of another policeman approaches. He crosses the stretch that separates him from his colleague and then both of them disappear. *Empty* now, the gray of the hallway flickers or maybe it swells. Then the silhouette of a policeman

desaparecen. Al quedar *vacío* el color gris del pasillo titila o tal vez se hincha. Luego aparece la silueta de un policía en el otro extremo, avanza hasta quedar en primer plano, se detiene, por el fondo aparece otro poli. La sombra avanza hasta la sombra del poli en primer plano. Ambos desaparecen. La sonrisa de un técnico de la Brigada de Homicidios vigila estas escenas. Mejillas gordas empapadas de sudor. En las fotografías no hay nada. (Intento de aplauso frustrado.) «Llamen a alguien, hagan algo» … «Una maldita tos recorriendo la playa» … «La tienda llena de viento como un gato disecado» … «Todo se destroza» … «Rostros escenas libres kaputt» …

appears at the other end, advances until he's in the foreground, pauses. In the background another cop appears. The shadow moves toward the shadow of the cop in the foreground. Both disappear. The smile of a tech from the Homicide Squad keeps watch over these scenes. Fat cheeks drenched in sweat. There's nothing in the photographs. (A stifled attempt at applause.) "Call someone, do something" … "A fucking cough echoing across the beach" … "The tent full of rope like a dissected cat" … "Everything is wrecked" … "Faces stray scenes kaput" …

LOS MOTOCICLISTAS

Imagina la situación: la desconocida se oculta en el descansillo de la escalera. Es un edificio viejo, mal iluminado y con ascensor de rejilla. Detrás de la puerta un tipo de unos 40 años murmura, con acento de confesión, que también a él lo persigue Colan Yar. El tinglado marrón y negro desaparece casi instantáneamente dando paso a un panorama largo, profundo, con tiendas de techos multicolores. Después: árboles verde oscuro. Después: cielo rojo y nublado. ¿Un muchacho dormía en aquellos momentos dentro de la tienda de campaña? ¿Soñando Colan Yar, coches policiales detenidos frente a un edificio humeante, malhechores de 20 años? «Toda la mierda del mundo» o bien: «Un camping debe ser lo más parecido al Purgatorio», etc. Con manos temblorosas y secas apartó los visillos. Abajo los motociclistas encendieron los motores y se piraron. Murmuró «muy lejos» y apretó los dientes. Rubias gordas, jóvenes andaluzas seguras de gustar y entre ellas la muchacha desconocida, su boca de guillotina, paseando por el pasado y el futuro como un rostro cinematográfico. Imaginé mi cuerpo abandonado en el campo, a pocos metros del pueblo. Un campista me descubrió, paseaba y fue él quien avisó a la policía. Ahora, bajo el cielo nublado, me rodean hombres de uniformes azules y blancos. Guardias civiles, fotógrafos de periódicos sensacionalistas o tal vez sólo turistas aficionados a fotografiar cadáveres. Curiosos y niños. No es el Paraíso pero se le parece. La muchacha baja las escaleras lentamente. Abrí la puerta del consultorio y corrí escaleras abajo. En las paredes vi ballenas furiosas, un alfabeto incomprensible. El ruido de la calle me despertó. En la acera de enfrente un tipo se puso a gritar y luego a llorar hasta que llegó la policía. «Un cadáver en las afueras del pueblo» ... «Se pierden los motociclistas por la carretera» ... «Nadie volverá a cerrar esta ventana» ...

THE MOTORCYCLISTS

Imagine the situation: the nameless girl hiding on the landing—it's an old building, poorly lit, with an open-grille elevator. Behind the door a man of about 40 whispers, in a confessional tone, that he, too, is being chased by Colan Yar. The brown-and-black opening shot vanishes almost instantly, giving way to a long, deep panorama—stores with multicolored roofs. Then: dark green trees. Then: red sky with clouds. Was a kid asleep in the tent just then? Dreaming of Colan Yar, police cars parked in front of a smoldering building, 20-year-old criminals? "All the shit in the world," or: "A campground should be the closest thing to Purgatory," etc. With dry, trembling hands he pushed back the curtains. Below, the motorcyclists revved their engines and took off. He whispered "very far away" and clenched his teeth. Fat blondes—young women from Andalucia confident of their appeal—and among them the nameless girl, with her guillotine mouth, strolling through the past and the future like a movie face. I imagined my body tossed away in the countryside, just a few yards from the town. A camper, out for a walk, found me, he was the one who alerted the police. Now, under the cloudy sky, I'm surrounded by men in blue and white uniforms. The *guardia civil* and tabloid photographers, or maybe just tourists whose hobby is taking pictures of dead bodies. Gawkers and children. It isn't Paradise, but it's close. The girl goes slowly down the stairs. I opened the office door and ran downstairs. On the walls I saw furious whales, an incomprehensible alphabet. The street noise woke me up. On the opposite sidewalk a man yelled and then wept until the police came. "A body just outside of town" ... "The motorcyclists are lost on the highway" ... "No one will ever close this window again" ...

EL VAGABUNDO

Recuerdo una noche en la estación ferroviaria de Mérida. Mi compañera dormía dentro del saco y yo velaba con un cuchillo en el bolsillo de la chaqueta, sin ganas de leer. Bueno ... Aparecieron frases, quiero decir, en ningún momento cerré los ojos ni me puse a pensar, sino que las frases literalmente aparecieron, como anuncios luminosos en medio de la sala de espera vacía. En el otro lado dormía un vagabundo y junto a mí dormía mi compañera y yo era el único despierto en toda la silenciosa y asquerosa estación. Mi compañera respiraba tranquila bajo el saco de dormir rojo y eso me hacía feliz. El vagabundo a veces roncaba, hacía días que no se afeitaba y usaba su chaqueta de almohada. Con la mano izquierda se cubría el pecho. Las frases aparecieron como noticias en un marcador electrónico. Letras blancas, no muy brillantes, en el medio de la sala de espera. Los zapatos del vagabundo estaban puestos a la altura de su cabeza. Uno de los calcetines tenía la punta completamente agujereada. A veces mi compañera se removía. La puerta que daba a la calle era amarilla y la pintura presentaba, en algunos lugares, un aspecto desolador. Quiero decir, muy tenue y al mismo tiempo completamente desolado. Pensé que el vagabundo podía ser un tipo violento. Frases. Cogí el cuchillo sin llegar a sacarlo del bolsillo y esperé la próxima frase. A lo lejos escuché el silbato de un tren y el sonido del reloj de la estación. Estoy salvado, pensé. Íbamos camino a Portugal y eso sucedió hace tiempo. Mi compañera respiró. El vagabundo me ofreció un poco de coñac de una botella que sacó de entre sus pertenencias. Hablamos unos minutos y luego callamos mientras llegaba el amanecer.

THE BUM

I remember one night at the Merida train station. My girl-friend was asleep in her sleeping bag and I was keeping watch with a knife in the pocket of my jacket. I didn't feel like reading. Anyway ... Phrases appeared, I mean, I never closed my eyes or made an effort to think, the phrases just appeared, literally, like glowing ads in the middle of the empty waiting room. Across the room, slept a bum, and next to me slept my girlfriend, and I was the only one awake in the whole silent, repulsive train station. My girlfriend breathed calmly in her red sleeping bag and that made me happy. The bum sometimes snored, he hadn't shaved for days and he was using his jacket as a pillow. His left hand shielded his chest. The phrases appeared like news on an electronic ticker. White letters, not very bright, in the middle of the waiting room. The bum's shoes stood next to his head. The toe of one of his socks was full of holes. Sometimes my girlfriend shifted. The door to the street was yellow and in some places the paint had a bleak look. I mean, only slightly, but at the same time absolutely bleak. I wondered whether the bum was dangerous. Phrases. I clutched the knife, still in my pocket, and waited for the next phrase. In the distance I heard the whistle of a train and the ticking of the station clock. I'm saved, I thought. We were on our way to Portugal, and this happened some time ago. My girlfriend breathed. The bum offered me cognac from a bottle he had with the rest of his things. We talked for a few minutes and then we were quiet as morning arrived.

AGUA CLARA DEL CAMINO

Lo que vendrá. El viento entre los árboles. Todo es proyección de un muchacho desamparado. ¿Está lloviendo? «Sí, querida.» ¿Y él camina solo por una carretera de provincia? La boca se mueve. Vi un grupo de gente que abría la boca sin poder hablar. La lluvia a 45 km. por hora se cuela entre las agujas de los pinos. Corre solitario por el bosque. (En esta escena aparece el autor con las manos en las caderas observando algo que queda fuera de la pantalla.) El viento entre los árboles, como una cortina demencial, justo en el único sitio donde es factor de cambio. Similar a un pijama en una playa desierta: el viento mueve, levanta el pijama, lo aleja por la arena hasta hacerlo desaparecer como un largo bostezo. Todo nos proyecta a un muchacho que no sabe qué hacer salvo mirar despegar los aviones y andar entre los matorrales. ¿En los últimos días de su vida? «Supongo que sí» … «Como un cohete abierto en canal» … «El modo poético de decir que ya no amas más los callejones iluminados por coches patrullas» … «La melódica voz del sargento hablando con acento gallego» … «Chicos de tu edad que se conformarían con tan poco» … «Una especie de danza que se convierte en labios que se abren silenciosamente» … Pozos de agua clara en el camino. Viste a un tipo tirado entre los árboles y seguiste corriendo. Las primeras moras silvestres de la temporada. Como los ojitos de la emoción que salía a tu encuentro.

CLEAR WATER ALONG THE WAY

What's yet to come. The wind in the trees. Everything is the projection of a forlorn kid. Is it raining? "Yes, dear." And he's walking alone along a country road? His mouth moves. I saw a group of people opening their mouths, unable to speak. The rain filters through the pine needles at 30 miles an hour. He's running alone through the woods. (In this scene the author appears with his hands on his hips watching something off screen.) The wind through the trees, like an insane curtain, in the exact spot where it can cause things to change. Like pajamas on a deserted beach: the wind blows, lifts the pajamas, pushes them across the sand until they disappear like a long yawn. It all projects a kid who doesn't know what to do besides watching planes take off and walking through bushes. On the last days of his life? "I guess so" ... "Like a rocket sliced open" ... "The poetic way of saying that you no longer love back streets lit up by patrol cars" ... "The melodic voice of the sergeant speaking with a Galician accent" ... "Boys your age who'd settle for so little" ... "A kind of dance that turns into silently opening lips" ... Wells of clear water along the way. You saw a man on the ground under the trees and you kept running. The first wild blackberries of the season. Like the screwed-up eyes of the excitement that rushed to meet you.

COMO UN VALS

En el vagón una muchacha solitaria. Mira por la ventanilla. Afuera todo se desdobla: campos arados, bosques, casas blancas, pueblos, suburbios, basureros, fábricas, perros y niños que levantan la mano y dicen adiós. Apareció Lola Muriel. Agosto 1980. Como las arañas del camping, se desplaza tejiendo una red sobre mi rostro. (Sueño rostros que abren la boca y no pueden hablar. Camino por el pasillo de un hotel. Despierto.) Lola Muriel, ojos azules, andaluza, en la piscina lee los cuentos de Poe. Deja estelas sueños de pirámides entrevistas desde la selva. Me atemoriza, me hace feliz. (Sueño que veo llover en los barrios más distantes. Camino por una galería solitaria. Despierto transpirando.) ¿Agosto 1980?, ¿una andaluza de 18 años?, ¿el vigilante nocturno, loco de amor?

LIKE A WALTZ

In the railroad car a girl on her own. She looks out the window. Outside everything splits in two: tilled fields, woods, white houses, towns, suburbs, dumps, factories, dogs, and children waving goodbye. Lola Muriel appears. August 1980. Like the campground spiders, she moves about, weaving a web over my face. (I dream of faces that open their mouths and can't speak. I walk along the corridor of a hotel. I wake up.) Lola Muriel, blue eyes, Andalusian, reads Poe stories by the pool. She leaves behind trailing dreams of pyramids glimpsed in the jungle. She terrifies me, she makes me happy. (I dream that I'm watching it rain in the most far off neighborhoods. I walk along an empty passageway. I wake up sweating.) August 1980? a girl, 18, from Andalusia? the night watchman, madly in love?

NUNCA MÁS SOLO

El silencio ronda en los patios sin dejar papeles escritos, aquello que después llamaremos *obra*. El silencio lee cartas sentado en un balcón. Pájaros como ronquera, como mujer de voz grave. Ya no pido toda la soledad del amor ni la paz del amor ni los espejos. El silencio esplende en los pasillos vacíos, en las radios que ya nadie escucha. El silencio es el amor así como tu voz ronca es un pájaro. Y no existe obra que justifique la lentitud de movimientos y la ternura. Escribí «una muchacha desconocida», vi una radio y vi una muchacha sentada en una silla y un tren. La muchacha estaba atada y el tren en movimiento. Repliegue de alas. Todo es repliegue de alas y silencio, así en la muchacha gorda que no se atreve a entrar en la piscina como en el jorobadito. La mano de ella apagó la radio ... «He sido testigo de numerosos matrimonios, el silencio construye una especie de victoria para dos, vidrios empañados y nombres escritos con el dedo» ... «Tal vez fechas y no nombres» ... «En el invierno» ... Escena de policías entrando en un edificio gris, ruido de balas, radios encendidas a todo volumen. Fundido en negro. La ternura y su capa de silencio plateado. Y ya no pido toda la soledad del mundo. Ellos disparan. Frases como «he perdido hasta el humor», «tantas noches solo», etc., me devuelven el sentido del repliegue. No hay nada escrito. El extranjero, inmóvil, supone que eso es la muerte. Tiembla el jorobadito en la piscina. He encontrado un puente en el bosque. Relámpago de ojos azules y pelo rubio ... «Hasta dentro de un tiempo, nunca más solo» ...

NEVER ALONE AGAIN

Silence hovers in the yards, leaving no pages with writing on them, that thing we'll later call *the work*. Silence reads letters sitting on a balcony. Raspy sounding birds like throatiness, like women with deep voices. I no longer ask for all the loneliness of love or the tranquility of love or for the mirrors. Silence glimmers in the empty hallways, on the radios no one listens to anymore. Silence is love just as your throaty voice is a bird. And no work could justify the slowness of movements and tenderness. I wrote "a nameless girl," I saw the radio and I saw a girl sitting on a chair and in a train. The girl was tied up and the train was in motion. The folding of wings. Everything is a folding of wings and silence, from the fat girl afraid to get in the pool to the hunchback. Her hand turned off the radio ... "I've witnessed many marriages—the silence builds a kind of double victory—foggy windowpanes and names written with a finger" ... "Maybe dates, not names" ... "In the winter" ... Scene of policemen entering a gray building, sound of bullets, radios turned all the way up. Fade to black. Tenderness and her cloak of silvery silence. And I no longer ask for all the solitude in the world. They shoot. Phrases like "I've lost even my sense of humor," "so many nights alone," etc., remind me of the meaning of retreat, a folding inward. Nothing's written. The foreigner, motionless, imagines that this is death. The hunchback trembles in the pool. I've found a bridge in the woods. Lightning flash of blue eyes and blond hair ... "For a while, never alone again" ...

EL APLAUSO

Dijo que amaba los días movidos. Miré el cielo. «Días movidos», además de nubes y gatos que se escabullían entre los matorrales. Este tarro con flores que abandono en el campo es mi prueba de amor por ti. Después volví con una red para cazar mariposas. La muchacha dijo: «calamidad», «caballos», «cohetes» y me dio la espalda. Su espalda habló. Como chirriar de grillos en la tarde de chalets solitarios. Cerré los ojos, los frenos chirriaron y los policías descendieron velozmente de sus coches. «No dejes de mirar por la ventana.» Sin hablar dos de ellos alcanzaron la puerta y dijeron «policía», el resto apenas lo pude escuchar. Cerré los ojos, los muchachos murieron en la playa. Cuerpos llenos de agujeros. Hay algo obsceno en esto, dijo el enfermero cuando nadie lo escuchaba. «Días movidos, miré el cielo, gatos», seguramente no volveré al descampado, ni con flores, ni con red, ni con un maldito libro para pasar la tarde. La boca se abrió pero el autor no pudo escuchar nada. Pensó en el silencio y después pensó «no existe», «caballos», «luna menguante de agosto». Fundido en negro. Alguien aplaudió desde el vacío. Dije que suponía que eso era la felicidad.

APPLAUSE

She said she loved busy days. I looked up at the sky. "Busy days," and also clouds and cats that scamper off into the bushes. This flower pot I leave in the country is proof of my love for you. Then I came back with a butterfly net. The girl said: "calamity," "horses," "rockets" and turned her back on me. Her back spoke. Like the chirping of crickets in the afternoons of lonely houses. I closed my eyes, the brakes squealed, and the policemen leaped out of their cars. "Keep looking out the window." Without any explanation, two of them came to the door and said "police," the rest I could hardly hear. I closed my eyes, the boys died on the beach. Bodies riddled with holes. There's something obscene about this, said the medic when nobody was listening. "Busy days, I looked up at the sky, cats," I'll probably never come back to the clearing in the woods, not with flowers, not with the net, not with a damned book to spend the afternoon. His mouth opened but the author couldn't hear a thing. He thought about the silence and then he thought "there's no such thing," "horses," "waning August moon." Fade to black. Someone applauded from the void. I said I guessed this was happiness.

EL BAILE

En la terraza del bar sólo bailan tres niñas. Dos son delgadas y tienen el pelo largo. La otra es un poco gorda, lleva el pelo más corto y es subnormal ... «Canciones para que anochezca con menos crueldad» ... El tipo al que perseguía Colan Yar se esfumó como mosquito en invierno ... A propósito, supongo que en invierno sólo quedan los *huevos* de los mosquitos del próximo verano ... Tres muchachas y yo muy solo ... 7 de agosto de 1980 ... El muchacho llegó a su cuarto, encendió la luz ... Tenía el rostro desencajado ... Apagó la luz. No temas, aunque sólo pueda contarte estas historias tristes, no temas ...

THE DANCE

On the terrace of the bar only three girls are dancing. Two are thin and have long hair. The other is chubby, with shorter hair, and she's retarded ... "Songs to make nightfall less cruel" ... The guy being chased by Colan Yar vanished like a mosquito in winter ... Though really, I guess in the winter all that's left are the *eggs* of next summer's mosquitoes ... Three girls and lonely me ... August 7, 1980 ... The kid got to his room, turned on the light ... There was an expression of horror on his face ... He turned out the light ... Don't be afraid, though the only stories I have to tell you are sad, don't be afraid ...

NO HAY REGLAS

Las grandes estupideces. Muchacha desconocida retornando a la escena del camping desierto. Bar desierto, recepción desierta, parcelas desiertas. Éste es tu pueblo fantasma del oeste. Dijo: finalmente nos destrozarán a todos. (¿Hasta a las muchachas bonitas?) Me reí de su desamparo. El doble lleno de aprensión hacia sí mismo porque no podía evitar enamorarse una vez al año por lo menos. Después una sucesión de baños, reediciones, muchachos vomitando mientras en la terraza silenciosa baila una muchacha subnormal. Toda escritura en el límite de la tensión esconde una máscara blanca. Eso es todo. El resto: pobre pequeño Roberto escribiendo en un alto del camino. «Coches policiales con las radios encendidas: les llueve información de todos los barrios por donde pasan.» «Cartas anónimas, amenazas sutiles, la verdadera espera.» «Querida, ahora vivo en una zona turística, la gente es morena, hace sol todos los días, etc.» No hay reglas. («Díganle al estúpido de Arnold Bennet que *todas* las reglas de construcción siguen siendo válidas sólo para las novelas que son copias de otras.») Y así, y así. Yo también huyo de Colan Yar. He trabajado con subnormales, en un camping, recogiendo piñas, vendimiando, estibando barcos. Todo me empujó hasta este lugar, el descampado donde ya no queda nada que decir ... «Estás con muchachas hermosas, sin embargo» ... «Creo», dijo, «que lo único hermoso aquí es la lengua» ... «Me refiero a su sentido más estricto.» (Aplausos.)

THERE ARE NO RULES

Big mistakes. Nameless girl returning to the scene of the deserted campground. Deserted bar, deserted reception desk, deserted plots. This is your Wild West ghost town. She said: in the end they'll destroy us all. (Even the pretty girls?) I laughed at her despondence. Doubly afraid of himself because he couldn't help falling in love once a year at least. Then a succession of bathrooms, reprints, kids puking, while a retarded girl dances on the silent terrace. All writing at tension's limit hides a white mask. That's all. The rest: poor little Roberto writing at a pit stop. "Police cars with their radios on: information raining down on them from all the neighborhoods they pass through." "Anonymous letters, subtle threats, the real wait." "My dear, now I live in a tourist town, the people are tan, it's sunny every day, etc." There are no rules. ("Tell that stupid Arnold Bennet that *all* his rules about plot only apply to novels that are copies of other novels.") And so on and so on. I, too, am fleeing Colan Yar. I've worked with retarded people, at a campground, picking pineapples, harvesting crops, unloading ships. Everything drove me toward this place, this vacant lot where nothing remains to be said ... "At least you're with beautiful girls" ... "I think," he said, "that the only beautiful thing here is the language" ... "I mean it in the most literal way." (Applause.)

BAR LA PAVA,
AUTOVÍA DE CASTELLDEFELS
(¡Todos han comido más de un plato o un plato que vale más
de 200 pesetas, menos yo!)

Querida Lisa, hubo una vez que hablé contigo por teléfono
más de una hora sin apercibirme de que habías colgado. Fue
en un teléfono público de la calle Bucareli, en la esquina del
Reloj Chino. Ahora estoy en un bar de la costa catalana, me
duele la garganta y tengo poco dinero. La italiana dijo que
regresaba a Milán a trabajar, aunque se cansara. Creo que le
pediré al enfermero del camping algún antibiótico. La escena
se disgrega geométricamente. Aparece una playa solitaria a las
8 de la noche, el día aún anaranjado; a lo lejos caminan, en
dirección contraria al que observa, un grupo de cinco personas
en fila india. El viento levanta una cortina de arena y los cubre.

LA PAVA ROADSIDE BAR
OF CASTELLDEFELS
(Everyone's eaten more than one dish or one dish worth
more than 200 pesetas, except for me!)

Dear Lisa, once I talked to you on the phone for more than
an hour without realizing that you had hung up. I was at a
public phone on Calle Bucareli, at the Reloj Chino corner.
Now I'm in a bar on the Catalan coast, my throat hurts, and
I'm close to broke. The Italian girl said she was going back to
Milan to work, even if it made her sick. I think I'll go to the
campground nurse for some antibiotics. The scene breaks up
geometrically. We see a deserted beach at 8 o'clock, the day
still orange; in the distance a group of five people walk away
from the observer in Indian file. The wind lifts a curtain of
sand and covers them.

AMBERES

En Amberes un hombre murió al ser aplastado su automóvil por un camión cargado de cerdos. Muchos de los cerdos también murieron al volcar el camión, otros tuvieron que ser sacrificados al pie de la carretera y otros se escaparon a toda velocidad... «Has oído bien, querida, el tipo reventó mientras los cerdos pasaban por encima de su automóvil»... «En la noche, por las carreteras oscuras de Bélgica o Catalunya»... «Conversamos durante horas en un bar de las Ramblas, era verano y ella hablaba y transpiraba con la misma profusión»... «Los cerdos aullaron, no de miedo, sino por»... «Ella dijo me gustaría estar sola y yo pese a estar borracho entendí»... «No sé, es algo así como la luna llena, chicas que en realidad son como moscas, no es eso lo que quiero decir»... «Cerdos aullando en medio de la carretera, heridos o alejándose a toda prisa del camión destrozado»... «Cada palabra es inútil, cada frase, cada conversación telefónica»... «Dijo que quería estar sola»... También yo quise estar solo. En Amberes o en Barcelona. La luna. Animales que huyen. Accidente en la carretera. El miedo.

ANTWERP

In Antwerp a man was killed when his car was run over by a truck full of pigs. Lots of the pigs died too when the truck overturned, others had to be put out of their misery by the side of the road, and others took off as fast as they could ... "That's right, honey, he's dead, the pigs ran right over him" ... "At night, on the dark highways of Belgium or Catalonia" ... "We talked for hours in a bar on Las Ramblas, it was summer and she talked and sweat profusely." ... "The pigs howled, not out of fear, but from" ... "She said I want to be alone and even though I was drunk I understood" ... "I don't know, it's something like the full moon, girls who are really like flies, though that's not what I mean" ... "Pigs howling in the middle of the highway, wounded or rushing away from the smashed-up truck" ... "Every word is useless, every sentence, every phone conversation" ... "She said she wanted to be alone" ... I wanted to be alone too. In Antwerp or Barcelona. The moon. Animals fleeing. Highway accident. Fear.

EL VERANO

Hay una enfermedad secreta llamada Lisa. Es indigna como toda enfermedad y aparece en la noche. En el tejido de un lenguaje misterioso cuyas palabras significan sin excepción que el extranjero «no está bien». Y yo quisiera que ella supiera por algún medio que el extranjero «lo pasa mal», «en tierras desconocidas», «sin grandes posibilidades de escribir poesía épica», «sin grandes posibilidades de nada». La enfermedad me lleva a baños extraños e inmóviles donde el agua funciona con una mecánica imprevista. Baños, sueños, cabellos largos que salen de la ventana hasta el mar. La enfermedad es una estela. (El autor aparece sin camisa, con lentes negros, posando con un perro y una mochila en el verano de algún lugar.) «El verano de algún lugar», frases carentes de tranquilidad aunque la imagen que refractan permanezca quieta, como un ataúd delante de una cámara fija. El escritor es un tipo sucio, con la camisa arremangada y el pelo corto mojado en transpiración acarreando tambores de basura. También es un camarero que se observa filmado mientras camina por una playa desierta, de regreso al hotel ... «Viento con arena fina» ... «Sin grandes posibilidades» ... La enfermedad es estar sentado bajo el faro mirando hacia ninguna parte. El faro es negro, el mar es negro, la chaqueta del escritor también es negra.

SUMMER

There's a secret sickness called Lisa. Like all sicknesses it's miserable and it comes on at night. In the weave of a mysterious language whose words signify without exception that the foreigner "isn't well." And somehow I would like her to know that the foreigner is "having a hard time," "in strange lands," "without much chance of writing epic poetry," "without much chance of anything." The sickness takes me to strange and frozen bathrooms where the water plumbing works according to an unexpected mechanism. Bathrooms, dreams, long hair flying out the window to the sea. The sickness is a wake. (The author appears shirtless, in black glasses, posing with a dog and a backpack in the summer somewhere.) "The summer somewhere," sentences lacking in tranquility, though the image they refract is motionless, like a coffin in the lens of a still camera. The writer is a dirty man, with his shirt sleeves rolled up and his short hair wet with sweat, hauling barrels of garbage. He's also a waiter who sees himself being filmed as he walks along a deserted beach, on his way back to the hotel … "Wind carrying fine sand" … "Without much chance" … The sickness is to sit at the base of the lighthouse staring into nothing. The lighthouse is black, the sea is black, the writer's jacket is also black.

EL BRILLO DE LA NAVAJA

En un poema, «Imágenes Detenidas», ¿por qué el chileno es el único turista de esa hora? Supongo que en realidad no es una hora nocturna, como se podría colegir al ser el chileno *asaltado* por el pandillero, sino un atardecer debajo de los arcos de la plaza Vicente Martorell. ¿El chileno, asaltado? No. El chileno encuentra al pandillero, eso es todo. Y el resto obedece a reflejos naturales de ambos personajes; uno ataca, el otro mira. El otro, el chileno, consiente, y mediante ese sacrificio transforma. Rostro mojado que esboza una sonrisa. Brillo de navaja a lo lejos, entre los arcos y las sombras adolescentes. Ojos curiosos que una gasa líquida va velando paulatinamente. La cabeza no llega a golpearse contra el suelo. Mierda, dijo el chileno antes de fijar su pensamiento en una sonrisa. Gángsters pequeñitos, sus siluetas se pierden en el interior de la plaza. No hay dinero. Rostro mojado en transpiración, por fin posa la mejilla izquierda en el suelo.

THE KNIFE'S GLARE

In a poem, "Still Images," why is the Chilean the only tourist out at that hour? I guess it isn't really even nighttime, and though you might suspect as much from the Chilean being *assaulted* by a hoodlum, it's dusk beneath the arches of Vicente Martorell plaza. The Chilean assaulted? No. The Chilean encounters the punk, that's all. Everything else happens according to the natural reflexes of each character; one attacks, the other watches. The other, the Chilean, gives in, and his sacrifice changes things. Sweaty face with a hint of a smile. Knife's glare in the distance, between the arches and the shadows of teenagers. Curious eyes gradually veiled by a liquid gauze. His head is never smashed against the pavement. Shit, the Chilean says before concentrating his thoughts on a smile. Little gangsters, their shapes disappearing into the plaza. There's no money. Face covered in sweat, he finally rests his left cheek on the ground.

NOCHE SILENCIOSA

No puedes regresar. Este mundo de policías y ladrones y muchachos extranjeros sin papeles en regla es demasiado fuerte para ti. La palabra fuerte significa que es cómodo, un mundo liviano, casi vacío, del que no podrías desprenderte. A cambio recuperarías el país natal, una especie de país natal, y el derecho a que una muchacha nuevamente pudiera sonreírte. Una muchacha de pie en la puerta de tu habitación, la camarera que viene a hacer la cama. Me detuve en la palabra «cama» y cerré el cuaderno. Sólo tuve fuerzas para apagar la luz y dejarme caer en la «cama». Inmediatamente empecé a soñar con una ventana de maderas gruesas como aquellas que aparecían en los cuentos infantiles ilustrados. Con el hombro me apoyaba en la ventana y ésta se abría. El ruido producido al quedar de par en par me despertó. Afuera no había nadie. Noche silenciosa entre los bloques de bungalows. El policía había extendido su chapa procurando no tartamudear. Automóvil con matrícula de Madrid. El que estaba al lado del conductor iba con una camiseta con los colores del F.C. Barcelona horizontales. Un tatuaje de marinero en el brazo izquierdo. Detrás de ellos brilló una masa de niebla y sueño. Pero el poli tartamudeó y yo sonreí. No pu-pu-puedes re-re-regresar. «Regresar.»

SILENT NIGHT

You can't go back. This world of cops and robbers and foreign kids without papers is too powerful for you. *Powerful* means it's comfortable, a featherweight world, practically empty, from which you wouldn't be able to remove yourself. In exchange, you'd get back your native land, a kind of native land, and the right to have a girl smile at you again. A girl standing in the door to your room, the maid who's come to make your bed. I stopped at the word "bed" and closed the notebook. All I had the strength to do was turn out the light and fall into "bed." Immediately I began to dream about a window with a heavy wooden frame, like the ones in children's books' illustrations. I shoved the window with my shoulder and it opened. The noise of having it open woke me up. Outside there was no one. A silent night in the blocks of bungalows. The policeman had shown his badge, trying not to stutter. Car with a Madrid license plate. The man next to the driver was wearing a T-shirt with the Barcelona colors, horizontal stripes. A sailor's tattoo on his left arm. Behind them gleamed a mass of fog and sleep. But the cop stuttered and I smiled. You c-c-can't g-g-go b-b-back. "Go back."

Así es como es, dijo, una ligera sensación de fracaso se va acentuando y el cuerpo se acostumbra a eso. No puedes evitar el vacío de la misma manera que no puedes evitar cruzar calles si vives en la ciudad, con el agravante de que a veces la calle es interminablemente ancha, los edificios parecen bodegas de películas de gángsters y algunos tipos escogen las peores horas para pensar en sus madres. «Gángsters» corresponde a «madres». Nadie pensó en el jorobadito en la hora azul. Así es como es, el nombre de una pieza de Monty Alexander, grabada a principios de los sesenta en un local de Los Ángeles. Tal vez «bodegas» esté junto a «madres», en las sobreimposiciones es dable un amplio margen de error. Todo pensamiento es registrado en la senda de bosque que el extranjero recorrió. Si lo miraras desde arriba tendrías la impresión de una hormiga solitaria. Impulso de desconfianza: siempre hay otra hormiga que la cámara olvida. En todo poema falta un personaje que acecha al lector. «Bodegas», «gángsters», «madres», «para siempre». Tenía la voz dura, dijo, timbre sólido como derrumbe de pesadora de vacas o fardos con forraje de vacas en una piscina. Todo lo decía con doble sentido, algunas frases eran verdaderos jeroglíficos que nadie se daba el trabajo de descifrar. Ray Brown al bajo, Milt Jackson al vibráfono y otros dos más al saxo y a la batería. El propio Monty Alexander tocó el piano. ¿Manne Hole? ¿1961? La última imagen que el tipo vio fue una playa a las nueve de la noche. En julio atardecía muy tarde, a las 21.30 aún estaba claro. Grupo de camareros alejándose del ojo. (Pero el ojo piensa en «bodegas», no en «camareros».) El viento levanta suaves cortinas de arena. Desde aquí parece que intentaran regresar.

That's the way it is, he said, a slight sense of failure that keeps growing stronger and the body gets used to it. You can't escape the void, just as you can't help crossing streets if you live in a city, with the added annoyance that sometimes the street is endlessly wide, the buildings look like warehouses out of gangster movies, and some people choose the worst moments to think about their mothers. "Gangsters" equals "mothers." At the golden hour, no one remembered the hunchback. That's the Way It Is, the name of a piece by Monty Alexander recorded in the early 1960s at an L.A. club. Maybe "warehouses" equals "mothers," a wide margin of error is permissible when you're dealing with superimpositions. All thought is registered on the path through the woods along which the foreigner walked. If you saw him from above you'd think he was a solitary ant. Flash of doubt: there's always another ant that the camera doesn't see. What poems lack is characters who lie in wait for the reader. "Warehouses," "gangsters," "mothers," "forever." His voice was hard, he said, solid in timbre like the collapse of a cattle hoist or hay bales in a cattle pond. Everything he said had a double meaning, some sentences were real riddles that no one bothered to decipher. Ray Brown on bass, Milt Jackson on vibraphone, and two others on sax and drums. Monty Alexander himself played piano. Manne-Hole? 1961? The last thing he saw was a beach at nine o'clock. In July it got dark very late, at 9:30 it was still light out. Group of waiters moving away from the eye. (But the eye envisions "warehouses," not "waiters.") The wind lifts soft curtains of sand. From here, it looks like they'll try to come back.

AUTOMÓVILES VACÍOS

Muchacha desconocida que camina por barrios obreros de Barcelona. Despertó sobresaltado. ¿Una muchacha de padres españoles, nacida en Francia? La playa se extiende en línea recta hasta tocar el otro pueblo. Abrió la ventana, estaba nublado pero hacía calor. Regresó al baño. Los ojos de ella miraban con curiosidad las hileras de edificios de departamentos que se extendían hasta el fin de la avenida. Todo esto es paranoia, pensó, la muchacha tiene 18 años pero no existe, nació en una ciudad industrial de Francia y se llama Rosario o María Dolores, pero no puede existir puesto que aún estoy aquí. ¿Una broma pesada de las cámaras?, ¿el tipo de control está dormido? Miró el reloj, al volver a la ventana encendió un cigarrillo. Miró por los visillos: abajo los muchachos dormitaban entre las sombras. Siluetas intermitentes, sonido de voces apenas audibles. Observó la luna que aparecía sobre el edificio de enfrente. Desde la calle llegaron las palabras «barco», «olimpia», «restaurante». La muchacha se sentó en la terraza de un «restaurante» y pidió un vaso de vino blanco. Encima de la cabeza de la muchacha estaba la lona verde y un poco más arriba el verano. Así como encima del edificio sobresalía la luna y ella la miraba pensando en los motociclistas y en el nombre del mes: julio. Nacida en Francia de padres españoles, pelo rubio, absolutamente más allá del restaurante y de las palabras con que tratan de distraerla. «Desperté pues tu silueta se confundía con las sombras del dormitorio» ... «Una explosión muy fuerte» ... «Quedé sordo por el resto del día» ... Soñó automóviles vacíos en los solares de un supermercado abandonado. Ya no hay pueblo ni barrios obreros para este actor. 18 años, muy lejos. Regresa al baño. Muchacha kaputt.

Nameless girl wandering the working-class neighborhoods of Barcelona. He woke with a start. A girl born in France, to Spanish parents? The beach stretches in a straight line until it reaches another town. She opened the window, it was overcast but hot. She went back into the bathroom. She looked curiously at the rows of apartments buildings lining the street. All of this is paranoia, she thought, the girl is 18 but she doesn't exist, she was born in an industrial city of France and her name is Rosario or María Dolores, but she can't exist because I'm still here. A tiresome camera trick? the guard is asleep? She looked at her watch. Returning to the window, she lit a cigarette. She looked through the curtains: below the boys dozed amid the shadows. Intermittent forms, the sound of barely audible voices. She stared at the moon that appeared over the building across the street. From the street came the words "ship," "Olympia," "restaurant." The girl sat on the terrace of a "restaurant" and asked for a glass of white wine. Over the girl's head was the green awning, and, above that, the summer. Like the moon peeping over the building and her gazing at it, thinking about the motorcyclists and the name of the month: July. Born in France to Spanish parents, blond hair, very far away from the restaurant and the words with which they try to distract her. "I woke up because you were lost in the shadows of the bedroom" ... "A powerful explosion" ... "I was deaf for the rest of the day" ... She dreamed of empty cars in the lots of an abandoned supermarket. There is no more town or working-class neighborhoods for this actor. 18 years old, so far away. She goes back into the bathroom. Girl kaput.

LOS ELEMENTOS

Cine entre los pinos del camping ✠ de Mar, los espectadores miran la pantalla y con las manos espantan los mosquitos. Rostro amarillo surge de improviso entre las rocas y pregunta ¿a ti también te persigue Colan Yar? (Rostro amarillo cruzado de anchas cicatrices oscuras, árboles quemados, sillas blancas de plástico duro abandonadas frente a los bungalows, una bicicleta en medio de la maleza.) Colan Yar, por supuesto, y placas iluminadas tenuemente por la luz de la luna. Abandoné el puesto, con pasos lentos me dirigí al restaurante aún abierto a esas horas de la noche. «Colan Yar detrás de mí, justo detrás de mí», escuché que decían a mis espaldas. Al volverme no vi más que siluetas de árboles y tiendas oscuras. En el cine uno de los actores dijo «nos persigue un volcán». Otro personaje, una mujer, en determinado momento afirma: «es difícil llegar a ser mayor del Ejército Inglés». Perseguidos por los Nagas, guerreros diabólicos con cascos de cuero negro; adoradores del volcán, tal vez sacerdotes y no guerreros; en todo caso, eliminados pronto. La actriz: estoy cansada de luchar contra estos seres horribles. Un actor le responde: ¿quieres que te lleve en brazos hasta el avión? Cinco figuras corriendo a través de un valle en llamas. Un rompehielos de la Armada los espera a las 20.30 horas, ni un minuto más. El capitán: «si seguimos aquí después no podremos salir». El capitán tiene el pelo completamente cano y lleva uniforme azul de invierno. Modula con lentitud: «no podremos salir». Aparté la mirada de la pantalla. A lo lejos las luces de las pistas de tenis se asemejaban a un aeródromo clandestino. Desde allí el que huye de Colan Yar escribe una carta sentado en una banca al aire libre. Aeródromo clandestino. Espejos. Otros elementos.

THE ELEMENTS

Movies under the pines at the ✖ de Mar campground, the spectators watch the screen and slap at mosquitoes. Yellow face suddenly appears among the rocks and asks: are you, too, being chased by Colan Yar? (Yellow face crisscrossed with broad dark scars, burned trees, hard white plastic chairs left in front of the bungalows, a bicycle in the weeds.) Colan Yar, of course, and plaques faintly lit by the moon. I left my post, with slow steps I headed to the restaurant, which was still open at this late hour. "Colan Yar after me, right on my heels," I heard people saying behind my back. When I turned all I could see were the shapes of trees and dark tents. In the movie one of the actors said "we're being chased by a volcano." Another character, a woman, at a particular moment declares: "it's no easy thing to become a major in the English army." Chased by the Nagas, diabolical warriors in black leather helmets; worshippers of the volcano, maybe priests, not warriors; in any case, soon wiped out. The actress: I'm tired of fighting these awful creatures. An actor says: Do you want me to carry you to the plane? Five figures running through a valley in flames. An Armada icebreaker waiting for them at 20:30 hours, not a minute later. The captain: "If we stay, we won't be able to get out later." The captain's hair is completely white and he's wearing a blue winter uniform. He enunciates slowly: "We won't be able to get out." I glanced away from the screen. From the distance the tennis court lights made it look like a secret airfield. Back there, the person fleeing Colan Yar writes a letter sitting on a bench outside. Secret airfield. Mirrors. Other elements.

NAGAS

¿Cine entre los árboles? El operador duerme la siesta en el patio de gravilla de su bungalow. La muchacha desconocida desapareció tan suavemente como la primera vez que la vi. Avancé sin temor, mis huellas quedaron marcadas levemente en el polvo, en línea recta de mi bungalow a los baños. Eran las doce de la noche y vi coches policiales detenidos en la carretera. Dejé sin contestar la última carta de Mara. La muchacha caminó de regreso a su tienda y nadie pudo asegurar si realmente había estado en los lavaderos alguna vez. «No puedo escribir nada más» ... «Sólo queda una niña pequeña, diez años, que me saluda cada vez que nos encontramos» ... «Se sentaba sola en la terraza del bar, junto a la pista de baile, y era difícil encontrarla» ... En la pantalla aparecen los Nagas. Espectadores rodeados de mosquitos a las 12 de la noche; miré a la derecha: luces lejanas de una cancha de tenis nocturna. Tuve deseos de dormirme allí mismo. Éstos son los elementos: «impasibilidad», «perseverancia», «pelo rubio». A la mañana siguiente ya no estaba en su tienda. Por las carreteras europeas condenadas a la muerte se desliza el automóvil de sus padres, ¿hacia Francia?, ¿Suiza? ... El tipo miró para arriba con gesto cansado, luna creciente, copas de pinos recortadas contra el cielo, ruido de sirenas a lo lejos. Pero aquí estoy seguro, dijo, el que venía a matarme no me reconoció y se ha ido. Escena en blanco y negro de hombre que se adentra en el bosque después de la sesión de cine. Últimas imágenes de adultos durmiendo la siesta mientras un automóvil desconocido rueda al encuentro de una luminosidad mayor. «Deseo que te amen y que no conozcas la muerte.»

NAGAS

Movies in the woods? The projectionist naps on the gravel yard of his bungalow. The nameless girl disappeared as smoothly as the first time I saw her. I walked forward unafraid, leaving faint footprints in the dust, a straight line from my bungalow to the bathrooms. It was twelve at night and I saw police cars pulled over on the highway. I didn't answer Mara's last letter. The girl walked back to her tent and no one could say if she'd ever actually been in the washroom. "I've written all I can" ... "A ten-year-old girl is the only one left, she waves to me whenever we meet" ... "She sat alone on the terrace of the bar, next to the dance floor, and she was hard to find" ... On the screen, the Nagas appear. Spectators surrounded by mosquitoes at 12 p.m.; I glanced to the right: distant lights of a nocturnal tennis court. I felt like falling asleep right there. These are the elements: "impassivity," "perseverance," "blond hair." The next morning she was no longer in her tent. Along the death-doomed European highways her parents' car glides. On the way to France? Switzerland? ... He looked upward wearily: waxing moon, the crowns of pine trees silhouetted against the sky, the noise of sirens in the distance. But I'm safe here, he said, the killer didn't recognize me and he's gone. Black-and-white scene of a man who heads into the woods after the screening. Final images of adults napping as a strange car moves to encounter a greater brightness. "I hope they'll love you and you won't be faced with death."

POST SCRIPTUM

De lo perdido, de lo irremediablemente perdido, sólo deseo recuperar la disponibilidad cotidiana de mi escritura, líneas capaces de cogerme del pelo y levantarme cuando mi cuerpo ya no quiera aguantar más. (Significativo, dijo el extranjero.) A lo humano y a lo divino. Como esos versos de Leopardi que Daniel Biga recitaba en un puente nórdico para armarse de coraje, así sea mi escritura.

POSTSCRIPT

Of what is lost, irretrievably lost, all I wish to recover is the daily availability of my writing, lines capable of grasping me by the hair and lifting me up when I'm at the end of my strength. (Significant, said the foreigner.) Odes to the human and the divine. Let my writing be like the verses by Leopardi that Daniel Biga recited on a Nordic bridge to gird himself with courage.

ICEBERG

ICEBERG

APUNTES DE UNA CASTRACIÓN

E pus ma dona m'estranha

PEIRE VIDAL

Para Fernando X la aventura había comenzado fue como
    despertar pozo salvaje
Mis sueños dijo son apenas había comenzado no sabía si estaba
    dormido

Fui sujeto de manos y piernas y la cuchilla como mi espejo
    cortó allá abajo
En el sueño abajo late como pozo si es de noche ya no puedo
    temer soy libre

Y del espejo surgió mi pozo para Fernando X las palabras le
    cortaron
Sentí el corte y me cagué cogí mis huevos y en el espejo la
    palabra parecía viva

No sé si soñaba fue como un sueño los vecinos salieron del
    espejo
Sujeto fui por los cuatro extremos y mis gritos cercaron la
    palabra

Ahora te lo puedo contar soy la Historia ese latido anula a
    mi muchacha
Ya no eyacula semen Fernando X sino liquor prostático y su
    hombría resplandece

Dijo mi hombría resplandece porque está atardeciendo y soy
    la Historia
Un Fernando acorazado que hunde su mano en él y anula a
    su muchacha

NOTES ON A CASTRATION

E pus ma dona m'estranha

PEIRE VIDAL

For Ferdinand X the adventure had begun it was like waking
   a savage shaft
My dreams he said are hardly it had begun I didn't know if I
   was sleeping

I was tied down by my hands and legs and the knife like my
   mirror sliced down there
In the dream down there throbs like a shaft if it's nighttime I
   can fear no more I'm free

And out of the mirror arose my shaft Ferdinand X was sliced
   by the words
I felt the slicing and shat myself grabbed my balls and in the
   mirror the word seemed alive

I don't know if I was dreaming it was like a dream the neigh-
   bors came out of the mirror
I was tied down by my four limbs and my screams surrounded
   the word

Now I can tell you I am History that throbbing destroyed
   my girl
She doesn't ejaculate Ferdinand X semen anymore but pros-
   tatic liquor and her manliness glows

He said my manliness glows because dusk is falling and I am
   History
A Ferdinand in armor who thrusts his hand into himself and
   destroys his girl

Cercado por palabras los vi salir del espejo eran delgados
como espermatozoides
Me reí como mi pozo quiso decir algo había comenzado la
técnica nueva

Ahora empuja los dedos hacia el vacío y sus ojos brillan en el
espejo
Tardes del alto medievo aquí tenemos solo a un Fernando X
acorazado

Surrounded by words I saw them come out of the mirror they
    were thin like sperm
I laughed my shaft tried to say something the new technique
    had begun

Now he reaches his fingers toward the void and his eyes shine
    in the mirror
Afternoons of the early Middle Ages here we have alone a Fer-
    dinand X in armor

LA PELIRROJA

I

Mi idea de la perdedora que la muchacha conozca a la muerte
pierna fuera de las sábanas como su Chile tocado por la luna

Camino astado de conocimiento la puerta se abre
y el tipo sonríe como imbécil su slip abultado por la luna

Como Dios conoce a los perdedores ella ha reconocido
la llegada de la muerte el momento Chile su instante de soledad

Su pelirroja su solidaridad un Chile debajo del toque lunar
un momento puro el encuentro de la desnudez y su soledad

Cuerpo tirado sobre las sábanas mi idea de la perdedora:
por entre las nalgas baja un hilillo de semen como luz propia

Su pelirroja grita en tiempos verbales pasados y ella se viene
a través de la idea dedo que en el culo toca la estalactita

Poética por ascensión pelirroja por ascensión un delta visual
que compone su Chile erecto tocado por la luna que la sujeta

Mientras se viene grita se estremece idea fija otra vez indecible
como cuerpo ensartado que compone transpiración como
    velo

Las manos bajan el calzoncillo y aparece Chile su horror
su grito blanco como el calzoncillo tocado por la luna

Su ojo azul se voltea y ofrece la grupa un hilillo de semen
como luz alba enferma que cubre la raya rosada y el ojo marrón

THE REDHEAD

I

My idea of a loser may the girl meet death
leg outside the sheets like his Chile touched by moonlight

Horned walk of knowledge the door opens
and the guy smiles like an idiot briefs bulging in the moonlight

As God knows losers so she acknowledged
death's arrival the Chile moment her flash of loneliness

His redhead her loneliness a Chile under the moon's touch
a pure moment the meeting of nudity and her loneliness

Body thrown across the sheets my idea of a loser:
between her buttocks a trickle of semen descends like light itself

His redhead screams in the past tense and she comes
by way of the finger idea that touches the stalactite in her ass

Poetics on the rise redhead on the rise a visual delta
composing his erect moonlit Chile which conquers her

While she comes she screams shudders fixed idea once more
    indescribable
like a skewered body composing a veil of sweat

Her hands drop his briefs and Chile her terror appears
her scream white like the briefs touched by moonlight

His blue eye changes course and offers the rump a trickle of
    semen
like sick dawn light covering the pink groove and the brown eye

Del culo el ojo oscuro cubierto de leche como alba su razón
tocada por la leche como cinta franja línea que aún grita

Sus propios tiempos verbales caóticos para componer la figura
De su pelirroja ensartada que se viene hasta la estalactita

II

Idea fija otra vez indecible el hilo espeso es una luz propia

Su Chile su arco iris inmóvil como pulmón de tiempos ver-
bales oscuros

Tocada por la luna su venida su sujección de un eje ondulante

El momento Chile el momento erecto de su pelirroja y de su
soledad

Camino astado su idea acoge a la perdedora a través de un
eje ondulante

Pelirroja por ascensión la espalda las caderas rasguñadas su-
jeta a soledad

Como una alambrada la idea horizontal ha permitido un eje
ondulante

Tocada por la luna su momento Chile que la penetra como
pulmón

Reconociendo la fuga la inmóvil que dice toca el cualquier
lugar ensangrentado

From the ass the dark eye covered in milk like dawn her reason
touched by the milk like tape strip line still screaming

His own chaotic verb tenses to compose the figure
of his skewered redhead who comes all the way to the stalactite

II

Fixed idea once more indescribable the thick trickle is a light
  of its own

His Chile his motionless rainbow like a lung of dark verb tenses

Touched by the moonlight her coming her clamping of an
  undulating axis

The Chile moment the erect moment of his redhead and her
  loneliness

Horned walk his idea grabs the loser from across an undulating
  axis

Redhead on the rise her back her scratched hips subjected to
  loneliness

Like a wire fence the horizontal idea has permitted an
  undulating axis

Touched by the moonlight his Chile moment penetrating her
  like a lung

Acknowledging the flight the motionless one who says touch
  wherever it's bleeding

LA VICTORIA

En ningún lugar puedes estar seguro
Has revisado tus posibilidades y ahora
Estás en el vacío esperando un golpe de suerte

Dolce stil nuovo de la frialdad, así
No llegará tu cuerpo real a ninguna parte
Pero tu sombra acorazada acaso huya

Ahora tus posibilidades se llaman ninguna
Pues ya no te ufanas de haber conocido el peligro
Ni un golpe de suerte encenderá esta lámpara

Estás en el secreto de la poesía
Y ya en ningún lugar puedes estar seguro
Ni en las palabras ni en la aventura

Detrás de tu promesa se esconde la Promesa
Un niño volverá a recorrer las guerras
En el reflejo de tu frialdad imaginaria

Bienamado hasta por el peligro, llegó
Tu instante de vacío absoluto mira allí
Entre los árboles tu sombra levanta un cadáver

VICTORY

You cannot be safe anywhere
You've examined your possibilities and now
You're in the void awaiting a stroke of luck

Dolce stil nuovo of coldness, so
Your real body won't arrive anywhere
But your armored shadow may flee

Now your possibilities amount to nothing
Since you no longer boast of having known danger
Not even a stroke of luck will ignite this lamp

You're in poetry's secret
And now you can't be safe anywhere
Not in words or in adventure

Behind your promise the Promise is hidden
A boy will come back to revisit the wars
In the reflection of your imaginary coldness

Beloved even by danger, it came
Your flash of absolute emptiness look there
Between the trees your shadow lifts a corpse

PROSA DEL OTOÑO EN GERONA

PROSE FROM AUTUMN IN GERONA

Una persona –debería decir una desconocida– que te acaricia, te hace bromas, es dulce contigo y te lleva hasta la orilla de un precipicio. Allí, el personaje dice ay o empalidece. Como si estuviera dentro de un caleidoscopio y viera el ojo que lo mira. Colores que se ordenan en una geometría ajena a todo lo que tú estás dispuesto a aceptar como bueno. Así empieza el otoño, entre el río Oñar y la colina de las Pedreras.

A woman—I ought to say a stranger—who caresses you, teases you, is sweet with you and brings you to the edge of a precipice. There, the protagonist gasps or goes pale. As if he were inside a kaleidoscope and caught sight of the eye watching him. Colors arranging themselves in a geometry far from anything you're ready to accept as okay. And so begins autumn, between the Oñar river and the hill of las Pedreras.

La desconocida está tirada en la cama. A través de escenas sin amor (cuerpos planos, objetos sadomasoquistas, píldoras y muecas de desempleados) llegas al momento que denominas *el otoño* y descubres a la desconocida.

En el cuarto, además del reflejo que lo chupa todo, observas piedras, lajas amarillas, arena, almohadas con pelos, pijamas abandonados. Luego desaparece todo.

The stranger is sprawled on the bed. Passing through loveless scenes (smooth bodies, sadomasochistic toys, pills and grimaces of the unemployed) you get to the point you call *autumn* and discover the stranger.

In the bedroom, in addition to the reflection that sucks up everything, you notice stones, yellow reefs, sand, hair on pillows, abandoned pajamas. Then it all disappears.

Te hace bromas, te acaricia. Un paseo solitario por la plaza de los cines. En el centro una alegoría en bronce: «La batalla contra los franceses.» El soldado raso con la pistola levantada, se diría a punto de disparar al aire, es joven; su rostro está conformado para expresar cansancio, el pelo alborotado, y ella te acaricia sin decir nada, aunque la palabra caleidoscopio resbala como saliva de sus labios y entonces las escenas vuelven a transparentarse en algo que puedes llamar el ay del personaje pálido o geometría alrededor de tu ojo desnudo.

She teases you, caresses you. A solitary walk through the plaza by the cinema. In the middle an allegory in bronze: "The Battle Against the French." The private soldier with his pistol raised, as if on the verge of firing blind, is young; his face is twisted to express exhaustion, his hair wild, and she caresses you saying nothing, even though the word kaleidoscope drips like saliva from her lips and then the scenes go transparent again in something you might call the gasp of the pale protagonist or the geometry around your naked eye.

Después de un sueño (he extrapolado en el sueño la película que vi el día anterior) me digo que el otoño no puede ser otro sino el dinero.

El dinero como el cordón umbilical que te comunica con las muchachas y el paisaje.

El dinero que no tendré jamás y que por exclusión hace de mí un anacoreta, el personaje que de pronto empalidece en el desierto.

After a dream (in the dream I've extrapolated the film I saw the day before) I tell myself autumn can be nothing else without money.

Money like the umbilical cord that connects you to girls and the landscape.

Money that I'll never have and that by exclusion makes me a hermit, the protagonist who suddenly goes pale in the desert.

«Esto podría ser el infierno para mí.» El caleidoscopio se mueve con la serenidad y el aburrimiento de los días. Para ella, al final, no hubo infierno. Simplemente evitó vivir aquí. Las soluciones sencillas guían nuestros actos. La educación sentimental sólo tiene una divisa: *no sufrir*. Aquello que se aparta puede ser llamado desierto, roca con apariencia de hombre, el pensador tectónico.

"This could be hell for me." The kaleidoscope moves with the serenity and torpor of the days. For her, in the end, there was no hell. She simply sidestepped living here. Simple solutions guide our actions. Sentimental education has only one motto: *Don't suffer*. The thing moving away can be called desert, rock that looks like a man, the tectonic thinker.

La pantalla atravesada por franjas se abre y es tu ojo el que se abre alrededor de la franja. Todos los días el estudio del desierto se abre como la palabra «borrado». ¿Un paisaje borrado? ¿Un rostro en primer plano? ¿Unos labios que articulan otra palabra?

La geometría del otoño atravesada por la desconocida solamente para que tus nervios se abran.

Ahora la desconocida vuelve a desaparecer. De nuevo adoptas la apariencia de la soledad.

The screen, crossed by strips, opens up and it's your eye that opens around the strip. Every day the study of the desert opens up like the word "erasure." An erased landscape? A face in the foreground? Some lips shaping another word?

The geometry of autumn crossed by the stranger, just to open up your nerves.

Now the stranger disappears again. Once more you assume the look of solitude.

Dice que está bien. Tú dices que estás bien y piensas que ella debe estar realmente bien y que tú estás realmente bien. Su mirada es bellísima, como si viera por primera vez las escenas que deseó toda su vida. Después llega el aliento a podrido, los ojos huecos aunque ella diga (mientras tú permaneces callado, como en una película muda) que el infierno no puede ser el mundo donde vive. ¡Corten este texto de mierda!, grita. El caleidoscopio adopta la apariencia de la soledad. Crac, hace tu corazón.

She says she's okay. You say you're okay and think she must really be okay and that you really are okay. Her expression is gorgeous, as if she were seeing for the first time the scenes she'd wished for her whole life. Then comes the rotten breath, eyes hollow even though she claims (while you keep quiet, as in a silent film) that hell can't be the world she lives in. Cut it out with this bullshit text! she screams. The kaleidoscope assumes the look of solitude. Crack, goes your heart.

Al personaje le queda la aventura y decir «ha empezado a ne-
var, jefe».

The protagonist is left with adventure and saying, "It's started snowing, boss."

De este lado del río todo lo que te interesa mantiene la misma mecánica. Las terrazas abiertas para recibir el máximo sol posible, las muchachas aparcando sus mobilettes, las pantallas cubiertas por cortinas, los jubilados sentados en las plazas. Aquí el texto no tiene conciencia de nada sino de su propia vida. La sombra que provisionalmente llamas autor apenas se molesta en describir cómo la desconocida arregló todo para su momento Atlántida.

From this side of the river everything that interests you keeps the same mechanics. The balconies open to let in the most sun possible, the girls parking their mopeds, the screens covered by curtains, the retirees sitting in the plazas. Here the text isn't conscious of anything but its own life. The shadow you're provisionally calling author barely even bothers to describe how the stranger prepared everything for her Atlantis moment.

No es de extrañar que la habitación del autor esté llena de carteles alusivos. Desnudo, da vueltas por el centro contemplando las paredes descascaradas, en las cuales asoman signos, dibujos nerviosos, frases fuera de contexto.

Resuenan en el caleidoscopio, como un eco, las voces de todos los que él fue y a eso llama su paciencia.

La paciencia en Gerona antes de la Tercera Guerra.

Un otoño benigno.

Apenas queda olor de ella en el cuarto ...

El perfume se llamaba Carnicería Fugaz ...

Un médico famoso le había operado el ojo izquierdo ...

It's hardly surprising that the author's room is full of allusive posters. Naked, he paces around contemplating the peeling walls, where he begins to make out signs, nervous drawings, out-of-context phrases.

Ringing in the kaleidoscope, like an echo, are the voices of all those he used to be, and this he calls his patience.

Patience in Gerona before the Third War.

A benign autumn.

Her scent barely lingers in the room ...

The perfume was called Fleeting Butcher Shop ...

A famous doctor had operated on the left eye ...

La situación real: estaba solo en mi casa, tenía 28 años, acababa de regresar después de pasar el verano fuera de la provincia, trabajando, y las habitaciones estaban llenas de telarañas. Ya no tenía trabajo y el dinero, a cuentagotas, me alcanzaría para cuatro meses. Tampoco había esperanzas de encontrar otro trabajo. En la policía me habían renovado la permanencia por tres meses. No autorizado para trabajar en España. No sabía qué hacer. Era un otoño benigno.

The real situation: I was alone in my house, I was 28, I'd just come back from a summer spent working outside the province, and the rooms were full of cobwebs. I no longer had a job and my money, really stretching it, would last me four months. And I had no hope of finding another job. At the police station they had renewed my visa for three months. Not authorized to work in Spain. I didn't know what to do. It was a benign autumn.

La dos de la noche y la pantalla blanca. Mi personaje está sentado en un sillón, en una mano un cigarrillo y en la otra una taza con coñac. Recompone minuciosamente algunas escenas. Así, la desconocida duerme con perfecta calma, luego le acaricia los hombros, luego le dice que no la acompañe a la estación. Allí observas una señal, la punta del iceberg. La desconocida asegura que no pensaba dormir con él. La amistad —su sonrisa entra ahora en la zona de las estrías— no presupone ninguna clase de infierno.

Es extraño, desde aquí parece que mi personaje espanta moscas con su mano izquierda. Podría, ciertamente, transformar su angustia en miedo si levantara la vista y viera entre las vigas en ruinas los ojillos de una rata fijos en él.

Crac, su corazón. La paciencia como una cinta gris dentro del caleidoscopio que empiezas una y otra vez.

¿Y si el personaje hablara de la felicidad? ¿En su cuerpo de 28 años comienza la felicidad?

Two in the morning and a blank screen. My protagonist is sitting in an armchair, in one hand a cigarette and in the other a cup of cognac. He's carefully reworking some scenes. There. The stranger sleeps with perfect calm, then she rubs his shoulders, then she says not to walk her to the station. There you pick up a signal, the tip of the iceberg. The stranger assures him she hadn't planned on sleeping with him. Friendship— her smile now enters the wrinkle zone—doesn't presuppose any sort of hell.

It's odd, from here it seems my protagonist is swatting flies with his left hand. Surely I could transform his angst into fear if he were to lift his gaze and see, in the decayed rafters, a rat's beady eyes fixed on him.

Crack, his heart. Patience like a gray tape inside the kaleidoscope that you turn over again and again.

And if the protagonist were to speak of happiness? Does happiness begin in his 28-year-old body?

Lo que hay detrás cuando hay algo detrás: «llama al jefe y dile que ha empezado a nevar». No hay mucho más que añadir al otoño de Gerona.

Una muchacha que se ducha, su piel enrojecida por el agua caliente; sobre su pelo, como turbante, una toalla vieja, descolorida. De repente, mientras se pinta los labios delante del espejo, me mira (estoy detrás) y dice que no hace falta que la acompañe a la estación.

Repito ahora la misma escena, aunque no hay nadie frente al espejo.

What's there behind when there's something behind: "call the boss and tell him it's started snowing." There's not much more to add to autumn in Gerona.

A girl showering, her skin pink from hot water; wrapped around her hair, like a turban, an old discolored towel. Suddenly, while she puts on lipstick in front of the mirror, she looks at me (I'm behind) and says there's really no need to walk her to the station.

I'm replaying that same scene now, though no one's in front of the mirror.

Para acercarse a la desconocida es necesario dejar de ser el hombre invisible. Ella dice, con todos sus actos, que el único misterio es la confidencia futura. ¿La boca del hombre invisible se acerca al espejo?

Sácame de este texto, querré decirle, muéstrame las cosas claras y sencillas, los gritos claros y sencillos, el miedo, la muerte, su instante Atlántida cenando en familia.

To get close to the stranger you've got to stop being the invisible man. She says, with all her actions, that the only mystery is the coming confession. Is the invisible man's mouth getting closer to the mirror?

Get me out of this text, I'll want to say, show me things clear and simple, clear and simple screams, fear, death, her Atlantis moment eating dinner with family.

El otoño en Gerona: la Escuela de Bellas Artes, la plaza de los cines, el índice de desempleo en Cataluña, tres meses de permiso para residir en España, los peces en el Oñar (¿carpas?), la invisibilidad, el autor que contempla las luces de la ciudad y por encima de éstas una franja de humo gris sobre la noche azul metálico y al fondo las siluetas de las montañas.

Palabras de un amigo refiriéndose a su compañera con la cual vive desde hace siete años: «es mi patrona».

No tiene sentido escribir poesía, los viejos hablan de una nueva guerra y a veces vuelve el sueño recurrente: autor escribiendo en habitación en penumbras; a lo lejos, rumor de pandillas rivales luchando por un supermercado; hileras de automóviles que nunca volverán a rodar.

La desconocida, pese a todo, me sonríe, aparta los otoños y se sienta a mi lado. Cuando espero gritos o una escena, sólo pregunta por qué me pongo así.

¿Por qué me *pongo* así?

La pantalla se vuelve blanca como un complot.

Autumn in Gerona: the School of Fine Arts, the plaza by the cinema, the unemployment rate in Catalonia, three months' permission to live in Spain, the fish in the Oñar (carp?), invisibility, the author contemplating the city lights and above them a strip of gray smoke over the metallic blue night, and in the background the silhouette of mountains.

A friend's words describing the girl he's lived with for seven years: "she's the boss."

It makes no sense to write poetry, old men speak of a new war and sometimes the recurrent dream comes back: author writing in dim-lit room; faraway buzz of rival gangs fighting for a supermarket; rows of cars that will never run again.

The stranger, in spite of everything, smiles at me, she pushes aside the autumns and sits beside me. While I expect screaming or a scene, she just asks why I'm acting like this.

Why am I *acting* like this?

The screen goes blank like a conspiracy.

El autor suspende su trabajo en el cuarto oscuro, los muchachos dejan de luchar, los faros de los coches se iluminan como tocados por un incendio. En la pantalla sólo veo unos labios que deletrean su momento Atlántida.

The author sets aside his work in the dark room, the boys stop fighting, the car headlights come on as if sparked by fire. On the screen I see only some lips spelling out their Atlantis moment.

La muerte también tiene unos sistemas de claridad. No me sirve (lo siento por mí, pero no me sirve) el amor tentacular y solar de John Varley, por ejemplo, si esa mirada lúcida que *abraza* una situación no puede ser otra mirada lúcida enfrentada con otra situación, etc. Y aun si así fuera, la caída libre que eso supondría tampoco me serviría para lo que de verdad deseo: el espacio que media entre la desconocida y yo, aquello que puedo mal nombrar como otoño de Gerona, las cintas vacías que nos separan pese a todos los riesgos.

El instante prístino que es el pasaporte de R. B. en octubre de 1981, que lo acredita como chileno con permiso para residir en España, sin trabajar, durante otros tres meses. ¡El vacío donde ni siquiera cabe la náusea!

Death, too, has some systems of clarity. It does me no good (too bad for me, but it does me no good). The solar and tentacular love of John Varley, for example, does me no good if that lucid gaze that *embraces* a situation can't be another lucid gaze when confronted with another situation, etc. And even if it were like that, the free fall it would entail wouldn't do me any good either in getting what I truly desire: the space that comes between the stranger and me, that thing I can imperfectly call autumn in Gerona, the blank tapes that separate us in spite of all the risks.

The pristine moment that is R.B.'s passport in October 1981, which says he's a Chilean with permission to live in Spain, without working, for three more months. A void where there's not even space for nausea!

Así, no es de extrañar la profusión de carteles en el cuarto del autor. Círculos, cubos, cilindros rápidamente fragmentados nos dan una idea de su rostro cuando la luz lo empuja; aquello que es su carencia de dinero se transforma en desesperación del amor; cualquier gesto con las manos se transforma en piedad.

Su rostro, fragmentado alrededor de él, aparece sometido a su ojo que lo reordena, el caleidoscopio ideal. (O sea: la desesperación del amor, la piedad, etc.)

So, it's hardly surprising that there's an abundance of posters in the author's room. Quick fragments of circles, cubes, cylinders, give us an impression of his face when the light presses him; his lack of money morphs into love's desperation; any gesture of his hands morphs into a plea.

His face, in fragments around him, materializes at the mercy of his eye which reorganizes it, the ideal kaleidoscope. (That is: love's desperation, pleading, etc.)

Mañana de domingo. La Rambla está vacía, sólo hay algunos viejos sentados en las bancas leyendo el periódico. Por el otro extremo las siluetas de dos policías inician el recorrido. Llega Isabel: levanto la vista del periódico y la observo. Sonríe, tiene el pelo rojo. A su lado hay un tipo de pelo corto y barba de cuatro días. Me dice que va a abrir un bar, un lugar barato adonde podrán ir sus amigos. «Estás invitado a la inauguración.» En el periódico hay una entrevista a un famoso pintor catalán. «¿Qué se siente al estar en las principales galerías del mundo a los 33 años?» Una gran sonrisa roja. A un lado del texto, dos fotos del pintor con sus cuadros. «Trabajo 12 horas al día, es un horario que yo mismo me he impuesto.» Junto a mí, en la misma banca, un viejo con otro periódico empieza a removerse; realidad objetiva, susurra mi cabeza. Isabel y el futuro propietario se despiden, intentarán ir, me dicen, a una fiesta en un pueblo vecino. Por el otro extremo las siluetas de los policías se han agrandado y ya casi están sobre mí. Cierro los ojos.

Mañana de domingo. Hoy, igual que ayer por la noche y que anteayer, he llamado por teléfono a una amiga de Barcelona. Nadie contestó. Imagino por unos segundos el teléfono sonando en su casa donde no hay nadie, igual que ayer y anteayer, y luego abro los ojos y observo el surco donde se ponen las monedas y no veo ninguna moneda.

Sunday morning. The Rambla is deserted, just a few old guys sitting on benches reading the paper. At the far end, the silhouettes of two cops begin their rounds.

Isabel arrives: I raise my head from the newspaper and stare at her. She smiles, her hair is red. Beside her, a guy with short hair and a four-day-old beard. He tells me he's going to open a bar, a cheap place where his friends can go. "You're invited to the opening." In the newspaper there's an interview with a famous Catalan painter. "What do you think about being in the world's best galleries at only 33?" A big blushing smile. Beside the text, two photos of the painter with his pieces. "I work 12 hours a day. It's a schedule I've imposed upon myself." Next to me, on the same bench, an old guy with a different paper begins to stir; objective reality, my head whispers. Isabel and the future proprietor say goodbye, they're trying, they tell me, to get to a party in a neighboring town. At the far end of the street, the silhouettes of the cops have grown bigger and they're already almost on top of me. I close my eyes.

Sunday morning. Today, same as last night and the day before, I called a friend from Barcelona. No one answered. I imagine for a few seconds the phone ringing in her house where there's no one, same as yesterday and the day before, and then I open my eyes and stare at the coin slot and don't see any coins.

> El desaliento y la angustia consumen
> mi corazón. Aborrezco la aparición
> del día, que me invita a una vida, cuya
> verdad y significación es dudosa para
> mí. Paso las noches agitado por conti-
> nuas pesadillas.
>
> FICHTE

En efecto, el desaliento, la angustia, etc.

El personaje pálido aguardando ¿en la salida de un cine?, ¿de un campo deportivo?, la aparición del hoyo inmaculado. (Desde esta perspectiva otoñal su sistema nervioso pareciera estar insertado en una película de propaganda de guerra.)

> Dejection and angst consume my heart.
> I curse the arrival of day, which calls me
> to a life whose truth and significance
> are doubtful to me. I spend my nights
> plagued by continuous nightmares.
>
> FICHTE

Indeed, dejection, angst, etc.

The pale protagonist waiting, at the exit of a theatre? of a sports field? the arrival of the immaculate grave. (From this autumnal perspective his nervous system may seem spliced into a war propaganda film.)

Me lavo los dientes, la cara, los brazos, el cuello, las orejas. Todos los días bajo al correo. Todos los días me masturbo. Dedico gran parte de la mañana a preparar la comida del resto del día. Me paso las horas muertas sentado, hojeando revistas. Intento, en las repetidas ocasiones del café, convencerme de que estoy enamorado, pero la falta de dulzura –de una dulzura *determinada*– me indica lo contrario. A veces pienso que estoy viviendo en otra parte.

Después de comer me duermo con la cabeza sobre la mesa, sentado. Sueño lo siguiente: Giorgio Fox, personaje de un cómic, crítico de arte de 17 años, cena en un restaurante del nivel 30, en Roma. Eso es todo. Al despertar pienso que la luminosidad del arte asumido y reconocido en plena juventud es algo que de una manera absoluta se ha alejado de mí. Cierto, estuve dentro del paraíso, como observador o como náufrago, allí donde el paraíso tenía la forma del laberinto, pero jamás como ejecutante. Ahora, a los 28, el paraíso se ha alejado de mí y lo único que me es dable ver es el primer plano de un joven con todos sus atributos: fama, dinero, es decir capacidad para hablar por sí mismo, moverse, querer. Y el trazo con que está dibujado Giorgio Fox es de una amabilidad y dureza que mi cara (mi cara fotográfica) jamás podrá imitar.

I brush my teeth, wash my face, arms, neck, ears. Every day I go down to the post office. Every day I masturbate. I devote a large part of the morning to cooking food for the rest of the day. I kill time sitting, flipping through magazines. I try, over repeated cups of coffee, to convince myself that I'm in love, but the lack of tenderness—of a certain *kind* of tenderness—suggests the contrary. Sometimes I think I'm living somewhere else.

After eating I fall asleep at the table, sitting. I dream the following: Giorgio Fox, a comic book character, 17-year-old art critic, dines at a 30th floor restaurant in Rome. That's it. When I wake up I think that the brilliance of art undertaken and recognized in the prime of youth is something that has absolutely drifted away from me. Sure, I was in paradise, as an observer or a castaway—there where paradise had the form of a labyrinth—but never as a performer. Now, at 28, paradise has drifted away and the only thing I can see is a close up of a young man with all his attributes: fame, money, in other words the ability to speak for himself, to move, to want. And the line with which Giorgio Fox is drawn has a friendliness and strength that my face (my photographic face) will never be able to imitate.

Quiero decir: allí está Giorgio Fox, el pelo cortado al cepillo, los ojos azul pastel, perfectamente bien dentro de una viñeta trabajada con pulcritud. Y aquí estoy yo, el hoyo inmaculado en el papel momentáneo de masa consumidora de arte, masa que se manipula y observa a sí misma encuadrada en un paisaje de ciudad minera. (El desaliento y la angustia de Fichte, etc.)

I mean: there's Giorgio Fox with his crew cut, his pale blue eyes, doing just fine inside a neatly worked vignette. And here I am, the immaculate grave in the momentary role of mass consumer of art, mass that mutates and watches itself inserted in a mining town landscape. (Fichte's dejection and angst, etc.)

Recurrente, la desconocida cuelga del caleidoscopio. Le digo: «Soy voluble. Hace una semana te amaba, en momentos de exaltación llegué a pensar que podríamos haber sido una pareja del paraíso. Pero ya sabes que sólo soy un fracasado: esas parejas existen lejos de aquí, en París, en Berlín, en la zona alta de Barcelona. Soy voluble, unas veces deseo la grandeza, otras sólo su sombra. La verdadera pareja, la única, es la que hacen el novelista de izquierda famoso y la bailarina, antes de su momento Atlántida. Yo, en cambio, soy un fracasado, alguien que no será jamás Giorgio Fox, y tú pareces una mujer común y corriente, con muchas ganas de divertirte y ser feliz. Quiero decir: feliz aquí, en Cataluña y no en un avión rumbo a Milán o a la estación nuclear de Lampedusa. Mi volubilidad es fiel a ese instante prístino, el resentimiento feroz de ser lo que soy, el sueño en el ojo, la desnudez ósea de un viejo pasaporte consular expedido en México el año 73, válido hasta el 82, con permiso para residir en España durante tres meses, sin derecho a trabajar. La volubilidad, ya lo ves, permite la fidelidad, una sola fidelidad, pero hasta el fin.»

La imagen se funde en negro.

Una voz en off cuenta las hipotéticas causas por las cuales Zurbarán abandonó Sevilla. ¿Lo hizo porque la gente prefería a Murillo? ¿O porque la peste que azotó la ciudad por aquellos años lo dejó sin algunos de sus seres queridos y lleno de deudas?

Recurring, the stranger hangs from the kaleidoscope. I tell her: "I'm mercurial. A week ago I loved you, in moments of exaltation I got to thinking we could have been a couple from paradise. But you know now I'm just a failure: those couples exist far from here, in Paris, in Berlin, in the nice part of Barcelona. I'm mercurial, sometimes I want greatness, sometimes just its shadow. The true couple, the only one, is the famous leftist novelist and the ballerina, before her Atlantis moment. I, on the other hand, am a failure, someone who'll never be Giorgio Fox, and you seem like an everyday woman, with a great desire to have fun and be happy. I mean: happy here, in Catalonia, and not on a plane headed for Milan or the Lampedusa nuclear plant. My inconsistency is loyal to that pristine moment, the ferocious resentment of being what I am, the dream in my eye, the boney nakedness of an old consular passport issued in Mexico in '73, good until '82, with permission to live in Spain for three months, without the right to work. Inconsistency, you see, allows for loyalty, just one loyalty, but until the end."

The image fades to black.

A voice-over explains the hypothetical reasons Zurbarán left Sevilla. Was it because people preferred Murillo? Or because the plague that battered the city in those years took some of his loved ones and left him deep in debt?

El paraíso, por momentos, aparece en la concepción general del caleidoscopio. Una estructura vertical llena de manchas grises. Si cierro los ojos, bailarán dentro de mi cabeza los reflejos de los cascos, el temblor de una llanura de lanzas, aquello que tú llamabas el azabache. También, si quito los efectos dramáticos, me veré a mí mismo caminando por la plaza de los cines en dirección al correo, en donde no encontraré ninguna carta.

Paradise, at times, appears in the general arrangement of the kaleidoscope. A vertical structure covered in gray blotches. If I close my eyes I'll see dancing in my head the reflections of helmets, the quaking of a field of spears, that thing you called jet. Also, if I cut the dramatic effects, I'll see myself walking through the plaza by the cinema toward the post office, where I won't find any letters.

No es de extrañar que el autor pasee desnudo por el centro de su habitación. Los carteles borrados se abren como las palabras que él junta dentro de su cabeza. Después, casi sin transición, veré al autor apoyado en una azotea contemplando el paisaje; o sentado en el suelo, la espalda contra una pared blanca mientras en el cuarto contiguo martirizan a una muchacha; o de pie, delante de una mesa, la mano izquierda sobre el borde de madera, la vista levantada hacia un punto fuera de la escena. En todo caso, el autor se abre, se pasea desnudo dentro de un entorno de carteles que levantan, como en un grito operístico, su otoño en Gerona.

It's hardly surprising that the author walks around naked in the middle of his room. The faded posters split open like the words he pieces together in his head. Later, almost without transition, I'll see the author out on a roof contemplating the landscape; or sitting on the floor, his back against a white wall, while in the room next door they torment some girl; or standing, in front of a table, his left hand on the wooden edge, his gaze lifted to a point offscreen. In any case, the author splits, he walks around naked in a milieu of posters that raise, like an operatic scream, his autumn in Gerona.

Amanecer nublado. Sentado en el sillón, con una taza de café en las manos, sin lavarme aún, imagino al personaje de la siguiente manera: tiene los ojos cerrados, el rostro muy pálido, el pelo sucio. Está acostado sobre la vía del tren. No. Sólo tiene la cabeza sobre uno de los raíles, el resto del cuerpo reposa a un lado de la vía, sobre el pedregal gris blanquecino. Es curioso: la mitad izquierda de su cuerpo produce la impresión de relajamiento propia del sueño, en cambio la otra mitad aparece rígida, envarada, como si ya estuviera muerto. En la parte superior de este cuadro puedo apreciar las faldas de una colina de abetos (¡sí, de abetos!) y sobre la colina un grupo de nubes rosadas, se diría de un atardecer del Siglo de Oro.

Amanecer nublado. Un hombre, mal vestido y sin afeitar, me pregunta qué hago. Le contesto que nada. Me replica que él piensa montar un bar. Un lugar, dice, donde la gente vaya a comer. Habrá pizzas y no serán muy caras. Magnífico, digo. Luego alguien pregunta si está enamorado. Qué quieren decir con eso, dice. Explican: si le gusta seriamente alguna mujer. Responde que sí. Será un bar estupendo, digo yo. Me dice que estoy invitado a la inauguración. Puedes comer lo que quieras sin pagar.

Cloudy daybreak. Sitting in an armchair, with a cup of coffee in my hand, before having showered, I imagine the protagonist in the following way: his eyes closed, his face very pale, his hair dirty. He's lying on a train track. No. Only his head is over one of the rails, the rest of his body stretched out to the side of the track, on top of the whitish gray stones. It's strange: the left side of his body gives the impression of sleep's relaxation, but the other half seems rigid, stiff, as if he were already dead. In the upper part of the frame I can see a hillside of firs (yes, firs!) and on top of the hill a group of pink clouds, as if from a Golden Age dusk.

Cloudy daybreak. A man, poorly dressed and scruffy, asks me what I'm doing. I answer him, nothing. He replies that he's thinking of starting a bar. A place, he says, where people will go to eat. There will be pizzas and they'll be reasonably priced. Great, I say. Later someone asks if he's in love. What do you mean by that, he says. They explain: do you seriously like some woman. He replies that he does. It'll be a great bar, I say. He tells me I'm invited to the opening. You can eat whatever you want for free.

Una persona te acaricia, te hace bromas, es dulce contigo y luego nunca más te vuelve a hablar. ¿A qué te refieres, a la Tercera Guerra? La desconocida te ama y luego reconoce la situación matadero. Te besa y luego te dice que la vida consiste precisamente en seguir adelante, en asimilar los alimentos y buscar otros.

Es divertido; en el cuarto, además del reflejo que lo chupa todo (y de ahí el hoyo inmaculado), hay voces de niños, preguntas que llegan como desde muy lejos. Y detrás de las preguntas, lo hubiera adivinado, hay risas nerviosas, bloques que se van deshaciendo pero que antes sueltan su mensaje lo mejor que pueden. «Cuídate.» «Adiós, cuídate.»

A person caresses you, teases you, is sweet with you and then never speaks to you again. What do you mean, the Third War? The stranger loves you and then recognizes the slaughterhouse situation. She kisses you and then says that life's about moving forward, acquiring nourishment and looking for more.

It's funny; in the room, in addition to the reflection that sucks up everything (and hence the immaculate grave), there are children's voices, questions that arrive as if from far away. And behind the questions, you might have guessed, are nervous laughs, blocks that are crumbling but that first blurt out their message as best they can. "Take care." "Bye, take care."

El viejo momento denominado «Nel, majo».

That age-old moment they call "Fat chance, hon."

Ahora te deslizas hacia el plan. Llegas al río, allí enciendes un cigarrillo. Al final de la calle, en la esquina, hay una cabina telefónica y ésa es la única luz al final de la calle. Llamas a Barcelona. La desconocida contesta el teléfono. Te dice que no irá. Tras unos segundos, en los cuales dices «bueno» y ella te remeda: «bueno», preguntas por qué. Te dice que el domingo irá a Alella y tú dices que ya la llamarás cuando vayas a Barcelona. Cuelgas y el frío entra en la cabina, de improviso, cuando pensabas lo siguiente: «es como una autobiografía». Ahora te deslizas por calles retorcidas, qué luminosa puede ser Gerona por la noche, piensas, apenas hay dos barrenderos conversando afuera de un bar cerrado y al final de la calle las luces de un automóvil que desaparece. No debo tomar, piensas, no debo dormirme, no debo hacer nada que perturbe el fije. Ahora estás detenido junto al río, en el puente construido por Eiffel, oculto en el entramado de fierros. Con una mano tocas tu cara. Por el otro puente, el puente llamado *de los labios*, sientes pisadas pero cuando buscas a la persona ya no hay nadie, sólo el murmullo de alguien que baja las escaleras. Piensas: «así que la desconocida era así y asá, así que el único desequilibrado soy yo, así que he tenido un sueño espléndido». El sueño al que te refieres acaba de cruzar delante de ti, en el instante sutil en que te concedías una tregua –y por lo tanto te transparentabas brevemente, como el licenciado Vidriera–, y consistía en la aparición, en el otro extremo del puente, de una población de castrados, comerciantes, profesores, amas de casa, desnudos y enseñando sus testículos y sus vaginas rebanadas en las palmas de las manos. Qué sueño más curioso, te dices. No cabe duda que quieres darte ánimos.

Now you're slipping toward the plan. You arrive at the river, there you light a cigarette. At the end of the road, on the corner, there's a telephone booth and that's the only light at the end of the road. You call Barcelona. The stranger picks up the phone. She says she won't go. After a few seconds, during which you say "okay," and she echoes "okay," you ask why. She says that Sunday she's going to Alella and you say you'll call her next time you're in Barcelona. You hang up, and a cold air enters the booth, out of nowhere, when you think the following: "it's like an autobiography." Now you're slipping through the winding streets. Gerona can be so bright at night, you think, just two sweepers chatting outside a closed bar and at the end of the road the lights of a car disappearing. I shouldn't drink, you think, I shouldn't sleep, I shouldn't do anything that might disturb my focus. Now you're stopped near the river, on the bridge built by Eiffel, hidden in the iron framework. You bring one hand to your face. On the other bridge, the bridge called *de los labios*, you hear footsteps, but when you look for the person there's no one there, just the rustle of someone descending the stairs. You think: "therefore the stranger was like this and that, and therefore, the only unstable one is me, therefore I've had a magnificent dream." The dream to which you're referring just crossed in front of you, in the subtle instant when you were acknowledging a truce—and so became transparent briefly, like the Lawyer of Glass—and it consisted of the apparition, on the other end of the bridge, of a crowd of eunuchs, merchants, professors, housewives, naked and holding their testicles and sliced-off vaginas in the palms of their hands. What a strange dream, you say. No doubt you want to cheer yourself up.

A través de los ventanales de un restaurante veo al librero de una de las principales librerías de Gerona. Es alto, un poco grueso, y tiene el pelo blanco y las cejas negras. Está de pie en la acera, de espaldas a mí. Yo estoy sentado en el fondo del restaurante con un libro sobre la mesa. Al cabo de un rato el librero cruza la calle con pasos lentos, se diría estudiados, y la cabeza inclinada. Me pregunto en quién estará pensando. En cierta ocasión escuché, mientras curioseaba por su establecimiento, que le confesaba a una señora gerundense que él *también había cometido locuras*. Después alcancé a distinguir palabras sueltas: «trenes», «dos asesinos», «la noche del hotel», «un emisario», «tuberías defectuosas», «nadie estaba al otro lado», «la mirada hipotética de». Llegado ahí tuve que taparme la mitad de la cara con un libro para que no me sorprendieran riendo. ¿La mirada hipotética de su novia, de su esposa? ¿La mirada hipotética de la dueña del hotel? (También puedo preguntarme: ¿la mirada de la pasajera del tren?, ¿la señorita que iba junto a la ventanilla y vio al vagabundo poner la cabeza sobre un raíl?) Y finalmente: ¿por qué una mirada hipotética?

Ahora, en el restaurante, mientras lo veo llegar a la otra vereda y contemplar algo sobre los ventanales, detrás de los cuales estoy, pienso que tal vez no entendiera sus palabras aquel día, en parte por el catalán cerrado de esta región, en parte por la distancia que nos separaba. Pronto un muchacho horrible reemplaza al librero en el espacio que éste ocupaba hace unos segundos. Luego el muchacho se mueve y el lugar lo ocupa un perro, luego otro perro, luego una mujer de unos cuarenta años, rubia, luego el camarero que sale a retirar las mesas porque empieza a llover.

Through the windows of a restaurant I see the owner of one of the major bookstores in Gerona. He's tall, a little bulky, and he has white hair and black eyebrows. He's standing on the sidewalk, his back to me. I'm sitting in the back of the restaurant with a book on the table. After a bit, the man crosses the street with slow steps, you might say calculated, and his head bowed. I ask myself who he might be thinking of. Once, while poking around his establishment, I heard him confess to a Geronian woman that he *had also done crazy things*. Then I managed to catch a few loose words: "trains," "two assassins," "the night in the hotel," "a secret agent," "faulty pipes," "no one was on the other side," "the hypothetical look of." At that point I had to cover half of my face with a book so they wouldn't catch me laughing. The hypothetical look of his girlfriend, of his wife? The hypothetical look of the hotel owner? (I can also ask myself: the look of the passenger on the train? the girl riding in the window seat who saw the vagabond lay his head on a rail?) And finally: why a hypothetical look?

Now, in the restaurant, as I watch him step up on the other sidewalk and contemplate something fixed upon the windows, behind which I'm sitting, I think maybe I didn't understand his words that day, in part because of the closed-mouth Catalan of this region, in part because of the distance between us. Before long, where the man had been standing for a few seconds, a horrible boy appears. Then the boy moves and the space is filled by a dog, then another dog, then a 40-year-old woman, blonde, then the waiter going to bring in the tables because it's starting to rain.

Ahora llenas la pantalla–una especie de miniperíodo barroco–
con la voz de la desconocida hablándote de sus amigos. En
realidad tú también conoces a esa gente, hace tiempo incluso
llegaste a escribir dos o cuatro poemas podridamente cínicos
sobre la relación terapéutica entre tu verga y tu pasaporte y
ellos. Es decir, en la sala de baile fantasmal se reconocían todos
los hoyos inmaculados que tú podías poner, en una esquina, y
ellos, los Burgueses de Calais de sus propios miedos, en la otra.
La voz de la desconocida echa paladas de mierda sobre sus ami-
gos (desde este momento puedes llamarlos *los desconocidos*). Es
tan triste. Paisajes satinados donde la gente se divierte antes de
la guerra. La voz de la desconocida describe, explica, aventura
causas de efectos nunca desastrosos y siempre anémicos. Un
paisaje que jamás necesitará un termómetro, cenas tan ama-
bles, maneras tan increíbles de despertar por la mañana. Por
favor, sigue hablando, te escucho, dices mientras te escabulles
corriendo a través de la habitación negra, del momento de la
cena negra, de la ducha negra en el baño negro.

Now you fill the screen—a sort of mini baroque period—with the voice of the stranger talking to you about her friends. You actually know them all, too, a while ago you even went so far as to write two or four putridly cynical poems about the therapeutic relationship between your dick and your passport and them. That is, in the ghostly ballroom, you put all the immaculate graves you could fit in one corner, and them, the Burghers of Calais of their own fears, in the other. The voice of the stranger heaves shovels of shit on her friends (from this point on you can call them *the strangers*). It's so sad. Satin landscapes where people enjoy themselves before the war. The voice of the stranger describes, explains, ventures causes of effects never disastrous and always anemic. A landscape that will never need a thermometer, such nice dinners, such incredible ways of waking up in the morning. Please, keep talking, I'm listening, you say while you sneak away running across the black bedroom, the moment of the black dinner, the black shower in the black bathroom.

La realidad. Había regresado a Gerona, solo, después de tres meses de trabajo. No tenía ninguna posibilidad de conseguir otro y tampoco tenía muchas ganas. La casa, durante mi ausencia, se había llenado de telarañas y las cosas parecían recubiertas por una película verde. Me sentía vacío, sin ganas de escribir y, cuando lo intentaba, incapaz de permanecer sentado durante más de una hora ante una hoja en blanco. Los primeros días ni siquiera me lavaba y pronto me acostumbré a las arañas. Mi actividad se reducía a bajar al correo, donde muy rara vez encontraba una carta de mi hermana, desde México, y en ir al mercado a comprar carne de despojos para la perra.

La realidad. De alguna manera que no podría explicar la casa parecía tocada por algo que no tenía en el momento de ausentarme. Las cosas parecían más claras, por ejemplo, mi sillón me parecía claro, brillante, y la cocina, aunque llena de polvo pegado a costras de grasa, daba una impresión de blancura, como si se pudiera ver a través de ella. (¿Ver qué? Nada, más blancura.) De la misma manera, las cosas eran más excluyentes. La cocina era la cocina y la mesa era sólo la mesa. Algún día intentaré explicarlo, pero si entonces, a los dos días de haber regresado, ponía las manos o los codos sobre la mesa, experimentaba un dolor agudo, como si estuviera *mordiendo* algo irreparable.

Reality. I'd returned to Gerona, alone, after three months of work. I had no chance of getting another job and I didn't really want to anyway. The house, in my absence, had filled with cobwebs and things seemed to be covered by a green film. I felt empty, no desire to write and, when I tried, unable to sit still for more than an hour in front of a blank sheet of paper. The first few days I didn't even bathe and soon enough I got used to the spiders. My activities were reduced to going down to the post office, where on rare occasion I found a letter from my sister, from Mexico, and going to the store to buy scraps for the dog.

Reality. In a way I couldn't explain, the house seemed touched by something it didn't have when I left. Things seemed clearer, for example, my armchair seemed clear, shining, and the kitchen, though full of dust stuck in scabs of grease, gave the impression of whiteness, as if you could see through it. (See what? Nothing, more whiteness.) In the same way, things were more distinguishable. The kitchen was the kitchen and the table just the table. Some day I'll try to explain it, but then, two days after returning, if I set my hands or elbows on the table I experienced a sharp pain, as if I were *biting* something beyond repair.

Llama al jefe y dile que ha empezado a nevar. En la pantalla: la espalda del personaje. Está sentado en el suelo, las rodillas levantadas; delante, como colocados allí por él mismo para estudiarlos, vemos un caleidoscopio, un espejo empañado, una desconocida.

Call the boss and tell him it's started snowing. On the screen: the protagonist's back. He's sitting on the floor, his knees lifted; in front of him, as if he'd placed them there to study, we see a kaleidoscope, a fogged up mirror, a stranger.

El caleidoscopio observado. La pasión es geometría. Rombos, cilindros, ángulos latidores. La pasión es geometría que cae al abismo, observada desde el fondo del abismo. *La desconocida observada.* Senos enrojecidos por el agua caliente. Son las seis de la mañana y la voz en off del hombre todavía dice que la acompañará al tren. No es necesario, dice ella, su cuerpo que se mueve de espaldas a la cámara. Con gestos precisos mete su pijama en la maleta, la cierra, coge un espejo, se mira (allí el espectador tendrá una visión de su rostro: los ojos muy abiertos, aterrorizados), abre la maleta, guarda el espejo, cierra la maleta, se funde ...

The kaleidoscope observed. Passion is geometry. Rhombuses, cylinders, pulsing angles. Passion is geometry plunging into the abyss, observed from the depths of the abyss.

The stranger observed. Breasts pink from hot water. It's six in the morning and the man's voice offscreen is still saying he'll walk her to the train. It's not necessary, she says, her body turning its back to the camera. With precise gestures she shoves her pajamas in her bag, closes it, grabs a mirror, looks at herself (there the viewer will get a glimpse of her face: eyes open wide, terrified), she opens her bag, puts in the mirror, closes the bag, fades out . . .

Esta esperanza yo no la he buscado. Este pabellón silencioso de la Universidad Desconocida.

This hope isn't something I've sought. This silent wing of the Unknown University.

MANIFIESTOS Y POSICIONES

MANIFESTOS AND POSITIONS

LA POESÍA CHILENA ES UN GAS

Nada que añadir. Buddy huele a pedo.

¿A quién coño le importará lo que escriba?

¿A quién le servirá de algo lo que yo escriba?
Sin contarme a mí, por otra parte arruinado por mi propia
   escritura.

El fracaso. La miseria. La degeneración. La angustia.
El deterioro. La derrota. Dos artículos masculinos
y cuatro femeninos.

Yo soy un gas.

CHILEAN POETRY IS A GAS

Nothing more to say. Buddy smells like farts.

Who the fuck cares what I write?

Who will be the least bit served by what I write?
Not counting myself, conversely ruined by my own writing.

Failure. Misery. Degeneration. Angst.
Deterioration. Defeat. Two masculine words
and four feminine.

I'm a gas.

HORDA

Poetas de España y de Latinoamérica, lo más infame
De la literatura, surgieron como ratas del fondo de mi sueño
Y enfilaron sus chillidos en un coro de voces blancas:
No te preocupes, Roberto, dijeron, nosotros nos encargaremos
De hacerte desaparecer, ni tus huesos inmaculados
Ni tus escritos que escupimos y plagiamos hábilmente
Emergerán del naufragio. Ni tus ojos, ni tus huevos,
Se salvarán de este ensayo general del hundimiento. Y vi
Sus caritas satisfechas, graves agregados culturales y sonrosados
Directores de revistas, lectores de editorial y pobres
Correctores, los poetas de lengua española, cuyo nombre es
Horda, los mejores, las ratas apestosas, duchas
En el duro arte de sobrevivir a cambio de excrementos,
De ejercicios públicos de terror, los Neruda
Y los Octavio Paz de bolsillo, los cerdos fríos, ábside
O rasguño en el Gran Edificio del Poder.
Horda que detenta el sueño del adolescente y la escritura.
¡Dios mío! Bajo este sol gordo y seboso que nos mata
Y nos empequeñece.

HORDE

Poets from Spain and Latin America, literature's most
Infamous, surged like rats from the depths of my dream
And strung their squeaks together in a chorus of minim voices:
Don't worry, Roberto, they said, we'll make sure
You disappear, neither your immaculate bones
Nor your writings which we spit out and ably plagiarize
Will surface from the shipwreck. Neither your eyes, nor your
    balls,
Will be saved from this dress rehearsal of sinking. And I saw
Their satisfied little faces, solemn cultural attachés and rosy
Editors-in-chief, manuscript readers and poor
Copy editors, poets of the Spanish language, who go by the
    name of
Horde, the best, the pestilent rats, well versed
In the cold art of surviving in exchange for excrement,
Of public terror maneuvers, mass market Neruda
And Octavio Paz, cold swine, an apse
Or scratch on the Great Building of Power.
Horde holding title to the adolescent's dream and to writing.
My God! Under this fat greasy sun that kills
And belittles us.

LA POESÍA LATINOAMERICANA

Algo horrible, caballeros. La vacuidad y el espanto.
Paisaje de hormigas
En el vacío. Pero en el fondo, útiles.
Leamos y contemplemos su diario discurrir:
Allí están los poetas de México y Argentina, de
Perú y Colombia, de Chile, Brasil
Y Bolivia
Empeñados en sus parcelas de poder,
En pie de guerra (permanentemente), dispuestos a defender
Sus castillos de la acometida de la Nada
O de los jóvenes. Dispuestos a pactar, a ignorar,
A ejercer la violencia (verbal), a hacer desaparecer
De las antologías a los elementos subversivos:
Algunos viejos cucú.
Una actividad que es el fiel reflejo de nuestro continente.
Pobres y débiles, son nuestros poetas
Quienes mejor escenifican esa contingencia.
Pobres y débiles, ni europeos
Ni norteamericanos,
Patéticamente orgullosos y patéticamente cultos
(Aunque más nos valdría aprender matemáticas o mecánica,
¡Más nos valdría arar y sembrar! ¡Más nos valdría
Hacer de putos y putas!)
Pavos rellenos de pedos dispuestos a hablar de la muerte
En cualquier universidad, en cualquier barra de bar.
Así somos, vanidosos y lamentables,
Como América Latina, estrictamente jerárquicos, todos
En la fila, todos con nuestras obras completas
Y un curso de inglés o francés,
Haciendo cola en las puertas
De lo Desconocido:

LATIN AMERICAN POETRY

A dreadful thing, gentlemen. Vacuity and fear.
Landscape of ants
In the void. But deep down, useful.
Let us read and ponder their daily reflections:
Over there, the poets of Mexico and Argentina, of
Peru and Colombia, of Chile, Brazil
And Bolivia
Committed to their fields of influence,
On the verge of war (permanently), ready to defend
Their castles from the onslaught of Nothingness
Or from youth. Ready to negotiate, to ignore,
To exercise violence (verbally), to obliterate
From anthologies any subversive elements:
A few old kooks.
An activity that is the faithful reflection of our continent.
Poor and weak, our poets are
The best at staging that phenomenon.
Poor and weak, not European
Or North American,
Pathetically proud and pathetically well read
(Though it would be more worthwhile to learn math or
    mechanics,
It would be more worthwhile to plow and sow! It would be
    more worthwhile
To become whores and hustlers!)
Fart-stuffed turkeys ready to speak of death
In any university, at any bar's bar.
That's how we are, vain and deplorable,
Like Latin America, strictly hierarchical, all
In line, all with our complete works
And a course in English or French,

Un Premio o una patada
En nuestros culos de cemento.

Epílogo: Y uno y dos y tres, mi corazón al revés, y cuatro y cinco y seis, está roto, ya lo veis, y siete y ocho y nueve, llueve, llueve, llueve ...

Lining up outside the doors
Of the Unknown:
A Prize or a kick
In our cement asses.

Epilogue: One two three, my heart is in my knees, four five
six, it's broke and needs a fix, seven eight nine, whine, whine,
whine . . .

Laura y yo no hicimos el amor aquella tarde. Lo intentamos, es verdad, pero no resultó. O al menos eso fue lo que creí entonces. Ahora no estoy tan seguro. Probablemente hicimos el amor. Eso fue lo que dijo Laura y de paso me introdujo en el mundo de los baños públicos, a los que desde entonces y durante mucho tiempo asociaría al placer y al juego. El primero fue sin duda el mejor. Se llamaba Gimnasio Moctezuma y en el recibidor algún artista desconocido había realizado un mural en donde se veía al emperador azteca sumergido hasta el cuello en una piscina. En los bordes, cercanos al monarca, pero mucho más pequeños, se lavan hombres y mujeres sonrientes. Todo el mundo parece despreocupado excepto el rey que mira con fijeza hacia afuera del mural, como si persiguiera al improbable espectador, con unos ojos oscuros y muy abiertos en donde muchas veces creí ver el terror. El agua de la piscina era verde. Las piedras eran grises. En el fondo se aprecian montañas y nubarrones de tormenta. El muchacho que atendía el Gimnasio Moctezuma era huérfano y ése era su principal tema de conversación. A la tercera visita nos hicimos amigos. No tenía más de 18 años, deseaba comprar un automóvil y para eso ahorraba todo lo que podía: las propinas, escasas. Según Laura era medio subnormal. A mí me caía simpático. En todos los baños públicos suele haber alguna bronca de vez en cuando. Allí nunca vimos o escuchamos ninguna. Los clientes, condicionados por algún mecanismo desconocido, respetaban y obedecían al pie de la letra las instrucciones del huérfano. Tampoco, es cierto, iba demasiada gente, y eso es algo que jamás sabré explicarme pues era un sitio limpio, relativamente moderno, con cabinas individuales para tomar baños de vapor, servicio de bar en las cabinas y, sobre todo, barato. Allí, en la cabina 10, vi a Laura desnuda por vez primera y sólo atiné a sonreír y a tocarle el

MEXICAN MANIFESTO

Laura and I did not make love that afternoon. In truth, we gave it a shot, but it just didn't happen. Or at least that's what I thought at the time. Now I'm not so sure. We probably did make love. That's what Laura said and while we were at it she introduced me to the world of public baths, which from then on and for a very long time I would associate with pleasure and play. The first one was, without a doubt, the best. It was called Montezuma's Gym, and in the foyer some unknown artist had done a mural where you could see the Aztec emperor neck-deep in a pool. Around the edges, close to the monarch but much smaller, smiling men and women bathe. Everyone seems carefree except for the king who looks fixedly out of the mural, as if searching for the improbable spectator, with dark wide-open eyes in which I often thought I glimpsed terror. The water in the pool was green. The stones were gray. In the background you could see mountains and storm clouds. The boy who worked at Montezuma's Gym was an orphan and that was his primary topic of conversation. On the third visit we became friends. He was only 18, wanted to buy a car so he was saving everything he could: tips were scant. According to Laura he was a little slow. I thought he was nice. In every public bath there tends to be a fight from time to time. We never saw or heard any there. The clients, conditioned by some unknown mechanism, respected and obeyed every word of the orphan's instructions. Also, to be fair, there weren't very many people, and that's something I'll never be able to explain since it was a clean place, relatively modern, with individual saunas for taking steam baths, bar service in the saunas and, above all, cheap. There in sauna 10 I saw Laura naked for the first time and all I could do was smile and touch her shoulder and say I didn't know which key to turn to make the steam come out.

hombro y decir que no sabía qué llave debía mover para que saliera el vapor. Las cabinas, aunque más correcto sería decir los reservados, eran un conjunto de dos cuartos diminutos unidos por una puerta de cristal; en el primero solía haber un diván, un diván viejo con reminiscencia de psicoanálisis y de burdel, una mesa plegable y un perchero; el segundo cuarto era el baño de vapor propiamente dicho, con una ducha de agua caliente y fría y una banca de azulejos adosada a la pared, debajo de la cual se disimulaban los tubos por donde salía el vapor. Pasar de una habitación a otra era extraordinario, sobre todo si en una el vapor ya era tal que nos impedía vernos. Entonces abríamos la puerta y entrábamos al cuarto del diván, donde todo era nítido, y detrás de nosotros, como los filamentos de un sueño, se colaban nubes de vapor que no tardaban en desaparecer. Tendidos allí, tomados de la mano, escuchábamos o intentábamos escuchar los ruidos apenas perceptibles del Gimnasio mientras nuestros cuerpos se iban enfriando. Casi helados, sumidos en el silencio, podíamos oír, por fin, el run run que brotaba del piso y de las paredes, el murmullo gatuno de las cañerías calientes y de las calderas que en algún lugar secreto del edificio alimentaban el negocio. Un día me perderé por aquí, dijo Laura. Su experiencia en incursiones a baños públicos era mayor que la mía, cosa bastante fácil, pues hasta entonces yo jamás había cruzado el umbral de un establecimiento semejante. No obstante ella decía que de baños no sabía nada. No lo suficiente. Con X había estado un par de veces y antes de X con un tipo que la doblaba en edad y al que siempre se refería con frases misteriosas. En total no había ido más de diez veces, todas al mismo lugar, el Gimnasio Moctezuma. Juntos, montados en la Benelli que por entonces ya dominaba, intentamos recorrer todos los baños del D.F., guiados por un afán absoluto que era una mezcla de amor y de juego. Nunca lo logramos. Por el contrario, a medida que avanzábamos se fue abriendo alrededor

The saunas, though it might be more precise to call them private rooms, were a set of two tiny chambers connected by a glass door; in the first there was usually a divan, an old divan reminiscent of psychoanalysis and bordellos, a folding table and a coat rack; the second chamber was the actual steam bath, with a hot and cold shower and a bench of azulejo tiles against the wall, beneath which were hidden the tubes that released the steam. Moving from one vestibule to the next was extraordinary, especially if the steam in one was already so thick we couldn't see each other. Then we would open the door and head into the chamber with the divan where everything was clear, and behind us, like the filaments of a dream, clouds of steam slipped by and quickly disappeared. Lying there, holding hands, we would listen or try to listen to the barely perceptible sounds of the Gym while our bodies cooled. Practically freezing, submerged in silence, we could finally hear the purr welling through the floor and walls, the catlike whir of hot pipes and boilers that stoked the business from some secret place in the building. One day I'll wander around in here, said Laura. Her experience raiding public baths was greater than mine, which was pretty easy considering I'd never before crossed the threshold of such an establishment. Nevertheless she said she knew nothing of baths. Not enough. She'd gone a couple times with X and before X with a guy who was twice her age and who she always referred to with mysterious phrases. In total she hadn't been more than ten times, always to the same place, Montezuma's Gym. Together, riding the Benelli, which were everywhere then, we attempted to visit all the baths in Mexico City, guided by an absolute eagerness which was a combination of love and play. We never succeeded. On the contrary, as we advanced the abyss opened up around us, the great black scenography of public baths. Just as the hidden face of other cities is in theatres, parks, docks,

nuestro el abismo, la gran escenografía negra de los baños públicos. Así como el rostro oculto de otras ciudades son los teatros, los parques, los muelles, las playas, los laberintos, las iglesias, los burdeles, los bares, los cines baratos, los edificios viejos y hasta los supermercados, el rostro oculto del D.F. se hallaba en la enorme red de baños públicos, legales, semilegales y clandestinos. El método empleado al inicio de la travesía fue sencillo: le pedí al muchacho del Gimnasio Moctezuma que me diera un par de direcciones de baños baratos. Obtuve cinco tarjetas y anotó en un papel las señas de una decena de establecimientos. Éstos fueron los primeros. A partir de cada uno de ellos la búsqueda se bifurcó innumerables veces. Los horarios variaban tanto como los edificios. A algunos llegábamos a las diez de la mañana y nos íbamos a la hora de comer. Éstos, por regla general, eran locales claros, desconchados, donde a veces podíamos escuchar risas de adolescentes y toses de tipos solitarios y perdidos, los mismos que al poco rato, repuestos, se ponían a cantar boleros. Allí la divisa parecía ser el limbo, los ojos cerrados del niño muerto. No eran sitios muy limpios o puede que la limpieza la hicieran pasado el mediodía. En otros hacíamos nuestra aparición a las 4 o 5 de la tarde y no nos íbamos hasta que anochecía. Ése era nuestro horario más usual. Los baños a esa hora parecían disfrutar, o padecer, una sombra permanente. Quiero decir, una sombra de artificio, un domo o una palmera, lo más parecido a una bolsa marsupial, que al principio uno agradecía pero que al cabo terminaba pesando más que una losa fúnebre. Los baños de las 7 de la tarde, 7.30, 8 de la noche, eran los más concurridos. En la vereda, junto a la puerta, montaban guardia los jóvenes hablando de béisbol y de canciones de moda. Los pasillos resonaban con las bromas siniestras de los obreros recién salidos de las fábricas y talleres. En el recibidor, aves de paso, los viejos maricas saludaban por su nombre de pila o de guerra a los recepcionistas y a los que

beaches, labyrinths, churches, brothels, bars, cheap cinemas, old buildings, even supermarkets, the hidden face of Mexico City could be found in the enormous web of public baths, legal, semilegal and clandestine. Setting our course was simple at first: I asked the boy at Montezuma's Gym to point me in the direction of some cheap baths. I got five cards and wrote the addresses of a dozen establishments on a piece of paper. These were the first. From each of them our search branched off countless times. The schedules varied as much as the buildings. We arrived to some at 10 a.m. and left at lunchtime. These, as a general rule, were bright places with flaking walls, where we could sometimes hear the laughter of teenagers and the coughing of lost and lonely men, the same men who, in just a little while, having collected themselves, would get up and sing boleros. The essence of those places seemed to be limbo, a dead child's closed eyes. They weren't very clean or maybe they did the cleaning later in the day. At others we'd make our appearance at 4 or 5 in the afternoon and wouldn't leave until dark. That was our most common schedule. The baths at that hour seemed to enjoy, or suffer from, a permanent shadow. That is, a trick shadow, a dome or palm tree, the closest thing to a marsupial's pouch: at first you're grateful for it, but it ends up weighing more than a gravestone. The baths were most crowded at 7 in the evening, 7:30, 8 at night. On the sidewalk next to the door, teenagers stood guard talking about baseball and pop songs. The hallways echoed with the sinister jokes of workers who'd just come from factories and workshops. In the foyer, old fags, birds of passage, would greet the receptionists and those killing time in the armchairs by first name or nom de guerre. Getting lost in the hallways, nourishing a kind of indiscretion in small doses, like pinches, never ceased to be highly informative. Open or half open doors, like landslides, like cracks in the earth, usually offered

mataban el tiempo sentados en los sillones. Perderse por los pasillos, alimentar una cierta indiscreción en dosis pequeñas, como pellizcos, no dejaba de ser altamente instructivo. Las puertas abiertas o semiabiertas, semejantes a corrimientos de tierra, grietas de terremoto, solían ofrecer cuadros vivos al feliz observador: grupos de hombres desnudos donde el movimiento, la acción, corría a cargo del vapor; adolescentes perdidos como jaguares en un laberinto de duchas; gestos, mínimos pero terroríficos, de atletas, culturistas y solitarios; las ropas colgadas de un leproso; viejitos bebiendo Lulú y sonriendo apoyados en la puerta de madera del baño turco. Era fácil hacer amistades y las hicimos. Las parejas, si se cruzaban un par de veces por los pasillos, ya se creían con la obligación de saludarse. Esto era debido a una especie de solidaridad heterosexual; las mujeres, en muchos baños públicos, estaban en absoluta minoría y no era raro oír historias extravagantes de ataques y de acosos, aunque, la verdad, esas historias no eran nada fiables. Las amistades de esta clase no pasaban de una cerveza en el bar o una copa. En los baños nos saludábamos y como máximo tomábamos cabinas vecinas. Al cabo de un rato los primeros en terminar tocaban la puerta de la pareja amiga y sin esperar respuesta avisaban que estarían en el restaurante tal, aguardando. Luego los otros salían, iban al restaurante, se tomaban un par de copas y se despedían hasta la próxima. A veces la pareja hacía confidencias, la mujer o el hombre, sobre todo si estaban casados, pero no entre sí, contaban su vida y uno tenía que asentir, decir que el amor, que una pena, que el destino, que los niños. Tierno pero aburrido. Las otras amistades, más turbulentas, eran de las que visitaban tu propio reservado. Éstas podían llegar a ser tan aburridas como las primeras, pero muchísimo más peligrosas. Se presentaban sin preámbulos, simplemente llamaban a la puerta, un toque extraño y rápido, y decían ábreme. Pocas veces iban solos, casi siempre eran tres,

live paintings to the happy observer: groups of naked men who left all movement and action entirely to the steam; teenagers lost like jaguars in a labyrinth of showers; small but terrifying gestures of athletes, bodybuilders and loners; a leper's clothes hanging; little old men drinking Lulú and smiling as they lean against the wooden door of the Turkish bath. It was easy to make friends and we did make some. Couples, after passing each other a few times in the hallways, felt obliged to greet one another. This was due to a kind of heterosexual solidarity; women, in many public baths, were an absolute minority and it wasn't uncommon to hear extravagant stories of attacks and harassment even though, truth is, those tales weren't very credible. These kinds of friendships never went beyond a beer or drink in the bar. We'd say hi to each other in the baths and at most we'd take neighboring saunas. After a while the first to finish would knock on their couple friends' door and, without waiting for an answer, would holler they'd be in such and such restaurant, waiting. Then the others would leave, they'd go to the restaurant, have a drink or two and say goodbye until next time. Sometimes the couple would take you into their confidence, the woman or the man, especially when they were married but not to each other, they'd tell about their lives and you'd have to nod, say that's love, that's a shame, that's destiny, that's children. Tender but bored. The other friendships, which were a bit more turbulent, were the ones where they'd visit your private room. These could get to be just as boring as the former, but were much more dangerous. They'd show up without prelude, just knock on the door, a strange quick knock, and say let me in. They were rarely alone, almost always in threes, two men and a woman or three men; the motives they put forth for such visits tended to be stupid or not too believable: to smoke a little weed, which they couldn't do in the group showers, or to sell us something or

dos hombres y una mujer, o tres hombres; los motivos que esgrimían para semejante visita solían ser poco creíbles o estúpidos: fumar un poco de hierba, cosa que no podían hacer en las duchas colectivas, o vender lo que fuera. Laura siempre los dejaba pasar. Las primeras veces yo me ponía tenso, dispuesto a pelear y a caer manchado de sangre sobre las losas del reservado. Pensaba que lo más lógico era que entraran a robarnos o a violar a Laura, e incluso a violarme a mí, y los nervios los tenía a flor de piel. Los visitantes, de alguna manera, eso lo sabían y sólo se dirigían a mí cuando la necesidad o los buenos modales lo hacían indispensable. Todas las proposiciones, tratos y cuchicheos iban dirigidos a Laura. Era ella quien les abría, era ella quien les preguntaba qué chingados se les ofrecía, era ella quien los hacía pasar al cuartito del diván (yo escuchaba, desde el vapor, cómo se sentaban, primero uno, luego otro, luego el siguiente, y la espalda de Laura, quieta, se traslucía a través de la puerta de vidrio esmerilado que separaba el vapor de aquella antesala convertida de pronto en un misterio). Finalmente me levantaba, me ponía una toalla en la cintura y entraba. Los visitantes solían ser dos hombres y una mujer. O un hombre, un muchacho y una muchacha que al verme saludaban indecisos, como si contra toda razón desde el principio hubieran ido allí por Laura y no por los dos; como si sólo hubieran esperado encontrarla a ella. Sentados en el diván sus ojos oscuros no se perdían ni uno solo de sus gestos mientras con las manos, autónomas, liaban la hierba. Las conversaciones parecían cifradas en un lenguaje que no conocía, ciertamente no en el argot de los jóvenes, que por entonces dominaba, aunque ahora apenas recuerde un par de términos, sino en una jerga mucho más ominosa en donde cada verbo y cada frase tenían un deje de funeral y de hoyo. Tal vez el Hoyo Aéreo. Tal vez una de las caras deformes del Hoyo Inmaculado. Puede que sí. Puede que no. En cualquier caso yo también conversaba o in-

other. Laura always let them in. The first few times it made me tense, ready to fight and fall blood-soaked on the tiles of the private room. I figured the most logical thing was they were coming to rob us or to rape Laura, or even to rape me, and my nerves had me on edge. The visitors knew this somehow and they only addressed me when necessity or good manners made it impossible to avoid. All the propositions, deals and whispers were addressed to Laura. She was the one who let them in, she was the one who asked what the fuck she could offer them, she was the one who let them pass through to the room with the divan (I would listen, from the steam, to how they sat down, first one, then another, then the next, and Laura's back, unmoving, could be seen through the frosted glass door separating the steam from that antechamber which had suddenly been transformed into a mystery). Finally, I'd get up, put a towel around my waist, and go in. The visitors were usually two men and a woman. Or a man, a boy and a girl, who would wave hesitantly when they saw me as if all along, against all reason, they'd come for Laura and not for the two of us; as if they'd only expected to find her. Seated on the divan, their dark eyes never missed a single one of her gestures, while their hands independently rolled the weed. The conversations seemed coded in a language I didn't know, certainly not in the teenage slang prevalent at that time of which I now barely remember a couple of expressions, but in a much more ominous slang where each verb and each sentence had a touch of funeral and of holes. Maybe the Air Hole. Maybe one of the deformed faces of the Immaculate Grave. Maybe. Maybe not. In any case I too joined the conversation or tried to. It wasn't easy, but I tried. Sometimes, along with the pot, they'd pull out bottles of alcohol. The bottles weren't free, but we still never paid. The visitors' business was selling marijuana, whiskey, turtle eggs in the saunas, rarely with the approval of the

tentaba hacerlo. No era fácil, pero lo intentaba. A veces, junto con la mota, sacaban botellas de alcohol. Las botellas no eran gratis, sin embargo nosotros no pagábamos. El negocio de los visitantes consistía en vender marihuana, whisky, huevos de tortuga en las cabinas, pocas veces con el beneplácito del recepcionista o de los encargados de la limpieza, que los perseguían implacables; por tal motivo era de suma importancia que alguien los cobijara; también vendían teatro, la pasta, en realidad, salía de allí, o concertaban representaciones privadas en los departamentos de soltero de los contratantes. El repertorio de estas compañías ambulantes podía ser raquítico o variadísimo, pero el eje dramático de su puesta en escena siempre era el mismo: el hombre mayor se quedaba en el diván (pensando, supongo) mientras el muchacho y la muchacha, o los dos muchachos, seguían a los espectadores a la cámara de vapor. La representación, por regla general, no duraba más de media hora o tres cuartos de hora, con o sin participación de los espectadores. Terminado el plazo, el hombre del diván abría la puerta y anunciaba al respetable público, entre toses producidas por el vapor que de inmediato intentaba colarse al otro cuarto, el fin del espectáculo. Los bis bis se pagaban caros aunque sólo duraran diez minutos. Los muchachos se duchaban de prisa y luego recibían sus ropas de manos del hombre. Recuerdo que se vestían aún mojados. Los últimos minutos los aprovechaba el cabizbajo pero emprendedor director artístico en ofrecer a los satisfechos espectadores los manjares de su cesto o maleta: whisky servido en vasitos de papel, canutos de maría liados con mano experta, y huevos de tortuga que abría valiéndose de la uña enorme que festoneaba su pulgar, y que, ya en el vaso, rociaba con jugo de limón y chile. En nuestro reservado las cosas eran distintas. Hablaban a media voz. Fumaban marihuana. Dejaban que el tiempo pasara consultando de vez en cuando sus relojes mientras los rostros se iban cubriendo de gotitas de

receptionist or janitorial staff, who relentlessly pursued them; that's why it was of utmost importance that somebody shelter them; they also sold theatre, which is really where they made their dough, or arranged private performances in the bachelor pads of contracting parties. The repertoire of these traveling companies could be paltry or multifarious, but the dramatic crux of their mise en scène was always the same: the older man stayed on the divan (thinking, I suppose) while the boy and girl, or the two boys, followed the spectators into the steam chamber. The performance, as a general rule, didn't last more than half an hour or three quarters of an hour, with or without the participation of the spectators. When time was up, the man on the divan would open the door and announce to the respected public, between coughs brought on by the steam which immediately tried to slip into the other room, the end of the show. The encores were very expensive, though they only lasted ten minutes. The boys would shower quickly, then take their clothes from the man's hands. I remember they'd get dressed while they were still wet. The downcast but enterprising artistic director would take advantage of the last few minutes to offer the satisfied viewers the delicacies in his basket or suitcase: whiskey served in paper cups, joints rolled by expert hands, and turtle eggs he'd open with his enormous thumbnail and which he'd sprinkle with lemon and chili when they were in the glass. In our private room things were different. They'd talk softly. They'd smoke marijuana. They'd let time pass, checking their watches now and again while their faces became covered with beads of sweat. Sometimes they'd touch each other, touch us, something that was inevitable, regardless, if we were all sitting on the divan, and the brushing of legs, or arms, could get to be painful. Not the pain of sex but of the unpardonably lost or of the last shred of hope roaming the Impossible country. If they were acquaintances, Laura would

sudor. A veces se tocaban, nos tocábamos, cosa por lo demás inevitable si todos estábamos sentados en el diván, y el roce de las piernas, de los brazos, podía llegar a ser doloroso. No el dolor del sexo sino el de lo irremisiblemente perdido o el de la única pequeña esperanza vagando por el país Imposible. A los conocidos, Laura los invitaba a desnudarse y entrar con nosotros en el vapor. Raras veces aceptaron. Preferían fumar y beber y oír historias. Descansar. Al cabo de un rato cerraban la maleta y se marchaban. Luego, dos o tres veces en la misma tarde, volvían y la rutina era la misma. Laura, si estaba de humor, les abría, si no ni siquiera se molestaba en decirles a través de la puerta que no jodieran. Las relaciones, salvo uno o dos altercados aislados, fueron en todo momento armoniosas. A veces creo que ellos apreciaban a Laura mucho antes de conocerla. Una noche, el viejo que los llevaba (aquella vez eran tres, un viejo y dos muchachos) nos ofreció una función. Nunca habíamos visto una. ¿Cuánto cuesta?, dije. Nada. Laura dijo que pasaran. El cuarto del vapor estaba frío. Laura se quitó la toalla y giró la llave de entrada: el vapor comenzó a salir desde el suelo. Tuve la sensación de que estábamos en un baño nazi y que nos iban a gasear; la sensación se acentuó al ver entrar a los dos muchachos, muy flacos y morenos, y cerrando la marcha el viejo alcahuete cubierto sólo con unos calzoncillos indescriptiblemente sucios. Laura se rió. Los muchachos la miraron, un poco cohibidos, de pie en medio del cuarto. Luego también se rieron. Entre Laura y yo, y sin quitarse su horrorosa prenda íntima, se sentó el viejo. ¿Quieren mirar, no más, o mirar y participar? Mirar, dije. Ya veremos, dijo Laura, muy dada a estos albures. Los muchachos, entonces, como si hubieran escuchado una voz de mando, se arrodillaron y comenzaron a enjabonarse mutuamente los sexos. En sus gestos, aprendidos y mecánicos, se traslucía el cansancio y una serie de temblores que era fácil relacionar con la presencia de Laura. Pasó el tiempo. El cuarto recobró

invite them to undress and join us in the steam. They rarely accepted. They preferred to smoke and drink and listen to stories. To relax. After a while they'd close the suitcase and take off. Then, two or three times in the same afternoon, they'd come back and the routine was the same. If she was in a good mood, Laura would let them in, if not she wouldn't even bother to tell them through the door to quit bugging us. The relationships, with the exception of one or two isolated quarrels, were always harmonious. Sometimes I think they treasured Laura long before they'd even met her. One night, the old man who brought them (there were three of them that time, an old man and two boys) offered us a show. We'd never seen one. How much does it cost? I said. Nothing. Laura told them to come in. The steam room was cold. Laura took off her towel and turned the valve: steam started rising from the floor. I felt like we were in a Nazi shower and they were going to gas us; the feeling grew more intense when I saw the two boys come in, very skinny and dark, and behind them the old procurer covered only by some indescribably dirty underpants. Laura laughed. The boys looked at her, a little shy, standing in the middle of the room. Then they too laughed. Without removing his horrific undergarment, the old man sat between Laura and me. Do you just want to watch or watch and participate? Watch, I said. We'll see, said Laura, very given to this sort of risk. The boys, then, as if they'd heard a commanding voice, kneeled down and started to lather each other's privates with soap. In their gestures, learned and mechanical, you could see how tired they were and glimpse a series of tremors which could easily be related to Laura's presence. Time passed. The room recovered its density of steam. The actors, however, motionless in their starting pose, seemed frozen: kneeling down face to face, but kneeling in a grotesquely artistic way, masturbating each other with the left hand while keeping bal-

su espesura de vapor. Los actores, inmóviles en la postura inicial, parecían, no obstante, helados: arrodillados frente a frente, pero arrodillados de una manera grotescamente artística, con la mano izquierda se masturbaban mientras con la derecha mantenían el equilibrio. Semejaban pájaros. Pájaros de láminas de metal. Deben estar cansados, no se les levanta, dijo el viejo. En efecto, las vergas enjabonadas sólo tímidamente apuntaban hacia arriba. Chavos, no la amuelen, dijo el viejo. Laura volvió a reírse. ¿Cómo quieres que nos concentremos si te estás riendo a cada rato?, dijo uno de los muchachos. Laura se levantó, pasó junto a ellos y se apoyó en la pared. Ahora, entre ella y yo estaban los cansados ejecutantes. Sentí que el tiempo, dentro de mí, se rajaba. El viejo murmuró algo. Lo miré. Tenía los ojos cerrados y parecía dormido. Desde hace un montón de tiempo no dormimos, dijo uno de los muchachos soltando el pene de su compañero. Laura le sonrió. A mi lado el viejo empezó a roncar. Los muchachos sonrieron aliviados y adoptaron una postura más cómoda. Oí cómo les crujían los huesos. Laura se dejó resbalar por la pared hasta dar con las nalgas en las baldosas. Estás muy flaco, le dijo a uno. ¿Yo? Éste también, y tú, respondió el muchacho. En realidad todos estábamos flacos. El silbido del vapor, en ocasiones, hacía difícil distinguir las voces, demasiado bajas. El cuerpo de Laura, la espalda apoyada en la pared, las rodillas levantadas, estaba cubierto de transpiración: las gotas resbalaban por su nariz, por su cuello, se acanalaban entre sus senos e incluso colgaban de los pelos del pubis antes de caer sobre las baldosas calientes. Nos estamos derritiendo, murmuré, y de inmediato me sentí triste. Laura asintió con la cabeza. Qué dulce pareció en aquel instante. ¿En dónde estamos?, pensé. Con el dorso me limpié las gotitas que resbalaban de las cejas a los ojos y no me dejaban ver. Uno de los muchachos suspiró. Qué sueño, dijo. Duerme, aconsejó Laura. Era extraño: creí que las luces decrecían, perdían intensidad; temí

ance with the right. They looked like birds. Metal engravings of birds. They must be tired, they aren't getting it up, said the old man. Indeed, the soapy cocks only pointed timidly upward. Don't lose her, boys, said the old man. Laura started to laugh again. How do you expect us to concentrate if you keep laughing all the time? said one of the boys. Laura got up, passed by them and leaned against the wall. Now the two tired performers were between us. I felt like time was tearing apart inside me. The old man mumbled something. I looked at him. He had his eyes closed and appeared to be sleeping. We haven't slept in such a long time, said one of the boys, letting go of his partner's penis. Laura smiled at him. Next to me the old man started to snore. The boys smiled, relieved, and adopted a more comfortable posture. I heard their bones crack. Laura let herself slide down the wall until her butt was on the tile. You're very skinny, she said to one of them. Me? He is too, the boy responded, and you. In fact, we were all skinny. The whistle of the steam, on occasion, made it hard to distinguish the voices, which were too quiet. Laura's body, back against the wall, knees lifted, was covered in sweat: the drops slid down her nose, down her neck, made grooves between her breasts and even hung from her pubic hair before falling on the hot tiles. We're melting, I mumbled, and suddenly felt sad. Laura nodded. She seemed so sweet in that moment. Where are we? I thought. With the back of my hand I wiped away drops that slid from my eyebrows to my eyes and kept me from seeing. One of the boys sighed. I'm so tired, he said. Sleep, Laura recommended. It was strange: I felt like the lights were dimming, losing intensity; I was afraid I might faint; then I figured it must be the excess of steam changing the colors and tones, so much darker now. As if we were seeing the sunset, here, inside, without windows, I thought. Whiskey and Mary Jane are not good company. As if reading my mind Laura said, don't worry,

desmayarme; luego supuse que sería el excesivo vapor el causante del cambio de colores y tonos, ahora mucho más oscuros. Como si estuviéramos viendo el atardecer, aquí, encerrados, sin ventanas, pensé. Whisky y maría no son buena compañía. Laura, como si leyera mi pensamiento, dijo no te preocupes, todo está bien. Y luego volvió a sonreír, no una sonrisa burlona, no como si se divirtiera, sino una sonrisa terminal, una sonrisa anudada entre una sensación de belleza y miseria, pero ni siquiera belleza y miseria tal cual, sino Pequeña Belleza y Pequeña Miseria, enanas paradójicas, enanas caminantes e inaprehensibles. Tranquilo, sólo es vapor, dijo Laura. Los muchachos, dispuestos a considerar irrebatible todo lo que Laura dijera, asintieron repetidas veces. Luego uno de ellos se dejó caer sobre las baldosas, la cabeza apoyada en un brazo, y se durmió. Me levanté, cuidando no despertar al viejo, y me acerqué a Laura; en cuclillas junto a ella hundí la cara en su cabellera húmeda y olorosa. Sentí los dedos de Laura que me acariciaban el hombro. Al poco rato me di cuenta de que Laura jugaba, muy suavemente, pero era un juego: el meñique tomaba el sol sobre mi hombro, luego pasaba el anular y se saludaban con un beso, luego aparecía el pulgar y ambos, meñique y anular, huían brazo abajo. El pulgar quedaba dueño del hombro y se ponía a dormir, incluso, me parece a mí, comía alguna verdura que crecía por allí pues la uña se clavaba en mi carne, hasta que retornaban el meñique y el anular acompañados por el dedo medio y el dedo índice y entre todos espantaban al pulgar que se escondía detrás de una oreja y desde allí espiaba a los otros dedos, sin comprender por qué lo habían echado, mientras los otros bailaban en el hombro, y bebían, y hacían el amor, y perdían, de puro borrachos, el equilibrio, despeñándose espalda abajo, accidente que Laura aprovechó para abrazarme y tocar apenas mis labios con sus labios, en tanto los cuatro dedos, magulladísimos, volvían a subir agarrados de mis vértebras, y

everything's fine. And then she started smiling again, not a mocking smile, not as if she were enjoying herself, but a terminal smile, a knotted smile somewhere between a sensation of beauty and misery, though not even beauty and misery per se, but Little Beauty and Little Misery, paradoxical dwarves, traveling and inapprehensible dwarves. Relax, it's just steam, Laura said. The boys, ready to take everything Laura said as irrefutable, nodded over and over. Then one of them let himself drop to the tiles, head propped on his arm, and fell asleep. I got up, careful not to wake the old man, and moved closer to Laura; squatting next to her I buried my face in her humid and fragrant hair. I felt Laura's fingers caress my shoulder. In a little while I realized Laura was playing, very gently, but it was a game: her pinky was sunbathing on my shoulder, then her ring finger would pass and they'd greet one another with a kiss, then the thumb would appear and both, pinky and ring finger, would flee down the arm. The thumb was then king of the shoulder and would lie down to sleep, it seemed to me he even ate some vegetable that grew up there, for the fingernail dug in my flesh, until the pinky and ring finger returned accompanied by the middle and index fingers and all together they would frighten the thumb who hid behind an ear and spied on the other fingers from there, without understanding why they'd thrown him out, while the others danced on the shoulder and drank and made love and, out of sheer drunkenness, lost their balance and fell off the cliff and down the back, an accident Laura would take advantage of in order to hug me and lightly touch her lips to mine, in the meantime the four fingers, terribly bruised, would climb up again clinging to my vertebrae, and the thumb would observe them without ever thinking to leave his ear. Your face is glistening, I whispered. Your eyes. The tips of your nipples. You, too, said Laura, a little pale, I guess, but you're glistening. It's steam mixed with

el pulgar los observaba sin ocurrírsele en ningún momento dejar su oreja. Te brilla la cara, susurré. Los ojos. La punta de los pezones. Tú también, dijo Laura, un poco pálido tal vez, pero brillas. Es el vapor mezclado con el sudor. Uno de los muchachos nos observaba en silencio. ¿Lo quieres de verdad?, le pregunté a Laura. Sus ojos eran enormes y negros. Me senté en el suelo. Sí, dijo Laura. Él te debe querer con frenesí, dijo el muchacho. Laura se rió como un ama de casa. Sí, dije yo. No es para menos, dijo el muchacho. No, no es para menos, dije yo. ¿Sabes qué gusto tiene el vapor mezclado con el sudor? Depende del sabor particular de cada uno. El muchacho se recostó junto a su compañero, de lado, la sien apoyada directamente sobre la baldosa, sin cerrar los ojos. Su verga, ahora, estaba dura. Con las rodillas tocaba las piernas de Laura. Parpadeó un par de veces antes de hablar. Cojamos un poco, dijo. Laura no contestó. El muchacho parecía hablar para sí mismo. ¿Sabes a qué sabe el vaporcete mezclado con sudorcete? ¿A qué sabrá, realmente? ¿Cuál será su gusto? El calor nos estaba adormeciendo. El viejo resbaló hasta quedar acostado del todo sobre la banca. El cuerpo del muchacho dormido se había ovillado y uno de sus brazos pasaba por encima de la cintura del que estaba despierto. Laura se levantó y nos contempló largamente desde arriba. Pensé que iba a abrir la ducha con resultados funestos para los que dormían. Hace calor, dijo. Hace un calor insoportable. Si no estuvieran aquí (se refería al trío) pediría que me trajeran un refresco del bar. Puedes hacerlo, dije yo, nadie se va a meter hasta aquí. No, dijo Laura, no es eso. ¿Corto el vapor? No, dijo Laura. El muchacho, la cabeza ladeada, miraba fijamente mis pies. Tal vez quiera hacer el amor contigo, dijo Laura. Antes que pudiera responder el muchacho, casi sin mover los labios, pronunció un lacónico no. Bromeaba, dijo Laura. Luego se arrodilló junto a él y con una mano le acarició las nalgas. Vi, fue una visión fugaz y perturbadora, cómo las gotas

sweat. One of the boys was watching us in silence. Do you really love him? he asked Laura. His eyes were enormous and black. I sat on the floor. Yes, Laura said. He must be madly in love with you, said the boy. Laura laughed like a housewife. Yes, Laura said. With good reason, said the boy. Yeah, I said, with good reason. Do you know what steam mixed with sweat tastes like? It depends on the particular flavor of each person. The boy lay down next to his partner, on his side, his temple pressed right against the tiles, without closing his eyes. His cock was hard now. He touched Laura's legs with his knees. He blinked a few times before speaking. Let's fuck a little, he said. Laura didn't answer. The boy appeared to be speaking for his own benefit. Do you know what a little steam mixed with a little sweat tastes like? What it would really taste like? What the flavor would be? The heat was putting us to sleep. The old man slipped until he was lying down completely on the bench. The sleeping boy's body had curled into a ball, his arm wrapped around the waist of the one who was awake. Laura stood and watched us at length from above. I thought she was going to turn on the shower, which would have had fatal effects on those who were sleeping. It's hot, she said. It's unbearably hot. If they weren't here (she referred to the trio) I'd ask the bar to bring me a soda. You still can, I said, no one's going to come all the way in here. No, Laura said, it's not that. Should I turn off the steam? No, Laura said. The boy, head slanted, stared fixedly at my feet. Maybe he wants to make love to you. Before I could answer, the boy, almost without moving his lips, pronounced a laconic no. I was kidding, said Laura. Then she kneeled down beside him and with one hand caressed his buttocks. I saw, in a fleeting and disturbing vision, how the drops of sweat moved from the boy's body to Laura's and vice versa. The long fingers on my friend's hand and the boy's buttocks glistened humid and identical. You must be tired, said Laura,

de sudor del muchacho pasaban al cuerpo de Laura y viceversa. Los largos dedos de la mano de mi amiga y las nalgas del muchacho brillaban húmedas e idénticas. Debes estar cansado, dijo Laura, ese viejo está loco, cómo podía pretender que se pusieran a coger aquí. Su mano resbalaba por las nalgas del muchacho. No es culpa suya, susurró éste, el pobre ya ha olvidado lo que es una cama. Y lo que es ponerse calzoncillos limpios, añadió Laura. Más le valiera no llevar nada. Sí, dije, es más cómodo. Menos comprometido, dijo el muchacho, pero qué maravilla ponerse calzoncillos limpios y blancos. Y estrechos, pero que no aprieten. Laura y yo nos reímos. El muchacho nos reprendió con suavidad: no se rían, es algo serio. Sus ojos parecían borrados, ojos grises como de cemento bajo la lluvia. Laura cogió su verga con las dos manos y la estiró. Me escuché diciendo ¿corto el vapor?, pero la voz era débil y lejana. ¿Dónde chingados duerme tu mánager?, dijo Laura. El muchacho se encogió de hombros; me haces un poco de daño, susurró. Sujeté a Laura de un tobillo, con la otra mano limpié el sudor que se me metía en los ojos. El muchacho se irguió hasta quedar sentado, con gestos medidos, evitando despertar a su compañero, y besó a Laura. Incliné la cabeza para verlos mejor: los labios del muchacho, gruesos, succionaron los labios de Laura, cerrados, en donde se insinuaba, apenas, una sonrisa. Entrecerré los ojos. Nunca la había visto sonreír tan pacíficamente. De pronto el vapor la ocultó. Sentí una especie de terror ajeno, ¿miedo a que el vapor matara a Laura? Cuando los labios se separaron, el muchacho dijo que no sabía dónde dormía el viejo. Se llevó una mano al cuello e hizo el gesto de rebanarlo. Luego acarició el cuello de Laura y la atrajo aún más. El cuerpo de Laura, elástico, se adaptó a la nueva postura. Su mirada estaba fija en la pared, en lo que el vapor permitía ver de la pared, el torso hacia adelante, los senos rozando el pecho del muchacho o presionándolo con una suave firmeza. El vapor, por mo-

that old man is crazy, how can he expect you to fuck each other here. Her hand slid over the boy's buttocks. It's not his fault, he whispered, the poor guy has forgotten what a bed is. And what clean underwear is, added Laura. He'd be better off wearing nothing. Yeah, I said, it's more comfortable. Less awkward, said the boy, but wouldn't it be great to put on clean white underpants. Tight ones, but not too tight. Laura and I laughed. The boy scolded us calmly: don't laugh, this is serious. His eyes seemed erased, gray eyes like cement beneath the rain. Laura grabbed his cock with both hands and yanked it. I heard myself saying, should I turn off the steam? but the voice was weak and far away. Where the fuck does your manager sleep? said Laura. The boy shrugged; you're kind of hurting me, he whispered. I held onto Laura's ankle, with the other hand I wiped away the sweat getting into my eyes. The boy straightened until he was sitting up, with restrained gestures, trying not to wake his partner, and kissed Laura. I bowed my head to see them better: the boy's lips, thick, sucked on Laura's lips, closed, where you could just barely make out a smile. I squinted. I'd never seen her smile so peacefully. Suddenly the steam hid her. I felt a kind of detached terror. Fear the steam would kill Laura? When their lips separated, the boy said he didn't know where the old man slept. He put one hand to his neck and made a slicing gesture. Then he caressed Laura's neck and pulled her even closer. Laura's body, elastic, adapted to the new posture. Her gaze was fixed on the wall, on what the steam allowed her to see of the wall, her torso forward, breasts grazing the boy's chest or pressed against him with gentle strength. The steam, at times, made them invisible, or half covered them, or silvered them, or plunged them into something like a dream. Finally it was impossible for me to see her. First one shadow on top of another shadow. Then nothing. The chamber seemed about to explode. I waited a few seconds

mentos, los hacía invisibles, o los cubría a medias, o los plateaba, o los hundía en algo parecido a un sueño. Finalmente me fue imposible verla. Primero una sombra encima de otra sombra. Luego nada. La cámara parecía a punto de estallar. Esperé unos segundos pero nada cambió, al contrario, tuve la impresión de que cada vez se espesaba más el vapor. Extendí una mano y toqué la espalda de Laura, arqueada encima de lo que supuse era el cuerpo del muchacho. Me levanté y di dos pasos siguiendo la pared. Sentí que Laura me llamaba. Una Laura con la boca llena. ¿Qué quieres?, dije. Me estoy ahogando. Retrocedí, con menos precaución que al avanzar, y me incliné tanteando en el sitio donde supuse que debía estar. Sólo toqué las baldosas calientes. Pensé que estaba soñando o volviéndome loco. Me mordí una mano para no gritar. ¿Laura?, gemí. Junto a mí sonó como un trueno lejano la voz del muchacho: según quién, el sabor del vapor mezclado con el sudor es distinto. Volví a levantarme, esta vez dispuesto a tirar patadas a ciegas, pero me contuve. Detén el vapor, dijo Laura desde alguna parte. A tropezones pude llegar hasta la banqueta. Al agacharme para buscar las llaves de paso, casi pegado a mi oreja, oí los ronquidos del viejo. Aún vive, pensé, y apagué el vapor. Al principio no ocurrió nada. Luego, antes de que las siluetas recobraran su visibilidad, alguien abrió la puerta y abandonó la cámara de vapor. Esperé, quienquiera que fuese estaba en el otro cuarto y hacía bastante ruido. Laura, llamé muy bajito. Nadie respondió. Por fin pude ver al viejo que seguía durmiendo. En el suelo, uno en posición fetal y el otro extendido, los dos actores. El insomne parecía dormir de verdad. Salté por encima de ellos. En el cuarto del diván Laura ya estaba vestida. Me tiró las ropas sin decir una palabra. ¿Qué pasó?, dije. Vámonos, dijo Laura. Volvimos a encontrar a este trío un par de veces, una en aquellos mismos baños, la otra en unos de Azcapotzalco, los baños del infierno, como los llamaba Laura, pero

but nothing changed, on the contrary, I got the impression the steam was thickening more and more. I reached out a hand and touched Laura's back, arched on top of what I assumed was the boy's body. I stood and took two steps along the wall. I heard Laura calling me. A Laura with her mouth full. What do you want? I said. I'm suffocating. I went back, less carefully than before, and bent down, feeling my way around the place where I figured they must be. I only touched hot tiles. I thought I was dreaming or going crazy. I bit my hand so I wouldn't scream. Laura? I moaned. Beside me the boy's voice sounded like a distant thunder: the boy according to whom steam mixed with sweat tastes distinctly. I stood up again, this time ready to start kicking blindly, but I checked myself. Turn off the steam, said Laura from somewhere. In fits and starts I was able to get to the bench. While ducking to look for the main valves, I heard the old man's snores practically in my ear. He's still alive, I thought, and turned off the steam. At first nothing happened. Then, before the silhouettes recovered their visibility, someone opened the door and exited the steam chamber. I waited, whoever it was was in the other room and making quite a bit of noise. Laura, I called quietly. No one answered. Finally I could see the old man, still sleeping. On the floor, one in fetal position and the other stretched out, the two actors. The insomniac appeared to really be sleeping. I jumped over them. In the room with the divan Laura was already dressed. She threw me my clothes without saying a word. What happened? I said. Let's go, said Laura. We saw this trio again a couple times, once at those same baths, the other time at some in Azcapotzalco, the baths of hell, as Laura called them, but things were never the same. At most we smoked a cigarette, then adios. We kept visiting those places for a long time. We could have made love elsewhere, but there was something about the route of public baths that attracted us like a

las cosas nunca volvieron a ser iguales. A lo sumo nos fumábamos un cigarrillo y adiós. Durante mucho tiempo seguimos frecuentando estos lugares. Podíamos haber hecho el amor en otros sitios, pero había algo en la ruta de los baños públicos que nos atraía como un imán. No faltaron, como era lógico, otro tipo de incidentes, carreras por los pasillos de tipos poseídos por la desesperación, un intento de estupro, una redada que supimos sortear con fortuna y astucia; astucia, la de Laura; fortuna, la solidaridad de bronce de los bañistas. De la suma de todos los establecimientos, ahora ya una amalgama que se confunde con el rostro de Laura sonriendo, extrajimos la certeza de nuestro amor. El mejor de todos, tal vez porque allí lo hicimos por primera vez, fue el Gimnasio Moctezuma, al que siempre volvíamos. El peor, un local de Casas Alemán llamado convenientemente El Holandés Errante, que era lo más parecido que he visto a una morgue. Triple morgue: de la higiene, del proletariado y de los cuerpos. No así del deseo. Dos son los recuerdos más indelebles que aún conservo de aquellos días. El primero es una sucesión de imágenes de Laura desnuda (sentada en la banqueta, en mis brazos, bajo la ducha, tirada en el diván, pensando) hasta que el vapor que gradualmente va creciendo la hace desaparecer del todo. Fin. Imagen blanca. El segundo es el mural del Gimnasio Moctezuma. Los ojos de Moctezuma, insondables. El cuello de Moctezuma suspendido sobre la superficie de la piscina. Los cortesanos (o tal vez no eran cortesanos) que ríen y conversan intentando con todas sus fuerzas ignorar aquello que el emperador ve. Las bandadas de pájaros y de nubes que se confunden en el fondo. El color de las piedras de la piscina, sin duda el color más triste que vi a lo largo de nuestras expediciones, tan sólo comparable al color de algunas miradas, obreros en los pasillos, que ya no recuerdo pero que sin duda existieron.

magnet. Obviously, there was no shortage of other incidents, desperate guys racing down hallways, an attempt at statutory rape, a raid we were able to avoid by luck and cunning; cunning, Laura's; luck, the bronze solidarity of bathers. From the sum total of all the establishments, now just an amalgam that gets confused with Laura's face smiling, we mined the certainty of our love. The best of all, maybe because that's where we did it the first time, was Montezuma's Gym, which we always went back to. The worst, a place a place in Casas in Casas Alemán conveniently called The Flying Dutchman, which was the one that looked most like a morgue. Triple morgue: of hygiene, of the proletariat, and of bodies. Not of desire. Two memories I still have from back then are the most ingrained. The first is a succession of images of Laura naked (sitting on the bench, in my arms, under the shower, stretched on the divan, thinking) until the steam, gradually increasing, makes her disappear completely. The end. Blank image. The second is the mural at Montezuma's Gym. Montezuma's eyes, bottomless. Montezuma's neck suspended over the surface of the pool. The courtiers (or maybe they weren't courtiers) who laugh and converse, trying with all their might to ignore whatever it is the emperor sees. The flocks of birds and clouds that mix together in the background. The color of the pool's rocks, doubtless the saddest color I saw over the course of our expeditions, only comparable to the color of some faces, workers in the hallways, who I no longer remember, but were certainly there.

Tercera parte

POEMAS PERDIDOS

Part Three

LOST POEMS

LAS PULSACIONES DE TU CORAZÓN

La Belleza. Tema de Composición.
Una muchacha abre los ojos, se levanta,
abre la ventana, sale al patio.
En el patio hay hierba y rocío y basura,
hay ruedas pinchadas, roídas
por ácidos, esqueletos de bicicletas,
grandes trancas podridas en el suelo.
La Belleza. Tema de Composición.
La muchacha sale de la oscuridad
al patio, camina
tres o cinco pasos en dirección
a la cerca, levanta
los brazos, un escalofrío
la sacude, junta
las cejas en un gesto de disgusto,
se pasa el dorso de la mano
por la cara, vuelve
a la casa. La Belleza.
Tema para una franja.
Un pedazo de algo
iluminado por una cosa
parecida a la luz.
Pero que no es luz.
Algo parecido al gris,
siempre que el gris fuera luz,
o que la muchacha
estuviera un poco más quieta,
o que pudiéramos ordenar por bloques
el granito y las arpilleras.
Tema de Composición. La Belleza.
Un momento bucólico.

THE PULSING OF YOUR HEART

Beauty. Composition topic.
A girl opens her eyes, gets up,
opens the window, goes out on the patio.
On the patio there's grass and dew and garbage,
there are flat tires eaten away
by acid, bicycle skeletons,
big rotten bars on the ground.
Beauty. Composition topic.
The girl comes out of the darkness
onto the patio, walks
three or five steps toward
the fence, lifts
her arms, a shiver
runs through her, she pinches
her eyebrows with a look of disgust,
wipes the back of her hand
across her face, returns
to the house. Beauty.
Topic for a fringe.
A piece of something
lit by a substance
like light.
But that isn't light.
Something like gray,
provided gray were light,
or the girl
were a little calmer,
or we were able to split up
the granite and burlap.
Composition topic. Beauty.
A bucolic moment.

Todo el desorden se cuela
por una fisura llamada muchacha.
En ella hay dos o tres cosas
—dos o tres islas—
negociables. Pero no
la razón o el desencanto.
Pese a todos los inconvenientes:
un paisaje sólido.
La muchacha pone agua
en la tetera, enciende el gas,
pone la tetera a calentar,
se sienta sobre una silla de paja
y mientras espera
tal vez piense
en la luz que se mueve
ganando y perdiendo baldosas.
La Belleza no suspirará: querrá verlo
todo. Pero los regalos y la paciencia
son para ella:
cauce inevitable.
Tema. Espacio donde los ojos luchan.
Espacio, palabra, donde los ojos
imponen su voluntad.
La muchacha sale al patio.
La muchacha toma té. La muchacha
busca los terrones de azúcar.
A través de ese espejo ella busca
las colinas con costras de bosques verdes,
oscuros, los más distantes casi azules.
Tema de Composición. El Oxígeno.
Prepara sus arpilleras. Se sienta.
Hay rocas redondas como bacinicas.
Toma té. Remoja

All disorder slips in
through a fissure called girl.
Within her two or three things
—two or three islands—
are negotiable. But not
reason or disenchantment.
Despite all drawbacks:
a solid landscape.
The girl puts water
in the kettle, turns on the gas,
puts the kettle on to boil,
sits in a straw chair
and while she waits
perhaps she thinks
of the light as it moves
winning and losing tiles.
Beauty will not sigh: it will wish to see
everything. But the gifts and the patience
are for her:
inevitable gully.
Topic. Space where eyes battle.
Space, word, where eyes
impose their will.
The girl goes out on the patio.
The girl drinks tea. The girl
looks for sugar cubes.
Behind that mirror she looks for
hills encrusted with green forests,
dark, the furthest almost blue.
Composition topic. Oxygen.
She rearranges the burlap. She sits down.
There are rocks round like chamber pots.
She drinks tea. She soaks

la taza en un lavatorio de porcelana
que está sobre una banqueta de madera
sin desbastar. Bebe agua.
Luego bebe té.
Mira la lejanía: nubes.
Junto a ella emerge el esqueleto
de una bicicleta,
oxidado, pero firme aún el cuadro.
Tema de Composición. Una bicicleta
que es la Belleza y no la muerte.
No la amante salvaje
—la muerte—
corriendo por las calles
del sueño
simplemente porque ya no queda nada
por hacer. No los golpes
en la puerta de la cabaña abandonada.
La muchacha bebe té, lava
el vaso en el lavatorio, tira
el agua en el patio.
Luego entra en la casa
y tras un instante sale
con una chaqueta de lana
sobre la espalda. Como una santa
atraviesa la cerca
y empieza a diluirse
entre los abrojos y la hierba alta.
Ése es el tema de la composición:
la Belleza aparece, se pierde,
reaparece, se pierde,
vuelve a aparecer, se diluye.
Al final sólo escuchas
las pulsaciones de un pozo,
que es tu corazón.

the cup in a porcelain sink
on top of an unfinished wood
bench. She drinks water.
Then she drinks tea.
She looks off in the distance: clouds.
Next to her the skeleton
of a bicycle emerges,
rusted, but frame still solid.
Composition topic. A bicycle
that is Beauty and not death.
Not the savage lover
—death—
speeding down the streets
of the dream
just because there's nothing left
to do. Not the knocks
on the door of the abandoned cabin.
The girl drinks tea, washes
the glass in the sink, tosses
the water out on the patio.
Then she goes in the house
and after a moment comes out
with a wool coat
on her back. Like a saint
she passes through the fence
and starts to dissolve
in the burrs and tall grass.
That's the composition topic:
beauty appears, gets lost,
reappears, gets lost,
appears again, dissolves.
In the end you only hear
the pulsing of a well,
which is your heart.

NAPO

Allá va hacia su última campaña
Envuelto en nubes o en niebla
El careto serio como si masticara
Los grandes funerales la maroma definitiva
En el espacio negro de los campos
Donde desplegará su imaginación ya lenta
Envuelto en adoquines o en fajas de cemento
El gran ojo que tira las campañas
Hacia el olvido

Posdata:
No te asustes soy el ojo de Napo arrastrando las nubes
Hacia la última campaña soy el ojo en el espacio negro envuelto
En neblina y misterios planificando la pesadilla (pero al mismo
Tiempo intentando escapar de ella) envuelto en un careto
Demasiado grave soy el ojo que tira las campañas
Hacia el olvido

NAPO

There he goes toward his last campaign
Surrounded by clouds or by fog
His mug serious as if chomping
The great funerals the definitive tumble
Into the black space of the fields
Where he will deploy his already slow imagination
Surrounded by cobbles or by cement girdles
The great eye that launches campaigns
Into oblivion

Postscript:
Never fear I am Napo's eye towing the clouds
Into the last campaign I am the eye in the black space encased
In mist and mysteries planning the nightmare (but at the same
Time trying to escape it) encased in an all too
Serious mug I am the eye that launches campaigns
Into oblivion

GITANOS

Insoportablemente libres, dice la voz.
Detrás del paisaje cercado, en la curva,
Junto a los matorrales, justo en ese hueco
Tuve el sueño de los cadáveres. Algo
Muy sencillo. Un montón de fiambres
En el atardecer. Pero entonces uno de ellos
Dijo: no te asustes, soy el libro de
Los gitanos, voy a revelarte dos cosas
Antes de seguir por la línea.
Te lo resumo: la libertad y la pobreza
Eran una bandera. La bandera de quienes
Cayeron en la curva.

GYPSIES

Unbearably free, says the voice.
Behind the fenced off landscape, at the bend,
Next to the bushes, right there in that hole
I had the dream about the corpses. Nothing
Fancy. A bunch of stiffs
At dusk. But then one of them
Said: don't be afraid, I'm the book of
The gypsies, I'm going to show you two things
Before moving on down the line.
I'll summarize: freedom and poverty
Were a flag. The flag of those
Who fell off the bend.

BRUNO MONTANÉ
CUMPLE TREINTA AÑOS

Vi pasar a B. M. por la veintena
Lo vi amar y caminar
Lo vi emborracharse y ser generoso
Lo vi meter sus ojos azules en el balde del terror
Y ver el paso rápido de la luna
Como si estuviéramos otra vez en una calle mexicana
Y oí sus ruegos por la felicidad
De una muchacha desaparecida
Aunque no puedo afirmar a quién se refería
Tal vez a Alejandra
Más posible: Inma

BRUNO MONTANÉ
TURNS THIRTY

I saw B.M. move through his twenties
I saw him love and walk
I saw him get drunk and be generous
I saw him plunge his blue eyes in the bucket of terror
And see the moon's swift passage
As if we were once more on a Mexican street
And I heard his pleas for the happiness
Of a disappeared girl
Though I can't say for certain to whom he referred
Maybe Alejandra
More likely: Inma

EN ALGÚN LUGAR SECO Y ENORME, 1949

Tú y yo vestidos confortablemente observando la línea recta
mientras en el cielo las nubes corren como en la película
que a veces sueñas hacer Tú y yo sin hijos observando
la línea recta entre dos amarillos que antes fueron
la masa amarilla y que nunca sabremos en qué demonios se
convertirán (¡ni nos importa!) Tú y yo en una casa alquilada
sentados junto al ventanal la verdad dices es que podría
llorar toda la tarde la verdad es que no tengo hambre y sí
un poco de miedo a emborracharme otra vez sentados junto
a un ventanal recto ¿no? mientras a nuestras espaldas
los pájaros saltan de rama en rama y la luz de la cocina
parpadea Tú y yo en una cama ¡allí estamos! observando
las paredes blancas —dos perfiles que se continúan— ayudados
por la luz de la calle y por la luz de nuestros corazones fríos
que se niegan a morir

IN SOME ENORMOUS DRY PLACE, 1949

You and I comfortably dressed observing the straight line
while clouds race through the sky like in the movie
you sometimes dream of making You and I childless observing
the straight line between two yellows which were once
the yellow mass and we'll never know what the hell they'll
turn into (nor do we care!) You and I in a rented house
sitting by the bay window the truth is you say I could
cry all afternoon the truth is I'm not hungry and yes
I'm a little scared of getting drunk again sitting by
a tall bay window, right? while behind us
birds jump branch to branch and the kitchen light
flickers You and I in a bed, there we are! observing
the white walls—two silhouettes that carry on—assisted
by the light of the street and by the light of our cold hearts
that refuse to die

LA SUERTE

Él venía de una semana de trabajo en el campo
en casa de un hijo de puta y era diciembre o enero,
no lo recuerdo, pero hacía frío y al llegar a Barcelona la nieve
comenzó a caer y él tomó el metro y llegó hasta la esquina
de la casa de su amiga y la llamó por teléfono para que
bajara y viera la nieve. Una noche hermosa, sin duda,
y su amiga lo invitó a tomar café y luego hicieron el amor
y conversaron y mucho después él se quedó dormido y soñó
que llegaba a una casa en el campo y caía la nieve
detrás de la casa, detrás de las montañas caía la nieve
y él se encontraba atrapado en el valle y llamaba por teléfono
a su amiga y la voz fría (¡fría pero amable!) le decía
que de ese hoyo inmaculado no salía ni el más valiente
a menos que tuviera mucha suerte

LUCK

He was coming back from a week of work in the country
at the home of a real asshole and it was December or January,
I don't remember, but it was cold and on arriving in Barcelona
   the snow
began to fall and he took the metro and rode to the corner
where his friend lived and called her on the phone so she'd
come down and see the snow. A beautiful night, without a
   doubt,
and his friend invited him to have a cup of coffee and then
   they made love
and talked and much later he was asleep and dreamt
he was arriving at a house in the country and the snow was
   falling
behind the house, behind the mountains, the snow was falling
and he found himself trapped in the valley and calling his friend
on the phone and the cold voice (cold but friendly!) told him
from this immaculate grave not even the bravest could leave
unless he were very lucky

NUEVE POEMAS

NINE POEMS

Procura no dormir, Roberto, me digo … Aunque el sueño te cierre
los párpados, procura no quedarte dormido … Recuerda imágenes felices,
los cromos de México D.F., los poetas de hierro en el Café La Habana …
Pero no te duermas …
No dejes que el sueño cierre la puerta … Piensa en películas de terror: Freddy,
Jason, Norman, ¡el Demonio! … Pero no te duermas … Piensa en Drácula,
en Frankenstein, en el Doctor Sinuoso … Las sombras que recorrían
los párpados de aquella muchacha … Tirada sobre un sofá-cama … Y sólo
un biombo de seda la separaba de los Ojos … Recuerda adolescentes vagando
por los alrededores de Guadalupe: los tacos de carnita, el manto de Juan Diego, los implorantes de rodillas … ¿Qué hacías allí? Mirabas …
El tráfico de mota, los autobuses repletos, las tiendas de electrodomésticos,
los bares … Como entonces, haz un esfuerzo y vence al sueño … No dejes
que las sombras cierren (o abran) las puertas …

Try not to sleep, Roberto, I tell myself ... Even if sleep closes
    your
eyelids, try not to stay asleep ... Remember happy images,
Mexico City trading cards, the iron poets in Café La
    Habana ...
But don't fall asleep ...
Don't let sleep close the door ... Think of horror flicks: Freddy,
Jason, Norman, the Devil! ... But don't fall asleep ... Think
    of Dracula,
of Frankenstein, of the Crooked Doctor ... Shadows
    traversing
the eyelids of that girl ... sprawled on a sofa bed ... And only
a silk screen between her and the Eyes ... Remember teenagers
    wandering
Guadalupe's outskirts: tacos de carnita, Juan Diego's
cloak, beggars on their knees ... What were you doing there?
    You were watching ...
Pot dealing, packed buses, appliance stores,
bars ... Like you did back then, make an effort and defeat
    sleep ... Don't let
the shadows close (or open) the doors ...

La muerte es un automóvil con dos o tres amigos lejanos.
Rostros
que no puedo olvidar: cerúleos, fríos, a un paso tan sólo del
atardecer.
La muerte es un automóvil en marcha por las avenidas de
Ciudad de México
buscando inútilmente tu casa: una estela de carbón, una cola de
carbón, unos dedos de carbón que se hunden en la oscuri-
dad. La muerte
son los labios de R. B. y L. J. en el asiento posterior de un
pesero: ahora sé
que de esas avenidas no escapa nadie. Te lo dejo como prenda:
el final de mi infancia.

Death is an automobile with two or three distant friends.
Faces
I can't forget: cerulean, cold, just one step away from dusk.
Death is an automobile out driving the avenues of Mexico
City
uselessly searching for your house: a carbon trail, a carbon
tail, carbon fingers sinking into darkness. Death
is R.B. and L.J.'s lips in the backseat of a minibus: now I know
no one escapes those avenues. I'll leave it as collateral:
the end of my childhood.

La vi caminar calle abajo. El viento pasaba por encima de
    ella: movía
las hojas de los árboles y la ropa tendida, pero su pelo parecía
el de una estatua. Calle abajo, con pasos regulares, en línea
    recta
hacia el azul del cruce. Luego ya no la vi más. Cerré los ojos
    y recordé
a una muchacha tirada sobre una estera en el rincón de un
    cuarto
oscuro, como un garaje ... Hola, dije, acabo de llegar y no
    conozco a nadie
en este pueblo encantador ... El viento golpeó la puerta,
    removió las ventanas:
su sombra, como una peonza, se perdió en el cruce, imper-
    turbable. Sólo entonces
me di cuenta de que había llegado a la Ciudad Fantasma.
    Helado, cerré
los ojos y volví a verla ... Reina de los reflejos ... Reina de
    las calles que descienden ...

I saw her walking down the street. Wind passed over her: it
    was moving
the leaves on the trees and the hanging clothes, but her hair
    looked
like a statue's. Down the street, with steady steps, in a straight
    line
toward the blue of the crossroads. Then I didn't see her any-
    more. I closed my eyes and remembered
a girl sprawled on a straw mat in the corner of a dark
room, like a garage ... Hello, I said, I just got here and I
    don't know anyone
in this charming village ... Wind knocked at the door, shook
    the windows:
her shadow, like a spinning top, got lost in the crossroads,
    unfazed. Only then
did I realize I'd arrived in Ghost City. Frozen, I closed
my eyes and saw her again ... Queen of reflections ... Queen
    of descending streets ...

En coches perdidos, con dos o tres amigos lejanos, vimos de
    cerca
a la muerte.
Borrachos y sucios, al despertar, en suburbios pintados de
    amarillo,
vimos a la Pelona bajo la sombra de un tenderete.
¡Qué clase de duelo es éste!, gritó mi amigo.
La vimos desaparecer y aparecer como una estatua griega.
La vimos estirarse.
Pero sobre todo la vimos fundirse con las colinas y el horizonte.

In lost cars, with two or three distant friends—we saw
Death up close.
Drunk and dirty, waking up, in yellow-painted suburbs,
we saw Death in the shade of a market stall.
What kind of match-up is this! my friend shouted.
We saw Her disappear and appear like a Greek statue.
We saw Her stretch.
But mainly we saw Her melt away into the hills and the
    horizon.

Cada día los veo, junto a sus motos, en el otro lado del río. Con buen o mal tiempo ellos siempre están ahí, confabulando o jugando a ser estatuas. Bajo las nubes y bajo las sombras: nunca cambian. Esperan y desesperan, dicen las viejitas en este lado
del río. Pero se equivocan: nada esperan, su serenidad metálica es la bandera secreta de su pueblo.

I see them every day, with their motorbikes, on the other side
    of the river.
In good weather or bad they're always there, plotting
or pretending to be statues. Beneath the clouds and beneath
    the shadows:
they never change. They hope and give up hope, say the
    little old ladies on this side
of the river. But they're mistaken: they hope for nothing,
    their metallic serenity
is the secret flag of their people.

Llegué a los Estadios con mucho frío, patrón, y los Estadios
comenzaron a moverse.
Llovía a cántaros y yo estaba parado en una esquina, que es
como decir que estaba parado en medio del desierto
y los Estadios se alejaban de aquel lugar para no volver.
¿Se mueven por el Sonido?, me pregunté.
¿Y hacia dónde se dirigen, hacia donde el Sonido disponga?
Tenía frío y tenía miedo, patrón, pero comprendí
que los Estadios, los compartimentos estancos,
marchaban de cabeza rumbo al pasado.
Todo lo que un día poseímos o quisimos poseer
marchaba de cabeza rumbo al pasado.
Después cesó la lluvia, patrón, y en el horizonte
aparecieron las agujas.

When I got to the Stadiums, I was really cold, boss, and the
    Stadiums
started moving.
It was raining buckets and I was standing on a corner, which is
like saying I was standing in the middle of the desert
and the Stadiums were moving away from that place for good.
Are they moving because of Sound? I asked myself.
And where are they going? to wherever Sound orders them?
I was cold and I was scared, boss, but I understood
that the Stadiums, the watertight compartments,
were marching headlong into the past.
Everything we'd once possessed or wanted to possess
was marching headlong into the past.
Then the rain stopped, boss, and on the horizon
steeples appeared.

En la película de la tele el gángster toma un avión
que se eleva lentamente contra un atardecer en blanco y negro.
Sentado en tu sillón mueves la cabeza: en la ventana
ves el mismo atardecer, las mismas nubes en blanco
y negro. Te levantas y pegas las manos en el cristal:
el reactor del gángster se abre paso entre las nubes,
nubes increíblemente hermosas, ondas de la cabellera
de tu primer amor, labios ideales que formulan
una promesa para ti, pero que no entiendes.
La imagen que se desplaza por el cielo, la imagen
del televisor, son idénticas, el mismo anhelo, la misma
mirada. Y sin embargo tiemblas y no entiendes.

In the TV movie the gangster hops a plane
that takes off slowly against a black and white dusk.
Seated in your armchair you turn your head: in the window
you see the same dusk, the same black and white
clouds. You get up and press your hands against the glass:
the gangster's jet parts the clouds,
incredibly beautiful clouds, waves in your
first love's hair, idyllic lips that mouth
a promise meant for you, but that you don't understand.
The image moving through the sky, the image
on the television, are identical: the same longing, the same
look. And still you tremble and don't understand.

Volví en sueños al país de la infancia. En el cielo
había una espada azul. Una gran espada azul sobrevolando
los tejados marrones y rojos de Quilpué.
Entré caminando, con las manos en los bolsillos, y busqué
las viejas películas: el riachuelo, el caballo, la plaza
cubierta de hojas, el porche de mi casa. No vi
a nadie. Hasta el Duque había desaparecido.
De alguna manera intuí que el pueblo había entrado
en una suerte de operación geométrica sin fin. La espada
se reproducía en el cielo mas siempre era una e indivisible.

In dreams I returned to my childhood country. In the sky
there was a blue sword. A great blue sword flying above
the brown and red roofs of Quilpué.
I entered on foot, with my hands in my pockets, and searched
for the old films: the brook, the horse, the plaza
covered in leaves, my house's porch. I didn't
see anyone. Even the Duke had disappeared.
Somehow I sensed that the town had entered
a kind of endless geometric operation. The sword
was multiplying in the sky, but was always one and indivisible.

EL ÚLTIMO SALVAJE

1

Salí de la última función a las calles vacías. El esqueleto
pasó junto a mí, temblando, colgado del asta
de un camión de basura. Grandes gorros amarillos
ocultaban el rostro de los basureros, aun así creí reconocerlo:
un viejo amigo. ¡Aquí estamos!, me dije a mí mismo
unas doscientas veces,
hasta que el camión desapareció en una esquina.

2

No tenía adónde ir. Durante mucho tiempo
vagué por los alrededores del cine
buscando una cafetería, un bar abierto.
Todo estaba cerrado, puertas y contraventanas, pero
lo más curioso era que los edificios parecían vacíos, como
si la gente ya no viviera allí. No tenía nada que hacer
salvo dar vueltas y recordar
pero incluso la memoria comenzó a fallarme.

3

Me vi a mí mismo como «El Último Salvaje» montado en
una motocicleta blanca, recorriendo los caminos
de Baja California. A mi izquierda el mar, a mi derecha el mar,
y en mi centro la caja llena de imágenes que paulatinamente
se iban desvaneciendo. ¿Al final la caja quedaría vacía?
¿Al final la moto se iría junto con las nubes?
¿Al final Baja California y «El Último Salvaje» se fundirían
con el Universo, con la Nada?

THE LAST SAVAGE

1

I stepped out of the last show onto empty streets. The skeleton
passed right by me, trembling, hung from the antenna
of a garbage truck. Big yellow hats
hid the face of the garbage men. Still I thought I recognized him:
an old friend. Here we are! I said to myself
some two hundred times,
until the truck disappeared around a bend.

2

I had no place to go. For a while
I wandered around outside the theatre
looking for a coffee shop, an open bar.
Everything was closed, doors and shutters, but
the weirdest thing was the buildings seemed empty, as
if people no longer lived there. I had nothing to do
except walk in circles and remember
but even memory began to fail me.

3

I saw myself as "The Last Savage"
cruising the streets of Baja California
on a white motorcycle. To my left the sea, to my right the sea,
and in my center, the box filled with images gradually
fading away. In the end would the box remain empty?
In the end would the bike vanish with the clouds?
In the end would Baja California and "The Last Savage" fuse
with the Universe, with Nothingness?

4

Creí reconocerlo: debajo del gorro amarillo de basurero un
   amigo
de la juventud. Nunca quieto. Nunca demasiado tiempo en
   un solo
registro. De sus ojos oscuros decían los poetas: son como dos
   volantines
suspendidos sobre la ciudad. Sin duda el más valiente. Y sus ojos
como dos volantines negros en la noche negra. Colgado
del asta del camión el esqueleto bailaba con la letra de nuestra
juventud. El esqueleto bailaba con los volantines y con las
   sombras.

5

Las calles estaban vacías. Tenía frío y en mi cerebro se sucedían
las escenas de «El Último Salvaje». Una película de acción,
   con trampa:
las cosas sólo ocurrían aparentemente. En el fondo: un valle
   quieto,
petrificado, a salvo del viento y de la historia. Las motos, el
   fuego
de las ametralladoras, los sabotajes, los 300 terroristas muertos,
   en realidad
estaban hechos de una sustancia más leve que los sueños.
   Resplandor
visto y no visto. Ojo visto y no visto. Hasta que la pantalla
volvió al blanco, y salí a la calle.

4

I thought I recognized him: under the yellow garbage man's
    hat
a childhood friend. Never calm. Never too many beats in a
    single
measure. Of his dark eyes, poets would say: they're like two
    kites
hovering over the city. Without a doubt the bravest. And his
    eyes
like two little black kites in the black night. Hung
from the truck's antenna the skeleton was dancing to the lyrics
of our youth. The skeleton was dancing with the kites and
    with the shadows.

5

The streets were empty. I was cold and scenes from
"The Last Savage" were playing in my head. An action film,
    with intrigue:
things only appeared to be happening. At heart: a quiet valley,
petrified, except for wind and history. The bikes, the fire
from machine guns, the sabotages, the 300 dead terrorists, really
they were made from an essence slighter than dreams. Splendor
seen and unseen. Visibly and invisibly. Until the screen
went white, and I stepped out on the street.

6

Los alrededores del cine, los edificios, los árboles, los buzones
    de correo,
las bocas del alcantarillado, todo parecía más grande que antes
de ver la película. Los artesonados eran como calles suspen-
    didas en el aire.
¿Había salido de una película de la fijeza y entrado en una
    ciudad
de gigantes? Por un momento creí que los volúmenes y las
    perspectivas
enloquecían. Una locura natural. Sin aristas. ¡Incluso mi ropa
había sido objeto de una mutación! Temblando, metí las manos
en los bolsillos de mi guerrera negra y eché a andar.

7

Seguí el rastro de los camiones de basura sin saber a ciencia
    cierta
qué esperaba encontrar. Todas las avenidas
desembocaban en un Estadio Olímpico de magnitudes colosales.
Un Estadio Olímpico dibujado en el vacío del universo.
Recordé noches sin estrellas, los ojos de una mexicana, un
    adolescente
con el torso desnudo y una navaja. Estoy en el lugar donde sólo
se ve con la punta de los dedos, pensé. Aquí no hay nadie.

8

Había ido a ver «El Último Salvaje» y al salir del cine
no tenía adónde ir. De alguna manera yo era
el personaje de la película y mi motocicleta negra me conducía
directamente hacia la destrucción. No más lunas rielando
sobre las vitrinas, no más camiones de basura, no más
desaparecidos. Había visto a la muerte copular con el sueño
y ahora estaba seco.

6

Outside the theatre, buildings, trees, mailboxes,
the mouths of sewers, everything seemed bigger than before
I saw the film. The coffers like streets suspended in air.
Had I stepped out of a realistic film and into a city
of giants? For a moment I thought volume and perspective
were going insane. A natural insanity. Without edges. Even
   my clothes
had undergone a mutation! Trembling, I shoved my hands
in the pockets of my black bomber jacket, started walking.

7

I followed the garbage trucks' tracks without knowing for
   absolute certain
what I was hoping to find. All the avenues
poured into an Olympic Stadium of epic proportions.
An Olympic Stadium sketched in the void of the universe.
I recalled nights without stars, the eyes of a Mexican girl, a
   teenager
with a bare chest and a jackknife. I'm in a place where
you can only see with your fingertips, I thought. There's no
   one here.

8

I'd gone to see "The Last Savage" and on leaving the theatre
had no place to go. In a sense I was
the character from the film and my black motorcycle carried me
straight to destruction. No more moonlight dancing
on shop windows, no more garbage trucks, no more
desaparecidos. I'd seen death mate with sleep
and I was spent.

MI VIDA EN LOS TUBOS
DE SUPERVIVENCIA

MY LIFE IN THE TUBES OF SURVIVAL

Follow, poet, follow right
To the bottom of the night

AUDEN

Resurrección dijo el viajero en la posada, tal vez un árabe
o un sudamericano
y se durmió junto al fuego.
En la hoguera crepitaban los Arnolfini:
estela que atraviesa los campos y las lluvias,
los periodos de fecundación y de cosecha, la historia
es inasible
pero a veces el misterio cae en nuestros sueños
como un pájaro en el regazo de una niña.
Los Arnolfini, amor mío, la resurrección
dijo el viajero,
nuestro tiempo no tiene fin.

Resurrection said the traveler at the inn, perhaps an Arab
or a South American,
and he slept beside the fire.
The Arnolfinis crackled in the blaze:
trail crossing fields and rains,
periods of fertilization and harvest, history
is elusive
but sometimes mystery falls into our dreams
like a bird in a little girl's lap.
The Arnolfinis, my love, the resurrection
said the traveler,
our time has no end.

POLICÍAS

Romeo y Julieta en un sistema policiaco
Todo Dante todo Bocaccio todo Ariosto
Marlowe en un sistema policiaco
El fulgor oculto de Velázquez
Acuático desértico arbóreo aéreo mi cuerpo en un sistema
de comisarías y coches patrulla y la radio
a medianoche
sólo diciendo que algo marcha mal en el Distrito V
entre la calle Hospital y la calle del Carmen
¡bloqueen Jerusalén, saquen a los negros
del bar Jerusalén!
Y entre los pescados y los puestos de fruta
y los puestos de verdura y los puestos de carne
pasean los hombros y las rodillas de los polis
¡Cada vez más jóvenes!
Busca en Arquíloco la presencia inevitable
de los detectives
busca en Anacreonte las estelas de los policías
Armados hasta los dientes o desnudos
son los únicos capaces de mirar
como si sólo ellos tuvieran ojos
son los únicos que podrán reconocernos
más allá de cualquier gesto:
brazo inmovilizado en indicaciones
que ya nada querrán decir

POLICE

Romeo and Juliette in a system of law enforcement
All Dante all Boccaccio all Ariosto
Marlowe in a system of law enforcement
The hidden brilliance of Velázquez
Aquatic desert arboreal aerial my body in a system
of commissioners and patrol cars and the radio
at midnight
saying only that something's gone wrong in District V
between Hospital Street and Carmen Street
block off Jerusalem! pull the blacks
out of Jerusalem bar!
And between the fish and the fruit stands
and the vegetable stands and the meat stands
pass the men and the cops' knees
Younger and younger!
Look to Archilochus for the inevitable presence
of detectives
look to Anacreon for the policemen's trails
Armed to the teeth or naked
they're the only ones able to watch
as if only they had eyes
they're the only ones who could recognize us
in spite of any gesture to the contrary:
arm frozen to indicate
they've nothing more to say

Soñé con detectives helados en el gran
refrigerador de Los Ángeles
en el gran refrigerador de México D.F.

I dreamt of frozen detectives in the great
refrigerator of Los Angeles
in the great refrigerator of Mexico City

LOS DETECTIVES

Soñé con detectives perdidos en la ciudad oscura
Oí sus gemidos, sus náuseas, la delicadeza
De sus fugas
Soñé con dos pintores que aún no tenían
40 años cuando Colón
Descubrió América
(Uno clásico, intemporal, el otro
Moderno siempre
Como la mierda)
Soñé con una huella luminosa
La senda de las serpientes
Recorrida una y otra vez
Por detectives
Absolutamente desesperados
Soñé con un caso difícil,
Vi los pasillos llenos de policías
Vi los cuestionarios que nadie resuelve
Los archivos ignominiosos
Y luego vi al detective
Volver al lugar del crimen
Solo y tranquilo
Como en las peores pesadillas
Lo vi sentarse en el suelo y fumar
En un dormitorio con sangre seca
Mientras las agujas del reloj
Viajaban encogidas por la noche
Interminable

THE DETECTIVES

I dreamt of detectives lost in the dark city
I heard their moans, their disgust, the delicacy
Of their escape
I dreamt of two painters who weren't even
40 when Columbus
Discovered America
(One classic, eternal, the other
Modern always,
Like a pile of shit)
I dreamt of a glowing footprint
The serpents' trails
Observed time and again
By detectives
Who were utterly desperate
I dreamt of a difficult case,
I saw corridors filled with cops
I saw interrogations left unresolved
The ignominious archives
And then I saw the detective
Return to the scene of the crime
Tranquil and alone
As in the worst nightmares
I saw him sit on the floor and smoke
In a bedroom caked with blood
While the hands of the clock
Traveled feebly through the
Infinite night

LOS DETECTIVES PERDIDOS

Los detectives perdidos en la ciudad oscura
Oí sus gemidos
Oí sus pasos en el Teatro de la Juventud
Una voz que avanza como una flecha
Sombra de cafés y parques
Frecuentados en la adolescencia
Los detectives que observan
Sus manos abiertas
El destino manchado con la propia sangre
Y tú no puedes ni siquiera recordar
En dónde estuvo la herida
Los rostros que una vez amaste
La mujer que te salvó la vida

THE LOST DETECTIVES

Detectives lost in the dark city
I heard their moans
I heard their footsteps in the Theatre of Youth
A voice coming on like an arrow
Shadows of cafes and parks
Adolescent hangouts
Detectives who stare at
Their open palms
Destiny stained by their own blood
And you can't even recall
Where the wound was
The faces you once loved
The woman who saved your life

LOS DETECTIVES HELADOS

Soñé con detectives helados, detectives latinoamericanos
que intentaban mantener los ojos abiertos
en medio del sueño.
Soñé con crímenes horribles
y con tipos cuidadosos
que procuraban no pisar los charcos de sangre
y al mismo tiempo abarcar con una sola mirada
el escenario del crimen.
Soñé con detectives perdidos
en el espejo convexo de los Arnolfini:
nuestra época, nuestras perspectivas,
nuestros modelos del Espanto.

THE FROZEN DETECTIVES

I dreamt of frozen detectives, Latin American detectives
who were trying to keep their eyes open
in the middle of the dream.
I dreamt of hideous crimes
and of careful guys
who were wary not to step in pools of blood
while taking in the crime scene
with a single sweeping glance.
I dreamt of lost detectives
in the convex mirror of the Arnolfinis:
our generation, our perspectives,
our models of Fear.

LOS HOMBRES DUROS NO BAILAN
UNA ESTRUCTURA DE SOMBRAS EN EL
CONTINENTE AMERICANO

Dirigida por Norman Mailer

Los hombres duros no bailan
Los hombres duros llegan a pueblos limítrofes en horas oscuras
Los hombres duros no tienen dinero, malgastan el dinero, buscan
    un poco de dinero en habitaciones minúsculas y húmedas
Los hombres duros no usan pijama
Los hombres duros tienen vergas grandes y duras que el
    tiempo va cuarteando y emblandeciendo
Los hombres duros cogen sus vergas con una mano y mean
    largamente sobre acantilados y desiertos
Los hombres duros viajan en trenes de carga por los grandes
    espacios de Norteamérica
Los grandes espacios de las películas de serie B
Películas violentas en donde el alcalde es infame y el sheriff
    es un hijo de puta y las cosas van de mal en peor
Hasta que aparece el hombre duro disparando a diestra y
    siniestra
Pechos reventados por balas de grueso calibre se proyectan
Hacia nosotros
Como hostias de redención definitiva
Los hombres duros hacen el amor con camareras
En habitaciones femeninas pobremente decoradas
Y se marchan antes de que amanezca
Los hombres duros viajan en transportes miserables por los
    grandes espacios de Latinoamérica
Los hombres duros comparten el paisaje del viaje y la melan-
    colía del viaje con cerdos y gallinas
Atrás quedan bosques, llanuras, montañas como dientes de
    tiburón, ríos sin nombre, esfuerzos vanos

TOUGH GUYS DON'T DANCE
A FRAMEWORK OF SHADOWS ON THE
AMERICAN CONTINENT

Directed by Norman Mailer

Tough guys don't dance
Tough guys arrive in border towns at dark times
Tough guys haven't got money, waste money, seek a little
    money in tiny humid bedrooms
Tough guys don't wear pajamas
Tough guys have big hard cocks that shrivel and soften over
    time
Tough guys grab their cocks in one hand and take long
    pisses over cliffs and deserts
Tough guys ride freight trains across the great expanses of
    North America
The great expanses of B movies
Violent movies where the mayor is loathsome and the sheriff
    a son of a bitch and things go from bad to worse
Until the tough guy appears firing right and left
Chests blown apart by high caliber bullets hurling
Toward us
Like hosts of permanent redemption
Tough guys make love to waitresses
In humble feminine rooms
And leave before dawn
Tough guys ride wretched transport across the great expanses
    of Latin America
Tough guys share the journey's landscape and the journey's
    melancholy with chickens and pigs
They leave behind forests, prairies, shark-tooth mountains,
    nameless rivers, futile efforts

Los hombres duros recogen las migajas de la memoria sin
    una queja
Hemos comido, dicen, hemos culeado, nos hemos drogado,
    hemos conversado hasta el amanecer con amigos de verdad
¿Qué más podemos pedir?
Los hombres duros dejan a sus hijos desperdigados por los
    grandes espacios de Norteamérica y Latinoamérica
Antes de enfrentarse con la muerte
Antes de recibir con el rostro vaciado de esperanzas la visita
    de la Flaca, de la Calaca
Antes de recibir con el rostro arrugado por la indiferencia la
    visita de la Madrina, de la Soberana
De la Pingüina, de la Peluda, de la Más Fea del Baile
De la Más Fea y la Más Señalada del Baile

Tough guys gather memory's breadcrumbs without a complaint
We've eaten, they say, we've screwed, we've gotten stoned,
    we've talked till morning with true friends
What more could we ask for?
Tough guys leave their children scattered across the great
    expanses of North America and Latin America
Before facing death
Before receiving with faces drained of hope the visit of la
    Flaca, la Calaca
Before receiving with faces wrinkled by indifference the visit
    of the Godmother, the Sovereign Lady
The Penguin, la Peluda, the Ugliest Girl at the Ball
The Ugliest, Most Special Girl at the Ball

LOS HOMBRES DUROS. COMENTARIO
CRÍTICO Y ETNOGRÁFICO

¿Una estructura de sombras *chinas* en el continente americano?

¿Una estructura de sombras *checas*? ¿Una estructura de sombras *gallegas*

Surgidas de la pura nada y que se han multiplicado

Simplemente porque América es un Espejo?

Los vi en el sueño, les dije cuidado, esta tierra feraz es un espejo,

El espejo buscado en la leyenda, la copa-espejo de Jesucristo,

El gran plano-espejo donde se buscó y no se halló Cabeza de Vaca:

Una alucinación que nos comprende.

Pero mi padre y sus amigos no me escucharon.

TOUGH GUYS. CRITICAL AND ETHNO-
GRAPHIC COMMENTARY

A framework of *Chinese* shadows on the American continent?
A framework of *Czech* shadows? A framework of *Galician*
    shadows
Which have risen from absolute nothingness and multiplied
Simply because America is a Mirror?
I saw them in the dream, told them watch out, this fertile
    land is a mirror,
The mirror sought in legend, the mirror-cup of Jesus Christ,
The great mirror-map where Cabeza de Vaca sought and
    never found himself:
A hallucination that understands us.
But my father and his friends did not listen.

EL NÓMADE

El mismo. Sin brazos.
Con la boca abierta.
¿Qué demonios intenta decirme?
El nómade. El sin esperanzas.
Con pictogramas en lugar de ojos.
Con historias negras en lugar de rodillas.
Ligero como el viento,
pero odia el viento.
¿Qué demonios intenta decirme?
Sólo escucho el ruido lejano de una televisión.
Sólo intento dormir o leer en paz,
pero allí está él.
Sin brazos.
La boca abierta.
Saltando.
De la sartén al fuego.
Del fuego a la sartén.

THE NOMAD

The same one. Armless.
With mouth open.
What the hell is he trying to tell me?
The nomad. The hopeless one.
With pictograms for eyes.
With dark stories for knees.
Swift as the wind,
but he hates wind.
What the hell is he trying to tell me?
I only hear the distant sound of television.
I'm only trying to sleep or read in peace,
but there he is.
Armless.
Mouth open.
Leaping.
Out of the frying pan into the fire.
Out of the fire into the frying pan.

EL ATARDECER

Ese atardecer vio pasar al padre de Lisa
hacia abajo
hacia México D.F.
Ese atardecer vio a mi padre poniéndose los guantes
antes de su última pelea.
Ese atardecer vio al padre de Carolina
derrotado y enfermo tras la guerra. El mismo
atardecer sin brazos
y con los labios
delgados como un gemido.
El que vio al padre de Lola trabajando en una
fábrica de Bilbao y el que vio
al padre de Edna buscando las palabras
exactas de su plegaria.
¡Ese atardecer fantástico!
El que contempló al padre de Jennifer
en un barco en el Pacífico
durante la Segunda Guerra Mundial
y el que contempló al padre de Margarita
a la salida de una taberna
sin nombre.
Ese atardecer valeroso y tembloroso, ¡indivisible!
como una flecha lanzada al corazón.

THE SUNSET

That sunset saw Lisa's father make his way
downhill
toward Mexico City.
That sunset saw my father donning gloves
before his last fight.
That sunset saw Carolina's father
defeated and sick after the war. The same
sunset, armless
and with lips
slender as a sigh.
The one that saw Lola's father working in a
Bilbao factory and the one that saw
Edna's father seeking the exact
words for his prayer.
That fantastic sunset!
The one that observed Jennifer's father
on a boat in the Pacific
during the Second World War
and the one that observed Margarita's father
at the exit of a nameless
tavern.
That courageous and tremulous sunset, indivisible!
like an arrow shot through the heart.

AUTORRETRATO A LOS VEINTE AÑOS

Me dejé ir, lo tomé en marcha y no supe nunca
hacia dónde hubiera podido llevarme. Iba lleno de miedo,
se me aflojó el estómago y me zumbaba la cabeza:
yo creo que era el aire frío de los muertos.
No sé. Me dejé ir, pensé que era una pena
acabar tan pronto, pero por otra parte
escuché aquella llamada misteriosa y convincente.
O la escuchas o no la escuchas, y yo la escuché
y casi me eché a llorar: un sonido terrible,
nacido en el aire y en el mar.
Un escudo y una espada. Entonces,
pese al miedo, me dejé ir, puse mi mejilla
junto a la mejilla de la muerte.
Y me fue imposible cerrar los ojos y no ver
aquel espectáculo extraño, lento y extraño,
aunque empotrado en una realidad velocísima:
miles de muchachos como yo, lampiños
o barbudos, pero latinoamericanos todos,
juntando sus mejillas con la muerte.

SELF-PORTRAIT AT TWENTY YEARS

I set off, I took up the march and never knew
where it might take me. I went full of fear,
I got the runs, my head was buzzing:
I think it was the icy wind of the dead.
I don't know. I set off, I thought it was a shame
to leave so soon, but at the same time
I heard that mysterious and convincing call.
You either hear it or you don't, and I heard
and almost burst out crying: a terrible sound,
born on the air and in the sea.
A sword and shield. And then,
despite the fear, I set off, I put my cheek
against Death's cheek.
And it was impossible to close my eyes and miss seeing
that strange spectacle, slow and strange,
though fixed in such a swift reality:
thousands of guys like me, baby-faced
or bearded, but Latin American, all of us,
brushing cheeks with Death.

EL SUDAMERICANO

Hay algo que golpea el corazón, jefe. El tipo alto y pálido
se volvió. ¿Qué demonios intentas decir? Hay algo como una
   nube
que de repente bajó hasta esta zona y se puso a latir
al mismo ritmo que nosotros, jefe.
El tipo cerró la cámara. No pienso quedarme atrapado
en esta historia.
Una nube larga extendida desde Castelldefels hasta Barcelona
y ¡muy baja!
Movimiento del ojo ocupando toda la pantalla.
Después el corazón salta.
Saca tu pistola, dijo mientras se echaba a rodar por el suelo
de la galería.
Olor a sopas putrefactas, jefe, como si ya estuviéramos
atrapados.
El corazón ha descendido esta noche.
No me cogerán vivo.

THE SOUTH AMERICAN

Something's pounding my heart, boss. The tall pale guy
turned back. What the hell are you trying to say? There's
   something like a cloud
that suddenly dropped down into this area and started beating
to the same rhythm as us, boss.
The guy closed the door. I have no intention of getting trapped
in this story.
A long cloud that stretched from Castelldefels to Barcelona
and really low!
Eye movement filling the whole screen.
Then my heart jumps.
Get out your gun, he said as he started rolling around on
the gallery floor.
Smell of rotten soup, boss, as if we were already
trapped.
My heart has fallen tonight.
They won't take me alive.

LUPE

Trabajaba en la Guerrero, a pocas calles de la casa de Julián
y tenía 17 años y había perdido un hijo.
El recuerdo la hacía llorar en aquel cuarto del Hotel Trébol,
espacioso y oscuro, con baño y bidet, el sitio ideal
para vivir durante algunos años. El sitio ideal para escribir
un libro de memorias apócrifas o un ramillete
de poemas de terror. Lupe
era delgada y tenía las piernas largas y manchadas
como los leopardos.
La primera vez ni siquiera tuve una erección:
tampoco esperaba tener una erección. Lupe habló de su vida
y de lo que para ella era la felicidad.
Al cabo de una semana nos volvimos a ver. La encontré
en una esquina junto a otras putitas adolescentes,
apoyada en los guardabarros de un viejo Cadillac.
Creo que nos alegramos de vernos. A partir de entonces
Lupe empezó a contarme cosas de su vida, a veces llorando,
a veces cogiendo, casi siempre desnudos en la cama,
mirando el cielo raso tomados de la mano.
Su hijo nació enfermo y Lupe prometió a la Virgen
que dejaría el oficio si su bebé se curaba.
Mantuvo la promesa un mes o dos y luego tuvo que volver.
Poco después su hijo murió y Lupe decía que la culpa
era suya por no cumplir con la Virgen.
La Virgen se llevó al angelito por una promesa no sostenida.
Yo no sabía qué decirle. Me gustaban los niños, seguro,
pero aún faltaban muchos años para que supiera
lo que era tener un hijo.
Así que me quedaba callado y pensaba en lo extraño
que resultaba el silencio de aquel hotel.
O tenía las paredes muy gruesas o éramos los únicos ocupantes

LUPE

She worked in la Guerrero, a few streets down from Julián's
and she was 17 and had lost a son.
The memory made her cry in that Hotel Trébol room,
spacious and dark, with bath and bidet, the perfect place
to live out a few years. The perfect place to write
a book of apocryphal memories or a collection
of horror poems. Lupe
was thin and had legs long and spotted
like a leopard.
The first time I didn't even get an erection:
and I didn't want to have an erection. Lupe spoke of her life
and of what, for her, was happiness.
When a week had passed, we saw each other again. I found her
on a corner alongside other little teenage whores,
propped against the fender of an old Cadillac.
I think we were glad to see each other. From then on
Lupe began telling me things about her life, sometimes crying,
sometimes fucking, almost always naked in bed,
staring at the ceiling, hand in hand.
Her son was born sick and Lupe promised la Virgen
that she'd leave her trade if her baby were cured.
She kept her promise a month or two, then had to go back.
Soon after, her son died, and Lupe said the fault
was her own for not keeping up her bargain with la Virgen.
La Virgen carried off the little angel, payment for a broken
    promise.
I didn't know what to say. I liked children, sure,
but I still had many years before I'd know
what it was to have a son.
And so I stayed quiet and thought about the eerie feel
emerging from the silence of that hotel.

o los demás no abrían la boca ni para gemir.
Era tan fácil manejar a Lupe y sentirte hombre
y sentirte desgraciado. Era fácil acompasarla
a tu ritmo y era fácil escucharla referir
las últimas películas de terror que había visto
en el cine Bucareli.
Sus piernas de leopardo se anudaban en mi cintura
y hundía su cabeza en mi pecho buscando mis pezones
o el latido de mi corazón.
Eso es lo que quiero chuparte, me dijo una noche.
¿Qué, Lupe? El corazón.

Either the walls were very thick or we were the sole occupants
or the others didn't open their mouths, not even to moan.
It was so easy to ride Lupe and feel like a man
and feel wretched. It was easy to get her
in your rhythm and it was easy to listen as she prattled on
about the latest horror films she'd seen
at Bucareli Theatre.
Her leopard legs would wrap around my waist
and she'd sink her head into my chest, searching for my nipples
or my heartbeat.
This is the part of you I want to suck, she said to me one night.
What, Lupe? Your heart.

LISA

Cuando Lisa me dijo que había hecho el amor
con otro, en la vieja cabina telefónica de aquel
almacén de la Tepeyac, creí que el mundo
se acababa para mí. Un tipo alto y flaco y
con el pelo largo y una verga larga que no esperó
más de una cita para penetrarla hasta el fondo.
No es algo serio, dijo ella, pero es
la mejor manera de sacarte de mi vida.
Parménides García Saldaña tenía el pelo largo y hubiera
podido ser el amante de Lisa, pero algunos
años después supe que había muerto en una clínica psiquiátrica
o que se había suicidado. Lisa ya no quería
acostarse más con perdedores. A veces sueño
con ella y la veo feliz y fría en un México
diseñado por Lovecraft. Escuchamos música
(Canned Heat, uno de los grupos preferidos
de Parménides García Saldaña) y luego hicimos
el amor tres veces. La primera se vino dentro de mí,
la segunda se vino en mi boca y la tercera, apenas un hilo
de agua, un corto hilo de pescar, entre mis pechos. Y todo
en dos horas, dijo Lisa. Las dos peores horas de mi vida,
dije desde el otro lado del teléfono.

LISA

When Lisa told me she'd made love
to someone else, in that old Tepeyac warehouse
phone booth, I thought my world
was over. A tall, skinny guy with
long hair and a long cock who didn't wait
more than one date to penetrate her deep.
It's nothing serious, she said, but it's
the best way to get you out of my life.
Parménides García Saldaña had long hair and
could have been Lisa's lover, but some
years later I found out he'd died in a psych ward
or killed himself. Lisa didn't want to
sleep with losers anymore. Sometimes I dream
of her and see her happy and cold in a Mexico
drawn by Lovecraft. We listened to music
(Canned Heat, one of Parménides García Saldaña's
favorite bands) and then we made
love three times. First, he came inside me,
then he came in my mouth, and the third time, barely
a thread of water, a short fishing line, between my breasts.
    And all
in two hours, said Lisa. The worst two hours of my life,
I said from the other end of the phone.

El recuerdo de Lisa se descuelga otra vez
por el agujero de la noche.
Una cuerda, un haz de luz
y ya está:
la aldea mexicana ideal.
En medio de la barbarie, la sonrisa de Lisa,
la película helada de Lisa,
el refrigerador de Lisa con la puerta abierta
rociando con un poco de luz
este cuarto desordenado que yo,
próximo a cumplir cuarenta años,
llamo México, llamo D.F.,
llamo Roberto Bolaño buscando un teléfono público
en medio del caos y la belleza
para llamar a su único y verdadero amor.

The memory of Lisa descends again
through night's hole.
A rope, a beam of light
and there it is:
the ideal Mexican village.
Amidst the barbarity, Lisa's smile,
Lisa's frozen film,
Lisa's fridge with the door open
sprinkling a little light on
this disorganized room that I,
now pushing forty,
call Mexico, call Mexico City,
call Roberto Bolaño looking for a pay phone
amidst chaos and beauty
to call his one and only true love.

Te regalaré un abismo, dijo ella,
pero de tan sutil manera que sólo lo percibirás
cuando hayan pasado muchos años
y estés lejos de México y de mí.
Cuando más lo necesites lo descubrirás,
y ése no será
el final feliz,
pero sí un instante de vacío y de felicidad.
Y tal vez entonces te acuerdes de mí,
aunque no mucho.

My gift to you will be an abyss, she said,
but it will be so subtle you'll perceive it
only after many years have passed
and you are far from Mexico and me.
You'll find it when you need it most,
and that won't be
the happy ending,
but it will be an instant of emptiness and joy.
And maybe then you'll remember me,
if only just a little.

LA FRANCESA

Una mujer inteligente
Una mujer hermosa
Conocía todas las variantes, todas las posibilidades
Lectora de los aforismos de Duchamp y de los relatos de Defoe
En general con un autocontrol envidiable
Salvo cuando se deprimía y se emborrachaba
Algo que podía durar dos o tres días
Una sucesión de burdeos y valiums
Que te ponía la carne de gallina
Entonces solía contarte las historias que le sucedieron
Entre los 15 y los 18
Una película de sexo y de terror
Cuerpos desnudos y negocios en los límites de la ley
Una actriz vocacional y al mismo tiempo una chica con
    extraños rasgos de avaricia
La conocí cuando acababa de cumplir los 25
En una época tranquila
Supongo que tenía miedo de la vejez y de la muerte
La vejez para ella eran los treinta años
La Guerra de los Treinta Años
Los treinta años de Cristo cuando empezó a predicar
Una edad como cualquier otra, le decía mientras cenábamos
A la luz de las velas
Contemplando el discurrir del río más literario del planeta
Pero para nosotros el prestigio estaba en otra parte
En las bandas poseídas por la lentitud, en los gestos exquisi-
    tamente lentos del desarreglo nervioso
En las camas oscuras
En la multiplicación geométrica de las vitrinas vacías
Y en el hoyo de la realidad
Nuestro lujo

LA FRANCESA

An intelligent woman
A beautiful woman
Knew all the variants, all the possibilities
Reader of Duchamp's aphorisms and the stories of Defoe
In general possessing an enviable self-control
Except when she got depressed and got drunk
Something that could last two or three days
A succession of Bordeaux and Valium
That would give you goose bumps
Then she'd usually tell you what happened to her
Between the ages of 15 and 18
A pornographic horror film
Naked bodies and business deals that skirted the law
A vocational actress and at the same time a girl with strange
    strokes of greed
I met her when she'd just turned 25
In a tranquil period
I suppose she feared old age and death
Old age for her was thirty
The Thirty Years' War
Christ's thirty years when he started to preach
An age like any other, I told her while we dined
By candlelight
Pondering the flow of the planet's most literary river
But for us prestige lay elsewhere
In bands possessed by slowness, in exquisitely slow gestures
    of nervous dishevelment
In dark beds
In the geometric multiplication of empty shop windows
And in the grave of reality
Our luxury

Nuestro absoluto
Nuestro Voltaire
Nuestra filosofía de dormitorio y tocador
Como decía, una muchacha inteligente
Con esa rara virtud previsora
(Rara para nosotros latinoamericanos)
Que es tan común en su patria
En donde hasta los asesinos tienen una cartilla de ahorros
Y ella no iba a ser menos
Una cartilla de ahorros y una foto de Tristán Cabral,
La nostalgia de lo no vivido
Mientras aquel prestigioso río arrastraba un sol moribundo
Y sobre sus mejillas rodaban lágrimas aparentemente gratuitas
No me quiero morir susurraba mientras se corría
En la perspicaz oscuridad del dormitorio
Y yo no sabía qué decir
En verdad no sabía qué decir
Salvo acariciarla y sostenerla mientras se movía
Arriba y abajo como la vida
Arriba y abajo como las poetas de Francia
Inocentes y castigadas
Hasta que volvía al planeta Tierra
Y de sus labios brotaban
Pasajes de la adolescencia que de improviso llenaban nuestra
   habitación
Con duplicados que lloraban en las escaleras automáticas del
   metro
Con duplicados que hacían el amor con dos tipos a la vez
   mientras afuera caía la lluvia
Sobre las bolsas de basura y sobre las pistolas abandonadas
   en las bolsas de basura
La lluvia que todo lo lava
Menos la memoria y la razón

Our absolute
Our Voltaire
Our philosophy of the bedroom and boudoir
Like I said, an intelligent girl
With that rare virtue of foresight
(Rare for us Latin Americans)
So common in her country
Where even the assassins have bankbooks
And she wasn't going to be any less
A bankbook and a photo of Tristan Cabral,
Nostalgia for the unlived
While that prestigious river trailed a dying sun
And down her cheeks rolled seemingly gratuitous tears
I don't want to die, she whispered while coming
In the shrewd darkness of the bedroom
And I didn't know what to say
I really didn't know what to say
Except to caress her and support her while she moved
Up and down like life
Up and down like the poets of France
Innocent and punished
Until she returned to planet Earth
And from her lips sprouted
Passages from her adolescence that filled our bedroom on
    the spot
With copies crying on metro escalators
With copies making love to two guys at once while rain was
    falling outside
Over garbage bags and over abandoned pistols in the garbage
    bags
Rain that washes everything
Except for memory and reason
Dresses, leather jackets, Italian boots, lingerie to drive you mad

Vestidos, chaquetas de cuero, botas italianas, lencería para
    volverse loco
Para volverla loca
Aparecían y desaparecían en nuestra habitación fosforescente
    y pulsátil
Y trazos rápidos de otras aventuras menos íntimas
Fulguraban en sus ojos heridos como luciérnagas
Un amor que no iba a durar mucho
Pero que a la postre resultaría inolvidable
Eso dijo
Sentada junto a la ventana
Su rostro suspendido en el tiempo
Sus labios: los labios de una estatua
Un amor inolvidable
Bajo la lluvia
Bajo ese cielo erizado de antenas en donde convivían
Los artesonados del Siglo XVII
Con las cagadas de palomas del Siglo XX
Y en medio
Toda la inextinguible capacidad de provocar dolor
Invicta a través de los años
Invicta a través de los amores
Inolvidables
Eso dijo, sí
Un amor inolvidable
Y breve
¿Como un huracán?
No, un amor breve como el suspiro de una cabeza guillotinada
La cabeza de un rey o un conde bretón
Breve como la belleza
La belleza absoluta
La que contiene toda la grandeza y la miseria del mundo
Y que sólo es visible para quienes aman

To drive her mad
They appeared and disappeared in our phosphorescent,
  throbbing bedroom
And quick strokes of other less intimate adventures
Flashed in her wounded eyes like fireflies
A love that wouldn't last long
But that by dessert would have become unforgettable
That's what she said
Seated by the window
Her face suspended in time
Her lips: a statue's lips
An unforgettable love
Beneath the rain
Beneath that sky bristling with antennas in which
17th-century coffers coexist
With the shit of 20th-century pigeons
And in the middle
All the inextinguishable capacity to inflict pain
Undefeated through years
Undefeated through loves
Unforgettable
Yes, that's what she said
An unforgettable love
And brief
Like a hurricane?
No, a love brief as the sigh of a guillotined head
The head of a king or Breton count
Brief like beauty
Absolute beauty
Which contains all the world's majesty and misery
And is only visible to those who love

OJOS

Nunca te enamores de una jodida drogadicta:
Las primeras luces del día te sorprenderán
Con sangre en los nudillos y empapado de orines.
Ese meado cada vez más oscuro, cada vez
Más preocupante. Como cuando en una isla griega
Ella se escondía entre las rocas o en un cuarto
De pensión en Barcelona, recitando a Ferrater
En catalán y de memoria mientras calentaba
La heroína en una cuchara que se doblaba
Como si el cabrón de Uri Geller estuviera
En la habitación vecina. Nunca, nunca te encoñes
De una jodida puta suicida: al alba tu rostro
Se dividirá en figuras geométricas semejantes
A la muerte. Inútil y con los bolsillos vacíos
Vagarás entre la luz cenicienta de la mañana
Y entonces el deseo, extinguido, te parecerá
Una broma que nadie se tomó la molestia
De explicarte, una frase vacía, una clave
Grabada en el aire. Y luego el azur. El jodido
Azur. Y el recuerdo de sus piernas sobre tus
Hombros. Su olor penetrante y extraño. Su mano
Extendida esperando el dinero. Ajena a las confesiones
Y a los gestos establecidos del amor. Ajena al dictado
De la tribu. Un brazo y unos pies pinchados
Una y otra vez: espejeantes en la raya que separaba
O que unía lo esperado de lo inesperado, el sueño
Y la pesadilla que se deslizaba por las baldosas
Como la orina cada vez más negra: whisky, coca-cola
Y finalmente un grito de miedo o de sorpresa, pero no
Una llamada de auxilio, no un gesto de amor,
Un jodido gesto de amor a la manera de Hollywood

EYES

Never fall in love with a fucking drug addict:
The first light of day will surprise you
With blood on your knuckles, soaked in urine.
Piss that gets darker and darker, more and more
Worrisome. Like when on a Greek island
She'd hide between rocks or in a room
At a Barcelona boarding house, reciting Ferrater
In Catalan from memory while she heated
Heroin in a spoon that bent
As if that shithead Uri Geller were
In the room next door. Never, never get hot
For a fucking suicidal whore: at dawn your face
Will break into geometric fragments resembling
Death. Useless and with empty pockets
You'll wander around in the ashy light of morning
And then desire, extinguished, will seem
Like an inside joke no one bothered
To explain, empty words, a code
Etched in air. And then azure. Fucking
Azure. And the memory of her legs over your
Shoulders. Her strange penetrating smell. Her hand
Held out for money. Far from confessions
And love's customary gestures. Far from the tribe's
Dictate. One arm and both feet pricked
Over and over: mirrored in the line separating
Or uniting the expected from the unexpected, the dream
And the nightmare slipping across the tiles
Like blacker and blacker urine: whiskey, coca-cola
And finally a shriek of fear or surprise, but not
A call for help, not a gesture of love,
A fucking gesture of love like in Hollywood

O del Vaticano. ¿Y sus ojos, recuerdas sus ojos detrás
De aquella cabellera rubia? ¿Recuerdas sus dedos sucios
    restregando
Esos ojos limpios, esos ojos que parecían mirarte desde otro
Tiempo? ¿Recuerdas esos ojos que te hacían llorar
De amor, retorcerte de amor en la cama sin hacer
O en el suelo, como si el mono lo tuvieras tú y no ella?
Ni siquiera deberías recordas esos ojos. Ni un segundo.
Esos ojos como borrados que parecían seguir con interés
Los movimientos de una pasión que no era de este jodido
    planeta:
La verdadera belleza de los fuertes brillaba allí,
En sus pupilas dilatadas, en las palpitaciones de su
Corazón mientras la tarde se retiraba como en cámara rápida,
Y en nuestra pensión de mierda se oían de nuevo los ruidos,
Los vagidos de la noche, y sus ojos se cerraban.

Or the Vatican. And her eyes, remember her eyes behind
That head of blond hair? Remember her dirty fingers rubbing
Those clean eyes, those eyes that seemed to look at you from
   another
Time? Remember those eyes that made you cry
With love, writhe with love in the unmade bed
Or on the floor, as if you were the one in withdrawal and
   not her?
You shouldn't even be remembering those eyes. Not for a
   second.
Like an erasure those eyes seemed to follow with interest
The movements of a passion that wasn't from this fucking
   planet:
The true beauty of the strong would shine there,
In her dilated pupils, in the palpitations of her
Heart while the afternoon withdrew in fast-forward,
And in our shitty boarding house you could hear the noises
   again,
The cries of the night, and her eyes would close.

ELLA REINA SOBRE LAS DESTRUCCIONES

Qué me lleva hacia ti.
El sueño que se convierte en pesadilla.
El rumor del mar y de las ratas
En la fábrica abandonada.
Saber que después de todo estás allí,
En la oscuridad. Sola y con los ojos abiertos.
Como el pájaro leproso, el pájaro cagado
De las historias de terror de nuestra infancia.
Firme. No: ondulante, como las luces
Más allá del bosque, más allá de las dunas.
Las luces de los automóviles
Que toman la curva y luego desaparecen.
Pero tus ojos no son como los ojos
De los conductores. Ellos
Se deslizan plácidamente hacia el hogar
O la muerte. Tú estás fija en la oscuridad:
Sin luces ni promesas. Las ratas velan tu mirada.
Las olas velan tu mirada.
El viento que levanta remolinos en los linderos
Del bosque me lleva hacia ti: apenas
Una señal ininteligible en el camino de los perros.

SHE REIGNS OVER DESTRUCTION

What draws me to you.
The dream that becomes a nightmare.
The murmur of the sea and of rats
In the abandoned factory.
Knowing that after everything you're there,
In the darkness. Alone and with open eyes.
Like the leprous bird, the filthy bird
From the scary stories of our childhood.
Steady. No: undulating, like the lights
Beyond the forest, beyond the dunes.
The lights of cars
Going round the bend then disappearing.
But your eyes aren't like
The drivers' eyes. They
Slip peacefully toward home
Or death. You are fixed in darkness:
Without lights or promises. The rats watch over your gaze.
The waves watch over your gaze.
The wind twirling pinwheels at the boundaries
Of the forest draws me to you: scarcely
An unintelligible signal on the dog path.

LLUVIA

Llueve y tú dices «es como si las nubes
lloraran». Luego te cubres la boca y apresuras
el paso. ¿Como si esas nubes escuálidas lloraran?
Imposible. Pero entonces, ¿de dónde esa rabia,
esa desesperación que nos ha de llevar a todos al diablo?
La Naturaleza oculta algunos de sus procedimientos
en el Misterio, su hermanastro. Así esta tarde
que consideras similar a una tarde del fin del mundo
más pronto de lo que crees te parecerá tan sólo
una tarde melancólica, una tarde de soledad perdida
en la memoria: el espejo de la Naturaleza. O bien
la olvidarás. Ni la lluvia, ni el llanto, ni tus pasos
que resuenan en el camino del acantilado importan.
Ahora puedes llorar y dejar que tu imagen se diluya
en los parabrisas de los coches estacionados a lo largo
del Paseo Marítimo. Pero no puedes perderte.

RAIN

It's raining and you say "it's as if the clouds
were crying." Then cover your mouth and speed up
your step. As if those emaciated clouds were crying?
Impossible. So then, why all this rage,
this desperation that'll bring us all to hell?
Nature hides some of her methods
in Mystery, her stepbrother. And so, sooner than
you think, this afternoon you consider
an afternoon of the apocalypse, will seem nothing but
a melancholy afternoon, an afternoon of loneliness lost
in memory: Nature's mirror. Or maybe
you'll forget it. Rain, weeping, your footsteps
resounding on the cliff-walk. They don't matter.
Right now you can cry and let your image dissolve
on the windshields of cars parked along
the boardwalk. But you can't lose yourself.

EL GUSANO

Demos gracias por nuestra pobreza, dijo el tipo vestido con
  harapos.
Lo vi con este ojo: vagaba por un pueblo de casas chatas,
hechas de cemento y ladrillos, entre México y Estados Unidos.
Demos gracias por nuestra violencia, dijo, aunque sea estéril
como un fantasma, aunque a nada nos conduzca,
tampoco estos caminos conducen a ninguna parte.
Lo vi con este ojo: gesticulaba sobre un fondo rosado
que se resistía al negro, ah, los atardeceres de la frontera,
leídos y perdidos para siempre.
Los atardeceres que envolvieron al padre de Lisa
a principios de los cincuenta.
Los atardeceres que vieron pasar a Mario Santiago,
arriba y abajo, aterido de frío, en el asiento trasero
del coche de un contrabandista. Los atardeceres
del infinito blanco y del infinito negro.

Lo vi con este ojo: parecía un gusano con sombrero de paja
y mirada de asesino
y viajaba por los pueblos del norte de México
como si anduviera perdido, desalojado de la mente,
desalojado del sueño grande, el de todos,
y sus palabras eran, madre mía, terroríficas.

Parecía un gusano con sombrero de paja
ropas blancas
y mirada de asesino
Y viajaba como un trompo
por los pueblos del norte de México

THE WORM

Let us give thanks for our poverty, said the guy dressed in rags.
I saw him with my own eyes: drifting through a town of flat
  houses,
built of brick and mortar, between the United States and
  Mexico.
Let us give thanks for our violence, he said, even if it's futile
like a ghost, even if it leads to nothing,
just as these roads lead nowhere.
I saw him with my own eyes: gesturing over a rosy background
that resisted the black, ah, sunset on the border,
glimpsed and lost forever.
Sunsets that enveloped Lisa's father
at the beginning of the fifties.
Sunsets that gave witness to Mario Santiago,
up and down, frozen stiff, in the backseat
of a contrabandist's car. Sunsets
of infinite white and infinite black.

I saw him with my own eyes: he looked like a worm with a
  straw hat
and an assassin's glare
and he traveled through the towns of northern Mexico
as if wandering lost, evicted from the mind,
evicted from the grand dream, everyone's dream,
and his words were, *madre mía*, terrifying.

He looked like a worm with a straw hat
white clothes
and an assassin's glare

sin atreverse a dar el paso
sin decidirse
a bajar al D.F.
Lo vi con este ojo
ir y venir
entre vendedores ambulantes y borrachos
temido
con el verbo desbocado por calles
de casas de adobe
Parecía un gusano blanco
con un Bali entre los labios
o un Delicados sin filtro
Y viajaba de un lado a otro
de los sueños
tal que un gusano de tierra
arrastrando su desesperación
comiéndosela

Un gusano blanco con sombrero de paja
bajo el sol del norte de México
en las tierras regadas con sangre y palabras mendaces
de la frontera, la puerta del Cuerpo que vio Sam Peckinpah
la puerta de la Mente desalojada, el puritito
azote, y el maldito gusano blanco allí estaba
con su sombrero de paja y su pitillo colgando
del labio inferior, y tenía la misma mirada
de asesino de siempre.

And he traveled like a fool
through the towns of northern Mexico
without daring to yield
without choosing
to go down to Mexico City
I saw him with my own eyes
coming and going
with traveling vendors and drunks
feared
shouting his promises through streets
lined with adobes
He looked like a white worm
with a Bali between his lips
or an unfiltered Delicados
And he traveled from one side to the other
of dreams
just like an earthworm
dragging his desperation
devouring it

A white worm with a straw hat
under the northern Mexican sun
in soils watered with blood and the mendacious words
of the frontier, the gateway to the Body seen by Sam Peckinpah
the gateway to the evicted Mind, the pure little
whip, and the damned white worm was right there
with his straw hat and cigarette hanging
from his lower lip, and he had the same assassin's
glare, as always.

Lo vi y le dije tengo tres bultos en la cabeza
y la ciencia ya no puede hacer nada conmigo.
Lo vi y le dije sáquese de mi huella so mamón
la poesía es más valiente que nadie
las tierras regadas con sangre me la pelan, la Mente desalojada
apenas si estremece mis sentidos.
De estas pesadillas sólo conservaré
estas pobres casas
estas calles barridas por el viento
y no su mirada de asesino

Parecía un gusano blanco con su sombrero de paja
y su pistola automática debajo de la camisa
y no paraba de hablar solo o con cualquiera
acerca de un poblado que tenía
por lo menos dos mil o tres mil años
allá por el norte cerca de la frontera
con los Estados Unidos
un lugar que todavía existía
digamos cuarenta casas
dos cantinas
una tienda de comestibles
un pueblo de vigilantes y asesinos
como él mismo,
casas de adobe y patios encementados
donde los ojos no se despegaban
del horizonte
(de ese horizonte color carne
como la espalda de un moribundo)
¿Y qué esperaban que apareciera por allí?, pregunté
El viento y el polvo, tal vez
Un sueño mínimo

I saw him and told him I have three lumps on my head
and science can no longer do a thing for me.
I saw him and told him get out of my tracks, you prick
poetry is braver than anyone
the soils watered with blood can suck my dick, the evicted Mind
hardly rattles my senses.
From these nightmares I'll retain only
these poor houses
these wind-swept streets
and not your assassin's glare

He looked like a white worm with his straw hat
and a handgun under his shirt
and he never stopped talking to himself or with whomever
about a village
at least two or three thousand years old
up there in the North, next to the border
with the United States
a place that still existed
only forty houses
two cantinas
and a grocery store
a town of vigilantes and assassins
like he himself,
adobe houses and cement patios
where one's eyes were forever hitched
to the horizon
(that flesh-colored horizon
like a dying man's back)
And what did they hope to see appear there? I asked
The wind and dust, maybe
A minimal dream

pero en el que empeñaban
toda su obstinación, toda su voluntad

Parecía un gusano blanco con sombrero de paja y un Delicados
colgando del labio inferior
Parecía un chileno de veintidós años entrando en el Café La
    Habana
y observando a una muchacha rubia
sentada en el fondo,
en la Mente desalojada
Parecían las caminatas a altas horas de la noche
de Mario Santiago
En la Mente desalojada
En los espejos encantados
En el huracán del D.F.
Los dedos cortados renacían
con velocidad sorprendente
Dedos cortados, quebrados, esparcidos
en el aire del D.F.

but one on which they staked
all their stubbornness, all their will

He looked like a white worm with a straw hat and a Delicados
hanging from his lower lip
He looked like a twenty-two-year-old Chilean walking into
    Café la Habana
and checking out a blonde girl
seated in the back,
in the evicted Mind
They looked like the midnight walks
of Mario Santiago
In the evicted Mind
In the enchanted mirrors
In the hurricane of Mexico City
The severed fingers were growing back
with surprising speed
Severed fingers, fractured, scattered
in the air of Mexico City

ATOLE

Vi a Mario Santiago y Orlando Guillén
los poetas perdidos de México
tomando atole con el dedo

En los murales de una nueva universidad
llamada Infierno o algo que podría ser
una especie de infierno pedagógico

Pero os aseguro que la música de fondo
era una huasteca veracruzana o tamaulipeca
no soy capaz de precisarlo

Amigos míos era el día en que se estrenaba
«Los Poetas Perdidos de México»
así que ya se lo pueden imaginar

Y Mario y Orlando reían pero como en cámara lenta
como si en el mural en el que vivían
no existiera la prisa o la velocidad

No sé si me explico
como si sus risas se desplegaran minuciosamente
sobre un horizonte infinito

ATOLE

I saw Mario Santiago and Orlando Guillén
Mexico's lost poets
suckered by atole

In the murals of a new university
called Hell or what could be
a kind of pedagogical hell

But, I assure you all, the background music
was Huasteca from Veracruz or Tamaulipas
I can't put my finger on it

My friends, it was the day they premiered
"Mexico's Lost Poets"
so you can imagine it now

And Mario and Orlando were laughing as if in slow motion
as if in the mural where they lived
velocity and haste did not exist

I'm not sure I'm explaining myself
as if their laughs were unfolding infinitesimally
over a never-ending horizon

Esos cielos pintados por el Dr. Atl, ¿los recuerdas?
sí, los recuerdo, y también recuerdo las risas
de mis amigos

Cuando aún no vivían dentro del mural laberíntico
apareciendo y desapareciendo como la poesía verdadera
esa que ahora visitan los turistas

Borrachos y drogados como escritos con sangre
ahora desaparecen por el esplendor geométrico
que es el México que les pertenece

El México de las soledades y los recuerdos
el del metro nocturno y los cafés chinos
el del amanecer y el del atole

Those skies painted by Dr. Atl, remember?
yes, I remember them, and I also remember the laughter
of my friends

Before they were living inside the labyrinthine mural
appearing and disappearing like true poetry
that which the tourists now visit

Drunk and stoned as if written in blood
now they disappear into the geometric glory
that is the Mexico to which they belong

The Mexico of solitude and memories
of the late night subway and Chinese cafés
of dawn and of atole

LA LUZ

Luz que vi en los amaneceres de México D.F.,
En la Avenida Revolución o en Niño Perdido,
Jodida luz que dañaba los párpados y te hacía
Llorar y esconderte en alguno de aquellos buses
Enloquecidos, aquellos peseros que te hacían viajar
En círculos por los suburbios de la ciudad oscura.
Luz que vi como una sola daga levitando en
El altar de los sacrificios del D.F., el aire
Cantado por el Dr. Atl, el aire inmundo que
Intentó atrapar a Mario Santiago. Ah, la jodida
Luz. Como si follara consigo misma. Como si
Se mamase su propia vulva. Y yo, el espectador
Insólito, no sabía hacer otra cosa que reír
Como un detective adolescente perdido en las calles
De México. Luz que avanzaba de la noche al día
Igual que una jirafa. Luz de la orfandad encontrada
En la vacía e improbable inmensidad de las cosas.

THE LIGHT

Light I saw at daybreak in Mexico City,
On Avenida Revolución or Niño Perdido,
Fucking light that hurt your eyelids and made you
Cry and hide in one of those crazy
Buses, those minibuses that took you around
In circles through the suburbs of the dark city.
Light I saw like a single dagger levitating on
The sacrificial altar of Mexico City, the air
Sung by Dr. Atl, the filthy air that
Tried to capture Mario Santiago. Ah, the fucking
Light. As if taking its own side. As if
Sucking its own vulva. And I, the uncommon
Spectator, didn't know how to do anything but laugh
Like a teenage detective lost on the streets
Of Mexico. Light advancing from night to day
Like a giraffe. Light of orphanhood found
In the empty and improbable immensity of things.

NOPAL

Vio el nopal, pero allí, tan lejos,
no debía ser sino un sueño.
De entre la neblina surgían: formas
redondas y blandas, repetidas,
en una larga marcha de un sueño
a otro sueño,
conteniendo, en sus formas de espejo y uña,
la imagen fulgurante
de un adolescente solo,
de pie, con los brazos extendidos,
mientras en el horizonte interminable de México
aparecían las tormentas.
Pero sobreviviría.
Y al igual que los nopales de los precipicios
su vida se suspendería en el sueño
y la monotonía
a intervalos irregulares y durante mucho tiempo.
Pero eso no era lo importante.
Importaban los nopales
y allí estaban otra vez:
de entre sus lágrimas surgían.

PRICKLY PEAR

He saw the prickly pear, but so far off
it must have been just a dream.
They were rising from the mist: round
and tender shapes, multiplied
over the long walk from one dream
to another dream,
containing, in their mirror and fingernail shapes,
the blazing image
of a lonely teenager,
standing, with arms outstretched,
while storms appeared
on the endless Mexican horizon.
But he would survive.
And just like prickly pears on precipices
his life would be suspended in dreams
and monotony
at irregular intervals and for a very long time.
But that wasn't the important part.
The prickly pears were important
and there they were again:
rising from his tears.

EL ÚLTIMO CANTO DE AMOR DE PEDRO
J. LASTARRIA, ALIAS «EL CHORITO»

Sudamericano en tierra de godos,
Éste es mi canto de despedida
Ahora que los hospitales sobrevuelan
Los desayunos y las horas del té
Con una insistencia que no puedo
Sino remitir a la muerte.
Se acabaron los crepúsculos
Largamente estudiados, se acabaron
Los juegos graciosos que no conducen
A ninguna parte. Sudamericano
En tierra más hostil
Que hospitalaria, me preparo
Para entrar en el largo
Pasillo incógnito
Donde dicen que florecen
Las oportunidades perdidas.
Mi vida fue una sucesión
De oportunidades perdidas,
Lector de Catulo en latín
Apenas tuve valor para pronunciar
Sine qua non o *Ad hoc*
En la hora más amarga
De mi vida. Sudamericano
En hospitales de godos, ¿qué hacer
Sino recordar las cosas amables
Que una vez me acaecieron?
Viajes infantiles, la elegancia
De padres y abuelos, la generosidad
De mi juventud perdida y con ella
La juventud perdida de tantos

THE LAST LOVE SONG OF PEDRO
J. LASTARRIA, ALIAS "EL CHORITO"

South American in Gothic land,
This is my farewell song
Now that hospitals race through
Breakfasts and teatimes
With an insistence I can
Only attribute to death.
The thoroughly studied
Sunsets have ended,
The amusing games leading
Nowhere have ended. South American
In a land more hostile
Than hospitable, I'm getting ready
To go down the long
Unknown hallway
Where it's said
Lost opportunities flourish.
My life was a succession
Of lost opportunities,
Reader of Catullus in Latin
I barely had the courage to pronounce
Sine qua non or *Ad hoc*
In the bitterest hour
Of my life. South American
In Gothic hospitals, what can I do
But remember the nice things
That once happened to me?
Childhood trips, the elegance
Of parents and grandparents, the generosity
Of my lost youth and with it
The lost youth of so many

Compatriotas
Son ahora el bálsamo de mi dolor,
Son ahora el chiste incruento
Desencadenado en estas soledades
Que los godos no entienden
O que entienden de otra manera.
También yo fui elegante y generoso:
Supe apreciar las tempestades,
Los gemidos del amor en las barracas
Y el llanto de las viudas,
Pero la experiencia es una estafa.
En el hospital sólo me acompañan
Mi inmadurez premeditada
Y los resplandores vistos en otro planeta
O en otra vida.
La cabalgata de los monstruos
En donde «El Chorito»
Tiene un papel destacado.
Sudamericano en tierra de
Nadie, me preparo
Para entrar en el lago
Inmóvil, como mi ojo
Donde se refractan las aventuras
De Pedro Javier Lastarria
Desde el rayo incidente
Hasta el ángulo de incidencia,
Desde el seno del ángulo
De refracción
Hasta la constante llamada
Índice de refracción.
En plata: las malas cosas
Convertidas en buenas,
En apariciones gloriosas

Compatriots
Are now balm for my pain,
Are now the bloodless joke
Unleashed in these solitudes
That those Goths just don't get
Or understand a different way.
I, too, was elegant and generous:
I learned to appreciate storms,
Cries of love in cabins
And the widows' weeping,
But experience is a hoax.
In the hospital I'm accompanied only by
My deliberate immaturity
And splendors glimpsed on another planet
Or in another life.
The parade of monsters
In which "El Chorito"
Has a leading role.
South American in no man's
Land, I'm getting ready
To slip into the lake
Still as my eye
Where the adventures of
Pedro Javier Lastarria are refracted
From the incident ray
To the angle of incidence,
From sine of the angle
Of refraction
To the so-called constant
Index of refraction.
In brief: the bad things
Turned to good,
Blunders

Las metidas de pata,
La memoria del fracaso
Convertida en la memoria
Del valor. Un sueño,
Tal vez, pero
Un sueño que he ganado
A pulso.
Que nadie siga mi ejemplo
Pero que sepan
Que son los músculos de Lastarria
Los que abren este camino.
Es el córtex de Lastarria,
El entrechocar de dientes
De Lastarria, los que iluminan
Esta noche negra del alma,
Reducida, para mi disfrute
Y reflexión, a este rincón
De habitación en sombras,
Como piedra afiebrada,
Como desierto detenido
En mi palabra.
Sudamericano en tierra
De sombras,
Yo que siempre fui
Un caballero,
Me preparo para asistir
A mi propio vuelo de despedida.

Into glorious apparitions,
Memory of failure
Turned into the memory
Of courage. A dream,
Maybe, but
A dream I've conquered
With a steady hand.
I hope no one has to follow my example
But that they might know
That they are Lastarria's muscles
Opening this passage.
It's Lastarria's cortex,
The clashing of
Lastarria's teeth, that light up
This black night of the soul,
Reduced, for my enjoyment
And reflection, to this corner
Of a shadowy room,
Like a feverish stone,
Like a desert detained
In my word.
South American in the land
Of shadows,
I who always was
A gentleman,
Am getting ready to attend
My own farewell flight.

ERNESTO CARDENAL Y YO

Iba caminando, sudado y con el pelo pegado
en la cara
y entonces vi a Ernesto Cardenal que venía
en dirección contraria
y a modo de saludo le dije:
Padre, en el Reino de los Cielos
que es el comunismo
¿tienen un sitio los homosexuales?
Sí, dijo él.
¿Y los masturbadores impenitentes?
¿Los esclavos del sexo?
¿Los bromistas del sexo?
¿Los sadomasoquistas, las putas, los fanáticos
de los edemas,
los que ya no pueden más, los que de verdad
ya no pueden más?
Y Cardenal dijo sí.
Y yo levanté la vista
y las nubes parecían
sonrisas de gatos levemente rosadas
y los árboles que pespunteaban la colina
(la colina que hemos de subir)
agitaban las ramas.
Los árboles salvajes, como diciendo
algún día, más temprano que tarde, has de venir
a mis brazos gomosos, a mis brazos sarmentosos,
a mis brazos fríos. Una frialdad vegetal
que te erizará los pelos.

ERNESTO CARDENAL AND I

I was out walking, sweaty and with hair plastered
to my face
and then I saw Ernesto Cardenal approaching
from the opposite direction
and by way of greeting I said:
Father, in the Kingdom of Heaven
that is communism,
is there a place for homosexuals?
Yes, he said.
And for impenitent masturbators?
For sex slaves?
For sex fools?
For sadomasochists, for whores, for those obsessed
with enemas,
for those who can't take it anymore, those who really truly
can't take it anymore?
And Cardenal said yes.
And I raised my eyes
and the clouds looked like
the pale pink smiles of cats
and the trees cross-stitched on the hill
(the hill we've got to climb)
shook their branches.
Savage trees, as if saying
some day, sooner rather than later, you'll have to come
into my rubbery arms, into my scraggly arms,
into my cold arms. A botanical frigidity
that'll stand your hair on end.

LOS PERROS ROMÁNTICOS

En aquel tiempo yo tenía 20 años
y estaba loco.
Había perdido un país
pero había ganado un sueño.
Y si tenía ese sueño
lo demás no importaba.
Ni trabajar, ni rezar,
ni estudiar en la madrugada
junto a los perros románticos.
Y el sueño vivía en el vacío de mi espíritu.
Una habitación de madera,
en penumbras,
en uno de los pulmones del trópico.
Y a veces me volvía dentro de mí
y visitaba el sueño: estatua eternizada
en pensamientos líquidos,
un gusano blanco retorciéndose
en el amor.
Un amor desbocado.
Un sueño dentro de otro sueño.
Y la pesadilla me decía: crecerás.
Dejarás atrás las imágenes del dolor y del laberinto
y olvidarás.
Pero en aquel tiempo crecer hubiera sido un crimen.
Estoy aquí, dije, con los perros románticos
y aquí me voy a quedar.

THE ROMANTIC DOGS

Back then, I'd reached the age of 20
and I was crazy.
I'd lost a country
but won a dream.
As long as I had that dream
nothing else mattered.
Not working, not praying,
not studying in morning light
alongside the romantic dogs.
And the dream lived in the void of my spirit.
A wooden bedroom,
cloaked in half-light,
deep in the lungs of the tropics.
And sometimes I'd retreat inside myself
and visit the dream: a statue eternalized
in liquid thoughts,
a white worm writhing
in love.
A runaway love.
A dream within another dream.
And the nightmare telling me: you will grow up.
You'll leave behind the images of pain and of the labyrinth
and you'll forget.
But back then, growing up would have been a crime.
I'm here, I said, with the romantic dogs
and here I'm going to stay.

LA GRAN FOSA

Pasamos a las tres de la mañana
por la Gran Fosa
y nuestro barco que antaño siempre crujía
se replegó instantáneamente
en un silencio oscuro
medroso
mientras flotábamos sobre miles y miles de metros o espantos
Eso fue todo, tal como lo viví lo cuento
la Gran Fosa
la oscuridad de las tres de la mañana
envolviendo el barco profusamente engalanado
con guirnaldas de luz y reflectores
los marinos y los pasajeros
unidos
por la juventud y por el miedo
por el frío
todos en la misma carraca que flotaba
arriba o abajo de la realidad
una realidad, ¿cómo te diría?
ajena a nuestros conocimientos, a nuestros libros
a nuestra historia
una realidad que me hizo recordar
la pasión final, el misterio de un poeta surrealista
un poeta menor
en la antología de Aldo Pellegrini, ¿sabes
a quién me refiero?
No importa
Aunque he olvidado su nombre jamás olvidaré
su última aventura
Breton y sus amigos llegaron a Marsella o a Tolón
en el 40 o en el 41

THE GREAT PIT

At three a.m. we passed
through the Great Pit
and our boat which had always been creaky
withdrew instantly
into a dark fainthearted
silence
while we floated atop thousands and thousands of fathoms
   or horrors
That was all, I tell it as I lived it
the Great Pit
the darkness of three a.m.
enveloping the boat decked out profusely
in paper lanterns and floodlights
sailors and passengers
united
by youth and by fear
by the cold
all in the same hulk floating
above or below reality
a reality, how should I put it?
oblivious to our knowledge, our books
our history
a reality that called to mind
the final passion, the mystery of a surrealist poet
a minor poet
in Aldo Pellegrini's anthology, know
who I mean?
It doesn't matter
Though I've forgotten his name I'll never forget
his last adventure
Breton and his friends arrived at Marseille or Toulon

buscando una manera de escapar hacia los Estados Unidos
Entre ellos, con sus maletas, él, Pellegrini publica su foto
una cara vulgar
un tipo más bien gordo
con ojos de funcionario y no de surrealista
aunque ahora todos los surrealistas, todos los poetas
tienen ojos de funcionarios
en el 41 no era así
aún vivían Desnos, Artaud, Char
Tzara, Péret, Éluard
pero nuestro poeta era un poeta menor
y los poetas menores sufren como animales de laboratorio
y tienen los ojos secos y malignos
de los funcionarios
Abreviando: algunos, como Breton, consiguieron el visado
y un pasaje en barco y pudieron dejar atrás
la Francia de Vichy, otros
como Tzara, no pudieron salir
En medio de ellos, como una alfombra
el poeta innombrado
Preparados sus bártulos para entrar en el destino oscuro
tangencialmente distinto
al destino de Tzara y de Breton: simplemente
se perdió
salió de su hotel, vagabundeó por las calles del puerto
bebió y observó el fluir de la gente
y después se esfumó
¿se lo tragó la noche?
¿se suicidó?, ¿lo mataron?
lo único cierto es que su cadáver jamás apareció
Supongamos que una corriente submarina lo fue a buscar
al club de yates de Marsella
y lo arrastró lejos de sus maletas, de sus libros surrealistas

in '40 or '41
seeking a way to escape to the United States
He's there, with them and their suitcases, Pellegrini publishes
    his photo
a common face
a rather portly guy
with a desk clerk's eyes, not a surrealist's
though now all the surrealists, all the poets
have the eyes of desk clerks
in '41 that wasn't the case
Desnos, Artaud, Char
Tzara, Péret, Éluard were still alive
but our poet was a minor poet
and minor poets suffer like lab animals
and have the dry and evil eyes
of desk clerks
In short: some of them, like Breton, acquired the visa
and a boat ticket and were able to leave behind
Vichy France, others
like Tzara, couldn't go
Like a carpet in their midst
the unnamed poet
Bags packed to enter a dark destiny
obliquely different
from Tzara's destiny and Breton's: to put it simply
he disappeared
he left his hotel, wandered around the streets of the port
drank and watched the flow of people
and then he vanished
did the night swallow him?
did he commit suicide? did they kill him?
the only thing certain is his body never turned up
Let's suppose an underwater current grabbed him

a las profundidades verdaderas
fuera del Mediterráneo
más allá de las luces de Tánger
en medio del Atlántico
bajo toneladas y toneladas de agua
allí donde sólo viven los peces ciegos
los peces sin colores
en una región donde no existen los colores
sólo oscuridad
y vida extraña y densa
como su desaparición sin una carta de despedida
sin un cuerpo
hechos que despiertan la curiosidad de Pellegrini
lector de novelas policiacas y surrealista latinoamericano
mas no la de Breton
ocupado en el apocalipsis
literario
Un poeta menor cuya muerte es similar a la muerte
de Empédocles
o a un rapto llevado a cabo por extraterrestres
Supongamos que precisamente fue aquello lo que él
quiso fingir o representar
Pero las aguas malolientes del puerto de Marsella
no son un volcán
y tarde o temprano su cuerpo
aunque bien atado a una piedra de 20 kilos
hubiera sido hallado
En el 40 o 41, pese a las apariencias
no existía aún el crimen perfecto
Y ésa es la historia, la misteriosa desaparición
de un poeta menor
(¿se llamaba Gui?, ¿Gui Rosey?)
del parnaso surrealista

at the Marseille Yacht Club
and dragged him far from his bags, his surrealist books
to the true depths
outside the Mediterranean
beyond the lights of Tangier
in the middle of the Atlantic
under tons and tons of water
where the only living things are blind fish
colorless fish
in a place where colors don't exist
only darkness
and life peculiar and impenetrable
as his disappearance without a note goodbye
without a body
facts that arouse the curiosity of Pellegrini
reader of crime novels and Latin American surrealist
but not that of Breton
who is occupied by
the literary apocalypse
A minor poet whose death is like the death
of Empedocles
or like an alien abduction
Let's suppose that was precisely what
he wished to fake or to depict
But the foul waters of the port of Marseille
are not a volcano
and sooner or later his body
even if securely fastened to a 50-pound stone
would have been found
In '40 or '41, despite appearances
there wasn't yet a perfect crime
And that's the story, the mysterious disappearance
of a minor poet

Un poeta arrastrado por las corrientes desconocidas del mar
hacia la Gran Fosa
la misma que detuvo nuestra carraca y nuestros
jóvenes corazones, el hoyo
que se alimenta de pobres poetas en retirada
y de pensamientos puros, el hoyo
que devora surrealistas belgas y checos
ingleses, daneses, holandeses
españoles y franceses, sin tomarse
una pausa, inocentemente

Posdata: Finalmente pudimos alejarnos de aquellas aguas, mas
no de aquella noche al parecer interminable. Días más tarde,
un amanecer, tuve la revelación: el barco y la Fosa estaban uni-
dos por una línea perpendicular y jamás se separarían.

(was his name Gui? Gui Rosey?)
from the surrealist Parnassus
A poet dragged by the unknown currents of the sea
toward the Great Pit
the very one that stopped our hulk and our
young hearts, the grave
that feeds off poor retreating poets
and pure thoughts, the grave
that devours surrealists Belgian and Czech,
English, Danish, Dutch
Spanish and French, without
rest, innocently

Postscript: We were finally able to get away from those waters, but not from that seemingly endless night. Days later, at dawn, I had a revelation: the boat and the Pit were united by a perpendicular line and they'd never be separated.

MI VIDA EN LOS TUBOS DE
SUPERVIVENCIA

Como era pigmeo y amarillo y de facciones agradables
Y como era listo y no estaba dispuesto a ser torturado
En un campo de trabajo o en una celda acolchada
Me metieron en el interior de este platillo volante
Y me dijeron vuela y encuentra tu destino, ¿pero qué
Destino iba a encontrar? La maldita nave parecía
El holandés errante por los cielos del mundo, como si
Huir quisiera de mi minusvalía, de mi singular
Esqueleto: un escupitajo en la cara de la Religión,
Un hachazo de seda en la espalda de la Felicidad,
Sustento de la Moral y de la Ética, la escapada hacia
Adelante de mis hermanos verdugos y de mis hermanos
    desconocidos.
Todos finalmente humanos y curiosos, todos huérfanos y
Jugadores ciegos en el borde del abismo. Pero todo eso
En el platillo volador no podía sino serme indiferente.
O lejano. O secundario. La mayor virtud de mi traidora especie
Es el valor, tal vez la única real, palpable hasta las lágrimas
Y los adioses. Y valor era lo que yo demandaba encerrado en
El platillo, asombrando a los labradores y a los borrachos
Tirados en las acequias. Valor invocaba mientras la maldita nave
Rielaba por guetos y parques que para un paseante
Serían enormes, pero que para mí sólo eran tatuajes sin sentido,
Palabras magnéticas e indescifrables, apenas un gesto
Insinuado bajo el manto de nutrias del planeta.
¿Es que me había convertido en Stefan Zweig y veía avanzar
A mi suicida? Respecto a esto la frialdad de la nave
Era incontrovertible, sin embargo a veces soñaba
Con un país cálido, una terraza y un amor fiel y desesperado.
Las lágrimas que luego derramaba permanecían en la superficie

MY LIFE IN THE TUBES OF
SURVIVAL

Because I was a pigmy and yellow and had pleasant features
And because I was smart and unwilling to be tortured
In a work camp or padded cell
They stuck me in this flying saucer
And told me fly and find your destiny, but what
Destiny was I going to find? The damned ship looked like
The wandering Dutchman through the skies of the world, as if
I wanted to flee from my disability, from my particular
Skeleton: a spit in Religion's face,
A silk stab in the back of Happiness,
Sustenance of Morals and Ethics, the escape
Ahead of my executioner brothers and my unknown brothers.
In the end, all human and curious, all orphans and
Blind players on the edge of the abyss. But all this
Inside the flying saucer could only make me indifferent.
Or remote. Or secondary. The greatest virtue of my traitorous
    species
Is courage, perhaps the only thing that's real, palpable even in
    tears
And goodbyes. And courage was what I needed, locked up in
The saucer, casting surprising shadows on peasants and drunks
Sprawled out in irrigation ditches. I invoked courage while
    the damned ship
Glistened through ghettos and parks that to someone on foot
Would be enormous, but for me were only pointless tattoos,
Magnetic indecipherable words. Scarcely a gesture
Hinted beneath the planet's nutria cloak.
Had I become Stefan Zweig? Was I seeing the approach
Of my suicide? With respect to this, the ship's bitter cold
Was indisputable. But still, I sometimes dreamed

Del platillo durante días, testimonio no de mi dolor, sino de
Una suerte de poesía exaltada que cada vez más a menudo
Apretaba mi pecho, mis sienes y caderas. Una terraza,
Un país cálido y un amor de grandes ojos fieles
Avanzando lentamente a través del sueño, mientras la nave
Dejaba estelas de fuego en la ignorancia de mis hermanos
Y en su inocencia. Y una bola de luz éramos el platillo y yo
En las retinas de los pobres campesinos, una imagen perecedera
Que no diría jamás lo suficiente acerca de mi anhelo
Ni del misterio que era el principio y el final
De aquel incomprensible artefacto. Así hasta la
Conclusión de mis días, sometido al arbitrio de los vientos,
Soñando a veces que el platillo se estrellaba en una serranía
De América y mi cadáver casi sin mácula surgía
Para ofrecerse al ojo de viejos montañeses e historiadores:
Un huevo en un nido de hierros retorcidos. Soñando
Que el platillo y yo habíamos concluido la danza peripatética,
Nuestra pobre crítica de la Realidad, en una colisión indolora
Y anónima en alguno de los desiertos del planeta. Muerte
Que no me traía el descanso, pues tras corromperse mi carne
Aún seguía soñando.

Of a warm country, a terrace and a faithful, desperate love.
My falling tears would linger on the saucer's
Surface for days, evidence not of my pain, but of
A kind of glorified poetry that more and more often
Clenched my chest, my temples and hips. A terrace,
A warm country and a love with big faithful eyes
Approaching slowly through my dreams, while the ship
Left smoldering trails in the ignorance of my brothers
And in their innocence. And we were a ball of light, the saucer
    and I,
In the retinas of poor peasants, a perishable image
That would never adequately describe my longing
Or the mystery that was the beginning and end
Of that incomprehensible artifact. Like that until the
End of my days, at the mercy of the winds,
Dreaming sometimes the saucer was smashing into a sierra
In America and my corpse, almost without a scratch, was
    rising up
To be seen by old highlanders and historians:
An egg in a nest of twisted shackles. Dreaming
That the saucer and I had finished our rambling dance,
Our humble critique of Reality, in a painless, anonymous
Crash in one of the planet's deserts. Death
That brought me no peace, for after my flesh had rotted
I still went on dreaming.

F. B. –HE DEAD

Francis Bacon
Aprendió a vivir
Solo
Aprendió a soportar
La lentitud
De los atardeceres humanos
Su insoportable hedor
Aprendió
El arte de la paciencia
Similar en tantas cosas
Al arte de la indiferencia
Francis Bacon aprendió
A convivir con las horas
A convivir con las sombras
Máscaras
De la misma libertad
Ilegible

F. B. — HE DEAD

Francis Bacon
Learned to live
Alone
Learned to bear
The slowness
Of human dusk
Its unbearable stench
Learned
The art of patience
Similar in many ways
To the art of indifference
Francis Bacon learned
To live with hours
To live with shadows
Masks
Of the same illegible
Freedom

SOPHIE PODOLSKI

Aterido: hastiado,
Me voy
Al país de Sophie:
Allí donde
La nada: el círculo
Cantan
La gesta
De tu duro
Corazón: la metamorfosis
Lunar; el reptil
Entre los matorrales,
Una forma
De olvido: luna
Que recogí
En la oscuridad
De tus ojos.

SOPHIE PODOLSKI

Frozen: jaded,
I'm off
To Sophie's country:
There where
Nothingness: the circle
They sing
The exploits
Of your solid
Heart: lunar
Metamorphosis; reptile
In the thicket,
A manner
Of forgetting: moon
I captured
In the darkness
Of your eyes.

HOMENAJE A RESORTES

Rostro doloroso, escéptico, apaleado, trasnochado, rostro
sumergido en el bote de orines de las pesadillas, amargo e
    imbécil,
duro como el pellejo de las ratas de Chapultepec, vanidoso
y triste, rostro en las lindes del cero, metálico por dentro,
lleno de ecos propicios a la risa, a su risa, a sus muecas
gratuitas y secretas, rostro de los barrios aéreos de México,
el rostro de Resortes

¿Te acuerdas de Resortes?
El perfecto ciudadano
Del Distrito Federal
Sus muecas atroces
Su risa atroz
Iluminan el camino de mis sueños
Cuando regreso a México
Paso a paso
Siguiendo las huellas torcidas
De las estrellas

HOMAGE TO RESORTES

Painful, skeptical, battered, old face
submerged in the rusty boat of nightmares, bitter and foolish,
tough like the hide of Chapultepec's rats, vain
and sad, face on the limits of zero, metallic on the inside,
full of echoes conducive to laughter, to his laughter, to his
    gratuitous
and secret facial contortions, face of Mexico's aerial
    neighborhoods,
the face of Resortes

Remember Resortes?
The perfect citizen
Of Mexico City
His terrible expressions
His terrible laugh
Light up the path of my dreams
When I return to Mexico
Step by step
Following the crooked tracks
Of the stars

HOMENAJE A TIN TAN

Cuando hayamos muerto y nuestros gusanos sean como Tin
   Tan,
Resortes y Calambres en la película extendida como una manta
sobre la Ciudad de México y las lavanderas cuneiformes y los
gangsters cuneiformes se persignen en el altar de nuestra
cinematografía, ¡Tin Tan, Resortes y Calambres en el Estudio
Churubusco de nuestros corazones rotos! ¿lo recuerdas?
¿puedes recordarlo todavía?

Tin Tan, Resortes y Calambres
En el final feliz
Buscándose la vida
Y no olvidemos
Ingratos
A Mantequilla
O al amigo de Tin Tan
Marcelo creo que se llamaba
Ni a doña Sara García

HOMAGE TO TIN TAN

When we've died and our worms are like Tin Tan,
Resortes and Calambres in the movie stretched like a blanket
over Mexico City and cuneiform wagtails and
cuneiform gangsters cross themselves on the altar of our
cinematography—Tin Tan, Resortes and Calambres in the
    Churubusco
Studios of our broken hearts! remember?
can you still remember?

Tin Tan, Resortes and Calambres
In the happy ending
Seeking out life
And let's not be ungrateful
And forget
Mantequilla
Or Tin Tan's friend
I think his name was Marcelo
Or doña Sara García

EL BURRO

A veces sueño que Mario Santiago
Viene a buscarme con su moto negra.
Y dejamos atrás la ciudad y a medida
Que las luces van desapareciendo
Mario Santiago me dice que se trata
De una moto robada, la última moto
Robada para viajar por las pobres tierras
Del norte, en dirección a Texas,
Persiguiendo un sueño innombrable,
Inclasificable, el sueño de nuestra juventud,
Es decir el sueño más valiente de todos
Nuestros sueños. Y de tal manera
Cómo negarme a montar la veloz moto negra
Del norte y salir rajados por aquellos caminos
Que antaño recorrieran los santos de México,
Los poetas mendicantes de México,
Las sanguijuelas taciturnas de Tepito
O la Colonia Guerrero, todos en la misma senda,
Donde se confunden y mezclan los tiempos:
Verbales y físicos, el ayer y la afasia.

Y a veces sueño que Mario Santiago
Viene a buscarme, o es un poeta sin rostro,
Una cabeza sin ojos, ni boca, ni nariz,
Sólo piel y voluntad, y yo sin preguntar nada
Me subo a la moto y partimos
Por los caminos del norte, la cabeza y yo,
Extraños tripulantes embarcados en una ruta
Miserable, caminos borrados por el polvo y la lluvia,
Tierra de moscas y lagartijas, matorrales resecos
Y ventiscas de arena, el único teatro concebible
Para nuestra poesía.

THE DONKEY

Sometimes I dream that Mario Santiago
Comes looking for me on his black motorcycle.
And we leave behind the city and as
The lights are disappearing
Mario Santiago tells me we're dealing with
A stolen bike, the last bike
Stolen to travel through the poor
Northern lands, toward Texas,
Chasing an unnamable dream,
Unclassifiable, the dream of our youth,
Which is to say the bravest of all
Our dreams. And put that way
How could I deny myself a ride on that fast black
Northern bike, breaking out on those roads
Long ago traveled by Mexican saints,
Mendicant Mexican poets,
Taciturn leeches from Tepito
Or Colonia Guerrero, all on the same path,
Where times are mixed up and confused
Verbal and physical, yesterday and aphasia.

And sometimes I dream that Mario Santiago
Comes looking for me, or it's a faceless poet,
A head without eyes or mouth or nose,
Only skin and volition, and without asking questions
I get on the bike and we take off
On the northern roads, the head and I,
Strange crewmembers embarking on
A miserable route, roads erased by dust and rain,
Land of flies and little lizards, dried brush
And blizzards of sand, the only imaginable stage
For our poetry.

Y a veces sueño que el camino
Que nuestra moto o nuestro anhelo recorre
No empieza en mi sueño sino en el sueño
De otros: los inocentes, los bienaventurados,
Los mansos, los que para nuestra desgracia
Ya no están aquí. Y así Mario Santiago y yo
Salimos de Ciudad de México que es la prolongación
De tantos sueños, la materialización de tantas
Pesadillas, y remontamos los estados
Siempre hacia el norte, siempre por el camino
De los coyotes, y nuestra moto entonces
Es del color de la noche. Nuestra moto
Es un burro negro que viaja sin prisa
Por las tierras de la Curiosidad. Un burro negro
Que se desplaza por la humanidad y la geometría
De estos pobres paisajes desolados.
Y la risa de Mario o de la cabeza
Saluda a los fantasmas de nuestra juventud,
El sueño innombrable e inútil
De la valentía.

Y a veces creo ver una moto negra
Como un burro negro alejándose por los caminos
De tierra de Zacatecas y Coahuila, en los límites
Del sueño, y sin alcanzar a comprender
Su sentido, su significado último,
Comprendo no obstante su música:
Una alegre canción de despedida.

Y acaso son los gestos de valor los que
Nos dicen adiós, sin resentimiento, ni amargura,
En paz con su gratuidad absoluta y con nosotros mismos.

And sometimes I dream that the road
Our bike or our longing is traveling
Doesn't begin in my dream, but in the dreams
Of others: the innocent, the blessed,
The meek, those who, unfortunately for us,
Are no longer here. And with that Mario Santiago and I
Leave Mexico City, which is the extension
Of so many dreams, the materialization of so many
Nightmares, and retake our positions
Always headed north, always on the road
Of coyotes, and then our bike
Is the color of night. Our bike
Is a black donkey dawdling
Through lands of Curiosity. A black donkey
Moving through the humanity and geometry
Of these poor desolate landscapes.
And Mario's laugh or the head's
Greets the ghosts of our youth,
The unnameable and useless dream
Of courage.

And sometimes I think I see a black bike
Like a donkey disappearing down the dirt
Roads of Zacatecas and Coahuila, on the outer limits
Of the dream, and without quite knowing
Its meaning, its ultimate significance,
I still understand its music:
A cheerful farewell song.

And maybe they're gestures of courage, saying
Adios, without resentment or bitterness,
At peace with their total futility and with us ourselves.

Son los pequeños desafíos inútiles –o que
Los años y la costumbre consintieron
Que creyéramos inútiles– los que nos saludan,
Los que nos hacen señales enigmáticas con las manos,
En medio de la noche, a un lado de la carretera,
Como nuestros hijos queridos y abandonados,
Criados solos en estos desiertos calcáreos,
Como el resplandor que un día nos atravesó
Y que habíamos olvidado.

Y a veces sueño que Mario llega
Con su moto negra en medio de la pesadilla
Y partimos rumbo al norte,
Rumbo a los pueblos fantasmas donde moran
Las lagartijas y las moscas.
Y mientras el sueño me transporta
De un continente a otro
A través de una ducha de estrellas frías e indoloras,
Veo a la moto negra, como un burro de otro planeta,
Partir en dos las tierras de Coahuila.
Un burro de otro planeta
Que es el anhelo desbocado de nuestra ignorancia,
Pero que también es nuestra esperanza
Y nuestro valor.

Un valor innombrable e inútil, bien cierto,
Pero reencontrado en los márgenes
Del sueño más remoto,
En las particiones del sueño final,
En la senda confusa y magnética
De los burros y de los poetas.

They're the little acts of defiance that are useless—or that
Years and custom made us think useless—waving hello,
Making enigmatic signals to us with their hands
In the middle of the night, on one side of the road,
Like our beloved and abandoned children,
Raised alone in these calcareous deserts,
Like the radiance that one day stood in our path
And that we'd forgotten.

And sometimes I dream that Mario arrives
With his black bike in the middle of a nightmare
And we take off bound for the north,
Bound for ghost towns where
Little lizards and flies live.
And while the dream takes me
From one continent to another
Through a shower of cold, painless stars,
I see the black bike, like a donkey from another planet,
Split the lands of Coahuila in two.
A donkey from another planet
That is the unrestrained longing of our ignorance,
But that is also our hope
And our courage.

An unnameable and useless courage, for sure,
But re-encountered in the margins
Of the most remote dream,
In the partitions of the final dream,
In the confusing and magnetic trail
Of donkeys and poets.

HE VUELTO A VER A MI PADRE

para León Bolaño

La historia comienza con la llegada del sexto enfermo,
un tipo de más de sesenta, solo, de enormes patillas,
con una radio portátil y una o dos novelas de aquellas
que escribía Lafuente Estefanía.
Los cinco que ya estábamos en la habitación éramos amigos,
es decir nos hacíamos bromas y conocíamos
los síntomas verdaderos de la muerte,
aunque ahora ya no estoy tan seguro.
El sexto, mi padre, llegó silenciosamente
y durante todo el tiempo que estuvo en nuestra habitación
casi no habló con nadie.
Sin embargo una noche, cuando uno de los enfermos se moría
(Rafael, el de la cama n.º 4)
fue él quien se levantó y llamó a las enfermeras.
Nosotros estábamos paralizados de miedo.
Y mi padre obligó a las enfermeras a venir y salvó al enfermo
de la cama n.º 4
y luego volvió a quedarse dormido
sin darle ninguna importancia.
Después, no sé por qué, lo cambiaron de habitación.
A Rafael lo mandaron a morir a su casa y a otros dos
los dieron de alta.
Y a mi padre hoy lo volví a ver.
Como yo, sigue en el hospital.
Lee su novela de vaqueros y cojea de la pierna izquierda.
Su rostro está terriblemente arrugado.
Aún lo acompaña la radio portátil de color rojo.
Tose un poco más que antes y no le da mucha importancia a
    las cosas.

I SAW MY FATHER AGAIN

for León Bolaño

The story begins with the arrival of the sixth patient,
a guy over sixty, alone, sporting huge sideburns,
with a portable radio and one or two of those
Lafuente Estefanía type novels.
The five of us already in the room were friends,
which is to say we joked around and knew about
death's real symptoms,
though now I'm not so sure.
The sixth, my father, arrived silently
and the whole time he was in our room
he hardly spoke to anyone.
Nevertheless one night, when one of the patients was dying
(Rafael, from bed #4)
he was the one who got up and called the nurses.
We were paralyzed with fear.
And my father made the nurses come and saved the patient
in bed #4
and then went back to sleep
without giving it a second thought.
Afterwards, I don't know why, they put him in a different room.
They sent Rafael to die at home and
discharged two others.
And today I saw my father again.
Like me, he's still in the hospital.
He reads his cowboy novel and limps on his left leg.
His face is terribly wrinkled.
He still carries the red colored portable radio.
He coughs a little more than before and doesn't put much
    stock in things.

Hoy hemos estado juntos en la salita, él con su novela
y yo con un libro de William Blake.
Afuera atardecía lentamente y los coches fluían como pesadillas.
Yo pensaba y pensaba en mi padre, una y otra vez,
hasta que éste se levantó, dijo algo
con su voz aguardentosa
que no entendí
y encendió la luz.
Eso fue todo. Él encendió la luz y volvió a la lectura.
Praderas interminables y vaqueros de corazones fieles.
Afuera, sobre el Monte Carmelo, pendía la luna llena.

Today we were together in the ward, he with his novel
and I with a book by William Blake.
Outside night was slowly falling and the cars flowed like
    nightmares.
I was thinking and thinking about my father, over and over,
until he stood up, said something
with his raspy voice
that I didn't understand
and turned on the light.
That was all. He turned on the light and went back to reading.
Endless prairies and cowboys with loyal hearts.
Outside, over Monte Carmelo, the moon hung full.

LOS BLUES TAOÍSTAS
DEL HOSPITAL VALLE HEBRÓN

1

Crecí junto a jóvenes duros.
Duros y sensibles a los grandes espacios desolados.
Amaneceres de cristal en América, lejos. ¿Sabes
Lo que quiero decir? Esos amaneceres sin hospitales, a vida o
    muerte,
En casuchas de adobe azotadas por el viento,
Cuando la muerte abrió la puerta de lata y asomó su sonrisa:
Una sonrisa de pobre
Que jamás –lo supimos de golpe– comprenderíamos.
Una sonrisa atroz en donde de alguna manera se resumían
Nuestros esfuerzos y nuestros desafíos tal vez inútiles.
Y vimos nuestras muertes reflejadas
En la sonrisa de aquella muerte
Que abrió la puerta de lata de la casucha de adobes
E intentó fundirse con nosotros.

2

Estabas tú junto a nosotros.
Y tú no te moviste
Cuando emprendimos la marcha.
Te quedaste en la casucha de adobe
Y no vimos tus lágrimas, oh hermana.
Meruit habere redemptorem.
Meruit tam sacra membra tangere.
Digna tam sacra membra tangere.

THE TAOIST BLUES
OF VALLE HEBRÓN HOSPITAL

1

I grew up with tough kids.
Tough and sensitive to great desolate spaces.
Crystalline dawns in America, far away. You know
What I mean? Those life-or-death dawns without hospitals,
In adobe shacks lashed by wind,
When Death opened the tin door and flashed her smile:
A poor person's smile
That we would never—it dawned on us—understand.
A terrible smile which summed up, in a way,
Our potentially useless efforts and defiance.
And we saw our deaths reflected
In the smile of that Death
Who opened the tin door of the adobe shack
And tried to join us.

2

You were there with us.
And you didn't move
When we took off.
You stayed in the adobe shack
And we didn't see your tears, oh sister.
Meruit habere redemptorem.
Meruit tam sacra membra tangere.
Digna tam sacra membra tangere.

3

Y resueltos salimos de nuestros agujeros.
De nuestros cálidos nidos.
Y habitamos el huracán.
Ahora todos muertos.
También los que recordaron
Un amanecer de cristal
En el territorio de la Quimera y del Mito.

4

Así, tú y yo nos convertimos
En sabuesos de nuestra propia memoria.
Y recorrimos, como detectives latinoamericanos,
Las calles polvorientas del continente
Buscando al asesino.
Pero sólo encontramos
Vitrinas vacías, manifestaciones equívocas
De la verdad.

5

En los territorios de la Quimera
Volveré a encontrarte.
Y te daré diez besos
Y luego
Diez más.

3

And, determined, we left our holes.
Our warm nests.
And occupied the hurricane.
All dead now.
Those, too, who remembered
A crystalline dawn
In the land of Chimera and Myth.

4

That's how you and I became
Sleuths of our own memory.
And traveled, like Latin American detectives,
Over the dusty streets of the continent
Looking for the assassin.
But we only found
Empty shop windows, ambiguous manifestations
Of truth.

5

In the lands of the Chimera
I'll meet you again.
And I'll give you ten kisses
And then
Ten more.

LAS ENFERMERAS

Una estela de enfermeras emprenden el regreso a casa. Protegido
por mis polaroid las observo ir y volver.
Ellas están protegidas por el crepúsculo.
Una estela de enfermeras y una estela de alacranes.
Van y vienen.
¿A las siete de la tarde? ¿A las ocho
de la tarde?
A veces alguna levanta la mano y me saluda. Luego alcanza
su coche, sin volverse, y desaparece
protegida por el crepúsculo como yo por mis polaroid.
Entre ambas indefensiones está el jarrón de Poe.
El florero sin fondo que contiene todos los crepúsculos,
todos los lentes negros, todos
los hospitales.

THE NURSES

A trail of nurses start heading home. Protected
by my sunglasses I watch them come and go.
They're protected by the sunset.
A trail of nurses and a trail of scorpions.
Come and go.
At six in the evening? At eight
in the evening?
Sometimes one lifts a hand and waves to me. Then reaches
her car, without turning back, and disappears,
protected by the sunset as I am by my shades.
Between both vulnerabilities sits Poe's urn.
The bottomless vase holding all sunsets,
all dark lenses, all
hospitals.

EL FANTASMA DE EDNA LIEBERMAN

Te visitan en la hora más oscura
todos tus amores perdidos.
El camino de tierra que conducía al manicomio
se despliega otra vez como los ojos
de Edna Lieberman,
como sólo podían sus ojos
elevarse por encima de las ciudades,
y brillar.
Y brillan nuevamente para ti
los ojos de Edna
detrás del aro de fuego
que antes era el camino de tierra,
la senda que recorriste de noche,
ida y vuelta,
una y otra vez,
buscándola o acaso
buscando tu sombra.
Y despiertas silenciosamente
y los ojos de Edna
están allí.
Entre la luna y el aro de fuego,
leyendo a sus poetas mexicanos
favoritos.
¿Y a Gilberto Owen,
lo has leído?,
dicen tus labios sin sonido,
dice tu respiración
y tu sangre que circula
como la luz de un faro.
Pero son sus ojos el faro
que atraviesa tu silencio.

THE GHOST OF EDNA LIEBERMAN

They visit you in the darkest hour,
all of your lost loves.
The dirt path that led to the madhouse
unfolds itself again like the eyes
of Edna Lieberman,
as only her eyes could
rise over the tops of cities
and shine.
And they shine once more for you,
Edna's eyes,
behind the ring of fire
that used to be the dirt path,
the trail you traveled by night,
round trip,
again and again,
looking for her or maybe
looking for your shadow.
And you wake up silently
and Edna's eyes
are there.
Between the moon and the ring of fire,
reading her favorite
Mexican poets.
And Gilberto Owen?
Have you read him?
say your lips without sound,
says your breath
and your blood that circulates
like the beam of a lighthouse.
But her eyes are the lighthouse
piercing your silence.

Sus ojos que son como el libro
de geografía ideal:
los mapas de la pesadilla pura.
Y tu sangre ilumina
los estantes con libros, las sillas
con libros, el suelo
lleno de libros apilados.
Pero los ojos de Edna
sólo te buscan a ti.
Sus ojos son el libro
más buscado.
Demasiado tarde
lo has entendido, pero
no importa.
En el sueño vuelves
a estrechar sus manos,
y ya no pides nada.

Her eyes like the ideal
geography book:
maps of pure nightmare.
And your blood lights up
the shelves stacked with books, the chairs
stacked with books, the floor
covered with piled-up books.
But Edna's eyes
are fixed on you.
Her eyes are the most
sought-after book.
You've understood it
too late, but
that's okay.
In the dream you go back
to shaking her hands
and no longer ask for anything.

EL REY DE LOS PARQUES

¿Qué hace un tipo como tú en este lugar?
¿Planeas un crimen?
¿Pasó por tu cabeza la idea de entrar en aquella casa
silenciosamente, forzando una ventana
o por la puerta de la cocina?
Ya no eres el rey de los parques y jardines,
tu rostro está en los archivos de la policía
y con sólo apretar un botón la computadora escupe
una fotografía tuya de frente
y de perfil.
Ya no eres el rey de los parques, escúchame, un botón
y caes entre los dientes de la máquina, tu jeta
en la retina de todos, sargentos de la brigada criminal
y forenses, enfermeros y fotógrafos, peritos de la
policía científica y espaldas cuadradas que vigilan
las puertas del paraíso:
sombras crepusculares
que intentarán evitar una nueva caída. Sombras que dicen:
no te metas en líos, sonofabich, sigue recto bajo los reflectores
y no mires atrás.

THE KING OF PARKS

What's a guy like you doing here?
Are you plotting a crime?
Did you get it in your head to go into that house
silently, forcing open a window
or via the kitchen door?
You're not the king of parks and gardens anymore,
your face is in the police archives
and just pushing a button on the computer spits out
a photo of you, front
and profile.
You're not the king of parks anymore, listen up, a button
and you fall between the teeth of the machine, your mug
in the eyes of the world, sergeants of criminal and
forensic squads, nurses and photographers, expert medical
examiners and broad shoulders guarding
the gates of paradise:
twilight shadows
that will try to avert a new fall. Shadows that say:
stay out of trouble, sonofabitch, keep walking straight under
the floodlights
and don't look back.

LOS CREPÚSCULOS DE BARCELONA

Qué decir sobre los crepúsculos ahogados de Barcelona.
  ¿Recordáis
El cuadro de Rusiñol *Erik Satie en el seu estudi*? Así
Son los crepúsculos magnéticos de Barcelona, como los ojos y la
Cabellera de Satie, como las manos de Satie y como la simpatía
De Rusiñol. Crepúsculos habitados por siluetas soberanas,
  magnificencia
Del sol y del mar sobre estas viviendas colgantes o subterráneas
Para el amor construidas. La ciudad de Sara Gibert y de Lola
  Paniagua,
La ciudad de las estelas y de las confidencias absolutamente
  gratuitas.
La ciudad de las genuflexiones y de los cordeles.

TWILIGHT IN BARCELONA

What can be said about the drowning Barcelona twilights.
  Remember
The Rusiñol painting *Erik Satie en el seu estudi*?
The magnetic Barcelona twilights are like that, like Satie's
  eyes and
Long hair, like Satie's hands and like Rusiñol's affection.
Twilights inhabited by supreme silhouettes, magnificence
Of the sun and the sea over these hanging or subterranean
  abodes
Built for love. City of Sara Gibert and Lola Paniagua,
City of slipstreams and completely gratuitous secrets.
City of genuflections and rope.

PALINGENESIA

Estaba conversando con Archibald MacLeish en el bar «Los
    Marinos»
De la Barceloneta cuando la vi aparecer, una estatua de yeso
Caminando penosamente sobre los adoquines. Mi interlocutor
También la vio y envió a un mozo a buscarla. Durante los
    primeros
Minutos ella no dijo una palabra. MacLeish pidió consomé y
    tapas
De mariscos, pan de payés con tomate y aceite, y cerveza San
    Miguel.
Yo me conformé con una infusión de manzanilla y rodajas de
    pan
Integral. Debía cuidarme, dije. Entonces ella se decidió a hablar:
Los bárbaros avanzan, susurró melodiosamente, una masa
    disforme,
Grávida de aullidos y juramentos, una larga noche manteada
Para iluminar el matrimonio de los músculos y la grasa. Luego
Su voz se apagó y dedicose a ingerir las viandas. Una mujer
Hambrienta y hermosa, dijo MacLeish, una tentación
    irresistible
Para dos poetas, si bien de diferentes lenguas, del mismo
    indómito
Nuevo mundo. Le di la razón sin entender del todo sus palabras
Y cerré los ojos. Cuando desperté MacLeish se había ido. La
    estatua
Estaba allí, en la calle, sus restos esparcidos entre la irregular
Acera y los viejos adoquines. El cielo, horas antes azul, se
    había vuelto
Negro como un rencor insuperable. Va a llover, dijo un niño
Descalzo, temblando sin motivo aparente. Nos miramos un
    rato:

PALINGENESIS

I was chatting with Archibald MacLeish in "Los Marinos" bar
In Barceloneta when I saw her appear, a plaster statue
Walking arduously over the cobblestones. My friend
Saw, too, and sent a waiter to fetch her. For the first
Few minutes she didn't say a word. MacLeish ordered
    consommé and
Shellfish tapas, pan de payés with tomato and oil, and San
    Miguel beer.
I settled for a chamomile infusion and slices of
Wheat bread. I should care for myself, I said. Then she
    decided to speak:
The barbarians are coming, she whispered melodiously, a
    deformed mass,
Pregnant with howls and oaths, a long night tossed up
To reveal the marriage of muscles and fat. Then
Her voice shut off and she set about devouring dishes.
A hungry and beautiful woman, said MacLeish, an irresistible
    temptation
For two poets, though from different languages, still from
    the same indomitable
New world. I said he was right without getting all of his words
And closed my eyes. When I woke MacLeish had gone. The
    statue
Was there in the street, her leftovers scattered on the irregular
Sidewalk and old cobblestones. The sky, hours before blue,
    had turned
Black as insurmountable rancor. It's going to rain, said a
    barefoot
Little boy, shivering for no apparent reason. We stared at
    each other a while:

Con el dedo indicó los trozos de yeso en el suelo. Nieve, dijo.
No tiembles, respondí, no ocurrirá nada, la pesadilla, aunque
  cercana,
Ha pasado sin apenas tocarnos.

With his finger he gestured to pieces of plaster on the
   ground. Snow, he said.
Don't shiver, I responded, nothing's going to happen, the
   nightmare, though close,
Has passed, barely touching us.

DEVOCIÓN DE ROBERTO BOLAÑO

A finales de 1992 él estaba muy enfermo
y se había separado de su mujer.
Ésa era la puta verdad:
estaba solo y jodido
y solía pensar que le quedaba poco tiempo.
Pero los sueños, ajenos a la enfermedad,
acudían cada noche
con una fidelidad que conseguía asombrarlo.
Los sueños que lo trasladaban a ese país mágico
que él y nadie más llamaba México D.F.
y Lisa y la voz de Mario Santiago
leyendo un poema
y tantas otras cosas buenas y dignas
de los más encendidos elogios.
Enfermo y solo, él soñaba
y afrontaba los días que marchaban inexorables
hacia el fin de otro año.
Y de ello extraía un poco de fuerza y de valor.
México, los pasos fosforescentes de la noche,
la música que sonaba en las esquinas
donde antaño se helaban las putas
(en el corazón de hielo de la Colonia Guerrero)
le proporcionaban el alimento que necesitaba
para apretar los dientes
y no llorar de miedo.

ROBERTO BOLAÑO'S DEVOTION

Toward the end of 1992 he was very sick
and had separated from his wife.
That was the goddamn truth:
he was alone and fucked
and he tended to think there was little time left.
But dreams, oblivious to sickness,
showed up every night
with a loyalty that came to surprise him.
Dreams took him to that magical country
he and no one else called Mexico City
and Lisa and the voice of Mario Santiago
reading a poem
and so many other good things worthy
of the most ardent praise.
Sick and alone, he would dream
and confront the days that passed inexorably
toward the end of another year.
And from it he gathered a bit of strength and courage.
Mexico, the phosphorescent steps in the night,
the music playing on corners
where in the past whores would freeze
(in the icy heart of Colonia Guerrero)
and would dole him out the sustenance needed
to clench his teeth
and not cry in fear.

EL REGRESO DE ROBERTO BOLAÑO

1

Volví con las putas de Chile y no hubo burdel
donde no fuera recibido como un hijo
como el hermano que regresa entre brumas
y escuché una música deliciosa
una música de guitarra y piano y tumbadoras
buena para bailar
buena para dejarse ir
y rebotar de mesa en mesa
de pareja en pareja
saludando a los presentes
para todos una sonrisa
para todos una palabra
de reconocimiento

2

Volví pálido como la luna
y sin demasiado entusiasmo
a los burdeles de mi patria
y las putas me sonrieron
con una calidez inesperada
y una que probablemente no tenía
30 años
aunque aparentaba 50
me sacó a bailar
una samba o un tango
juro que no lo recuerdo
en medio de la pista iluminada
por la luna y las estrellas

ROBERTO BOLAÑO'S RETURN

1

I went back to Chile's whores and there wasn't a bordello
that didn't receive me like a son
like the brother returning in a veil of mist
and I heard delightful music
music filled with guitar and piano and congas
good for dancing
good for letting yourself go
and bouncing from table to table
from couple to couple
greeting all who were present
giving everyone a smile
giving everyone a word
of recognition

2

I went back pale as the moon
and without much enthusiasm
for my homeland's bordellos
and the whores smiled at me
with an unexpected warmth
and one who probably wasn't
even 30
though she looked 50
grabbed me to dance
a samba or tango
I swear I don't remember
in the middle of the dance floor lit
by the moon and the stars

3

Volví ya pacificado
más bien enfermo
flaco y sin dinero
y sin planes para conseguirlo
sin amigos
sin una triste pistola
que me ayudara a abrir
algunas puertas
y cuando todo parecía llevarme
al lógico desastre final
aparecieron las putas y los burdeles
las canciones que bailaban
los viejos macrós
y todo volvió a brillar

3

I went back pacified
rather sick
thin and without money
and without any plans to acquire it
without friends
without even a lousy gun
that might help me to open
a few doors
and when everything seemed to be sweeping me
toward the logical final disaster
the whores and bordellos appeared
the songs the old
pimps danced to
and everything shined again

LA GRIEGA

Vimos a una mujer morena construir el acantilado.
No más de un segundo, como alanceada por el sol. Como
Los párpados heridos del dios, el niño premeditado
De nuestra playa infinita. La griega, la griega,
Repetían las putas del Mediterráneo, la brisa
Magistral: la que se autodirige, como una falange
De estatuas de mármol, veteadas de sangre y voluntad,
Como un plan diabólico y risueño sostenido por el cielo
Y por tus ojos. Renegada de las ciudades y de la República,
Cuando crea que todo está perdido a tus ojos me fiaré.
Cuando la derrota compasiva nos convenza de lo inútil
Que es seguir luchando, a tus ojos me fiaré.

THE GREEK

We saw a brown-skinned woman constructing the cliff.
Just for a second, as if speared by the sun. Like
The wounded eyelids of the god, our infinite beach's
Premeditated child. The Greek, the Greek,
Repeated the Mediterranean whores, the magisterial
Breeze: the one directing itself, like a phalanx
Of marble statues, streaked with blood and volition,
Like a bright diabolical plan suspended in the sky
And in your eyes. Renegade of cities and of the Republic,
When I think that everything's lost, I'll trust in your eyes.
When compassionate defeat convinces us how useless it is
To keep on fighting, I'll trust in your eyes.

LOS AÑOS

Me parece verlo todavía, su rostro marcado a fuego
en el horizonte
Un muchacho hermoso y valiente
Un poeta latinoamericano
Un perdedor nada preocupado por el dinero
Un hijo de las clases medias
Un lector de Rimbaud y de Oquendo de Amat
Un lector de Cardenal y de Nicanor Parra
Un lector de Enrique Lihn
Un tipo que se enamora locamente
y que al cabo de dos años está solo
pero piensa que no puede ser
que es imposible no acabar reuniéndose
otra vez con ella
Un vagabundo
Un pasaporte arrugado y manoseado y un sueño
que atraviesa puestos fronterizos
hundido en el légamo de su propia pesadilla
Un trabajador de temporada
Un santo selvático
Un poeta latinoamericano lejos de los poetas
latinoamericanos
Un tipo que folla y ama y vive aventuras agradables
y desagradables cada vez más lejos
del punto de partida
Un cuerpo azotado por el viento
Un cuento o una historia que casi todos han olvidado
Un tipo obstinado probablemente de sangre india
criolla y gallega
Una estatua que a veces sueña con volver a encontrar
el amor en una hora inesperada y terrible

THE YEARS

I still think I see him, face scarred by fire
on the horizon
A brave and beautiful boy
A Latin American poet
A loser totally unconcerned with money
A child of the middle class
A reader of Rimbaud and Oquendo de Amat
A reader of Cardenal and Nicanor Parra
A reader of Enrique Lihn
A guy who falls madly in love
and after two years is alone
but thinks it can't be
it's impossible not to end up together
with her again
A vagabond
A wrinkled, worn-out passport and a dream
spanning border posts
buried in the slime of his own nightmare
A seasonal worker
A rustic saint
A Latin American poet far from the poets
of Latin America
A guy who fucks and loves and experiences good and bad
adventures, further and further away
from where he started
A wind-beaten body
A tale and a history nearly all have forgotten
A stubborn guy probably of Indian
Creole and Galician blood
A statue that sometimes dreams of finding
love again at some unexpected and terrible moment

Un lector de poesía
Un extranjero en Europa
Un hombre que pierde el pelo y los dientes
pero no el valor
Como si el valor valiera algo
Como si el valor fuera a devolverle
aquellos lejanos días de México
la juventud perdida y el amor
(Bueno, dijo, pongamos que acepto perder México y la
    juventud
pero jamás el amor)
Un tipo con una extraña predisposición
a sobrevivir
Un poeta latinoamericano que al llegar la noche
se echa en su jergón y sueña
Un sueño maravilloso
que atraviesa países y años
Un sueño maravilloso
que atraviesa enfermedades y ausencias

A reader of poetry
A foreigner in Europe
A man who's losing his hair and his teeth
but not his courage
As if courage were worth something
As if courage would give him back
those far-off Mexican days
lost youth and love
(Fine, he said, let's say I'm okay with losing Mexico and youth
but never love)
A guy with a strange predisposition
to survive
A Latin American poet who when night falls
sprawls out on his straw mattress and dreams
A marvelous dream
spanning countries and years
A marvelous dream
spanning sickness and absences

REENCUENTRO

Esta noche se parece
a un enano que crece

DE ORY

Dos poetas de 20 y 23 años,
Desnudos en la cama con las persianas cerradas
Se entrelazan, se chupan las tetillas y las vergas
Enhiestas, entre gemidos
Vagamente literarios
Mientras la hermana mayor de uno de ellos encogida en el
    sillón del televisor,
Los ojos enormes y asustados,
Observa la gran ola metálica del Pacífico,
Aquella que se escande en fragmentos caprichosos y en este-
    las discontinuas,
Y grita: el fascismo, el fascismo, pero sólo yo
La escucho, yo
El escritor encerrado en el cuarto de huéspedes
Tratando de soñar inútilmente
Una carta ideal
Llena de aventuras y de escenas sin sentido
Que encubran la carta verdadera,
La carta terrorífica del adiós
Y de cierto tipo de amnesia
Infrecuente,
Mientras la hermana del poeta golpea las puertas de las
    habitaciones vacías
Como quien golpea las puertas sucesivas del Pensamiento
Y grita o susurra el fascismo,
Al tiempo que el poeta de 20 encula con dos golpes secos
Al poeta de 23 y éste hace ug ug,

REUNION

Esta noche se parece
a un enano que crece

DE ORY

Two poets 20 and 23 years old,
Naked in bed with the shades drawn
Intertwine themselves, suck nipples and
Erect cocks, between
Vaguely literary moans
While one's older sister curled up in the armchair by the TV,
Eyes enormous and scared,
Observes the great metallic wave of the Pacific
In scans of capricious fragments and discontinuous trails,
And screams: fascism, fascism, but only I
Hear her, I
The writer locked in the guest room
Uselessly trying to dream up
An ideal letter
Full of adventures and pointless anecdotes
To cover up the real letter,
The terrifying letter goodbye
And a certain kind of
Occasional amnesia,
While the poet's sister bangs the doors of empty rooms
Like someone banging the successive doors of Thought
And screams or whispers fascism,
At the moment when, with two dry bangs, the 20-year-old
    poet butt fucks
The 23-year-old poet who goes ugh ugh,
A 23-centimeter cock like an iron worm
In the 23-year-old poet's rectum,

Una verga de 23 centímetros como un gusano de acero
En el recto del poeta de 23,
Y la boca del poeta de 20 se pega como un hisopo
En el cuello
Del poeta de 23
Y los pequeños dientes de nácar del poeta de 20
Buscan los músculos, las articulaciones, el hueso en el cuello,
En la nuca, huelen los cerebelos
Del poeta de 23.
Y la hermana grita
El fascismo, el fascismo, un fascismo extraño, ciertamente,
    un fascismo casi translúcido
Como la mariposa de los bosques profundos,
Aunque en las retinas de ella lo que prevalece es la Gran Ola
    Metálica
Del Pacífico
Y los poetas gritan
Hartos de tanto histerismo:
¡Acaba de una puta vez tu putañera lectura
De Raúl Zurita!
Y justo en el momento de decir Zurita
Se corren,
De suerte que el apellido de nuestro poeta nacional
Es proferido casi agónicamente
Como una caída libre en la sopa de letras hirviente
De la poesía
Y luego el silencio se instaura en los juguetes
Y el viento, un viento venido de otro continente e incluso
    puede
Que de otro tiempo, recorre
La casa de madera, se mete
Por debajo de las puertas, por debajo de las
Camas, por debajo de los sillones,

And the 20-year-old poet's mouth clings like hyssop
To the 23-year-old poet's
Neck
And the 20-year-old poet's little ivory teeth
Seek out muscles, joints, the bone in the neck,
In the nape, smell the cerebellums
Of the 23-year-old poet.
And the sister screams
Fascism, fascism, a strange fascism, sure, a fascism nearly
    translucent
Like the butterfly of deep forests,
Though what prevails in her eyes is the Great Metallic Wave
Of the Pacific
And the poets scream
Fed up with such hysteria:
Once and for fucking all stop reading fucking
Raúl Zurita!
And at the very moment they say Zurita
They come,
So that the surname of our national poet
Is proffered almost in agony
Like a free fall into the boiling alphabet soup
Of poetry
And then silence settles on the toys
And the wind, a wind from another continent and even
    maybe
From another time, passes through
The wooden house, slips
Under doors, under
Beds, under armchairs,
And the young poets get dressed and go out for dinner
At Los Meandros restaurant, also called
La Sevillana Ilustrada

Y los jóvenes poetas se visten y salen a cenar
Al restaurante «Los Meandros», también llamado
«La Sevillana Ilustrada»
En homenaje a la patrona,
Una especialista o tal vez sólo una redicha
En Bocángel y Juan Del Encina
Y la hermana mayor llora
Ovillada en el sillón tocado por la luna
Y sus hipos recorren la casa de madera
Como un pelotón de fantasmas,
Como un pelotón de soldados de plomo,
Hasta arrancarme de mi sueño lleno de candidez y mutaciones,
Mi sueño de vapor
Del que emerjo de un salto
Avisado por un ángel del peligro
Y entonces me aliso el pelo y la camisa floreada
Antes de salir al pasillo a investigar qué sucede,
Pero sólo la brisa nocturna y el sonido del mar
Contestan mis preguntas.
¿Y qué es eso que crece como el pelo en las cabezas muertas?
¿Y qué es eso que crece como las uñas en las garras que el
    Destino
Se encargó –porque sí– de velar y enterrar
En las faldas de una montaña de ceniza?
La vida, supongo, o esta inercia regida por las estrellas,
La epifanía en la doble boca del degollado.
Y yo vi a los jóvenes poetas caminando de la mano
Por el Paseo Marítimo, alejándose como juncos mágicos del
    Club de Yates
Rumbo a la Roca de las Palomas,
La que corta en dos la bahía.
Y vi a la hermana mayor escondida
Debajo de la cama

In homage to the owner,
A specialist or maybe just well versed
In Bocángel and Juan Del Encina
And the older sister cries
Curled up in the armchair touched by the moon
And her hiccups move about the wooden house
Like a squad of ghosts,
Like a squad of lead soldiers,
Till they tear me from my dreams full of naivety and mutations,
My vaporous dreams
From which I emerge with a start
Warned of danger by an angel
And then I smooth my hair and my flowered shirt
Before stepping into the hallway to see what's going on,
But only the night breeze and the sound of the sea
Answer my questions.
And what is it that grows like hair on dead skulls?
And what is it that grows like nails on talons,
The talons that Destiny took upon herself—just because—
    to hold a wake over
And bury in the foothills of a mountain of ash?
Life, I suppose, or this star-governed inertia,
The epiphany in the double mouth of one whose throat has
    been slit.
And I saw the young poets walk hand in hand
Along the Paseo Marítimo, moving away from the Yacht
    Club like magical junks
Straight toward Pigeon Rock,
Which cuts the bay in two.
And I saw the older sister hidden
Beneath the bed
And said come out of there, stop crying, no one will hurt
    you, it's me,

Y dije sal de ahí, no llores más, nadie le hará daño a nadie, soy yo,
El que os alquila la habitación de arriba.
Y en sus ojos, en la condensación que eran sus ojos,
Vi a la noche navegar a 30 nudos por hora
Por el mar de los sobresaltos, y vi al amanecer,
Allí, en la vesícula de la luna, emprender la persecución
A 35 nudos por hora.
Y vi salir a las mujeres del «Trianón», del «Eva», del «Ulises»
Con las faldas arrugadas y los escotes inseguros: un café con
    leche
Y dos donuts en el «Pitu Colomer» para después volver
A la gran corriente.
Y dije: salgamos, está amaneciendo, que la mañana deshaga
    los restos de la pesadilla.
Y los poetas ascendieron hasta el mirador de la Roca de las
    Palomas
Y después volvieron a bajar, pero por la pared del mar,
Hasta el acomodo de un saliente
Como un nido de Pájaro Roc
En donde a merced de los vientos, pero protegidos por la piedra,
Se besaron, se acariciaron las revueltas cabelleras,
Hundieron sus rostros en el cuello del otro
Riendo y acezando.
Y la hermana mayor salió conmigo: seguimos
La ruta de los camiones cisterna hasta el deslinde geométrico
    del pueblo,
hasta el lugar donde explotaban
Las casas, las flores, los hoyos ayer abiertos por trabajadores
    olvidados
Y hoy convertidos en marmitas de un caldo
Más duradero que nosotros.
Y en un bar junto a los riscos pronunciamos
Nuestros nombres

The guy who rents the room upstairs.
And in her eyes, in the condensation of her eyes,
I saw the night travel at 30 knots an hour
Through the sea of horrors, and saw sunrise,
There, in the moon's vesicle, embarking on the chase
At 35 knots an hour.
And I saw women leaving Trianón, Eva, Ulises
With wrinkled skirts and disheveled necklines: a café con leche
And two donuts in Pitu Colomer so they could return
To the great current.
And I said: let's go, it's getting light, let morning wipe away
    what's left of the nightmare.
And the poets climbed to the lookout on Pigeon Rock
And then descended again, but down the wall facing the sea,
Until they reached the comfort of a ledge
Like a Rock Bird nest
Where at the mercy of winds, but protected by stone,
They kissed, caressed disheveled locks,
Buried their faces in each other's necks
Laughing and panting.
And the older sister went out with me: we followed
The tanker trucks' route toward the town's geometric limit,
To where there was an explosion of
Houses, flowers, pits opened yesterday by forgotten workers
And today converted to stock pots for a soup
More lasting than ourselves.
And in a bar beside the cliffs we said
Our names
And I realized the void could be
The size of a nut.
She'd just arrived from Madrid and in her exhaustion
Nightmares and ghosts were mounting. How
Old are you? she said laughing. 39, I responded.

Y comprendí que el vacío podía ser
Del tamaño de una nuez.
Ella acababa de llegar de Madrid y en su cansancio
Crecían pesadillas y fantasmas. ¿Qué
Edad tienes?, dijo riendo. 39, respondí.
¡Qué viejo! Yo tengo 25, dijo.
Y tu nombre empieza por L, pensé,
Una L como un bumerang que vuelve una y otra vez
Aunque sea arrojado al Infierno.

You're old! I'm 25, she said.
And your name begins with L, I thought,
An L like a boomerang that comes back again and again
Even if it's thrown to Hell.

EL SEÑOR WILTSHIRE

Todo ha terminado, dice la voz del sueño, y ahora eres el reflejo
de aquel señor Wiltshire, comerciante de copra en los mares
    del sur,
el blanco que desposó a Uma, que tuvo muchos hijos,
el que mató a Case y el que jamás volvió a Inglaterra,
eres como el cojo a quien el amor convirtió en héroe:
nunca regresarás a tu tierra (¿pero cuál es tu tierra?),
nunca serás un hombre sabio, vaya, ni siquiera un hombre
razonablemente inteligente, pero el amor y tu sangre
te hicieron dar un paso, incierto pero necesario, en medio
de la noche, y el amor que guió ese paso te salva.

MR. WILTSHIRE

It's all over, says the voice in the dream, and now you're the
    reflection
of that guy Wiltshire, copra merchant in the South Seas,
the white man who married Uma, had lots of kids,
the one who killed Case and never went back to England,
you're like the cripple turned into a hero by love:
you'll never return to your homeland (but which is your
    homeland?),
you'll never be a wise man, come on, not even a man
who's reasonably intelligent, but love and your blood
made you take a step, uncertain but necessary, in the middle
of the night, and the love that guided that step is what saves you.

VERSOS DE JUAN RAMÓN

Malherido en un bar que podía ser o podía no ser mi victoria,
Como un charro mexicano de finos bigotes negros
Y traje de paño con recamados de plata, sentencié
Sin mayores reflexiones la pena de la lengua española. No hay
Poeta mayor que Juan Ramón Jiménez, dije, ni versos más
    altos
En la lírica goda del siglo xx que estos que a continuación
recito:
    Mare, me jeché arena zobre la quemaúra.
    Te yamé, te yamé dejde er camino ... ¡Nunca
    ejtubo ejto tan zolo! Laj yama me comían,
    mare, y yo te yamaba, y tú nunca benía!
Después permanecí en silencio, hundido de quijada en mis
    fantasmas,
Pensando en Juan Ramón y pensando en las islas que se
    hinchan,
Que se juntan, que se separan.
Como un charro mexicano del Infierno, dijo horas o días
    más tarde
La mujer con la que vivía. Es posible.
Como un charro mexicano de carbón
Entre la legión de inocentes.

Los versos de J.R.J. pertenecen al poema «La Carbonerilla Quemada»,
de *Historias para Niños sin Corazón. Antolojía Poética*, Editorial Losada,
Buenos Aires, 1944.

VERSES BY JUAN RAMÓN

Badly injured in a bar that may or may not have been my
   victory,
Like a Mexican charro with a fine black mustache
And a cloth suit with silver stitching, I imposed,
Without really thinking, the penalty of the Spanish language.
   There's no
Greater poet than Juan Ramón Jiménez, I said, nor higher
   verses
In 20th century Iberian lyric than the ones I'm about to
recite:
> *Mama, I frew sand ober da burn.*
> *I cawled you, I cawled you fwum da woad . . . It's*
> *neber been so wonewy! Da fwames was eaten me,*
> *Mama, and I was cawlin you, and you neber came!*
Then I stayed silent, plunged jaw-deep in my phantoms,
Thinking of Juan Ramón and thinking of islands that swell,
That join together, that separate.
Like a Mexican charro from Hell, said the woman
I lived with, hours or days later. It's possible.
Like a soot-covered Mexican charro
Among the legion of innocents.

The verses by J.R.J. are found in the poem "La Carbonerilla Quemada,"
in *Historias para Niños sin Corazón. Antología Poética*, Editorial Losada,
Buenos Aires, 1944.

LOS NEOCHILENOS

a Rodrigo Lira

El viaje comenzó un feliz día de noviembre
Pero de alguna manera el viaje ya había terminado
Cuando lo empezamos.
Todos los tiempos conviven, dijo Pancho Ferri,
El vocalista. O confluyen,
Vayo uno a saber.
Los prolegómenos, no obstante,
Fueron sencillos:
Abordamos con gesto resignado
La camioneta
Que nuestro mánager en un rapto
De locura
Nos había obsequiado
Y enfilamos hacia el norte,
El norte que imanta los sueños
Y las canciones sin sentido
Aparente
De los Neochilenos,
Un norte, ¿cómo te diría?,
Presentido en el pañuelo blanco
Que a veces cubría
Como un sudario
Mi rostro.
Un pañuelo blanco impoluto
O no
En donde se proyectaban
Mis pesadillas nómadas
Y mis pesadillas sedentarias.

THE NEOCHILEANS

to Rodrigo Lira

The trip began one happy day in November,
But in a sense the trip was over
When we started.
All times coexist, said Pancho Ferri,
The lead singer. Or they converge,
Who knows.
The prologue, however,
Was simple:
With a resigned gesture we boarded
The van our manager
Had given us in a fit
Of madness
And set off for the north,
The north which magnetizes dreams
And the seemingly
Meaningless songs of the Neochileans,
A north, how should I put it?
Foretold in the white kerchief
Sometimes covering
My face
Like a shroud.
A white kerchief unsullied
Or not
On which were projected
My nomadic nightmares
And my sedentary nightmares.
And Pancho Ferri
Asked

Y Pancho Ferri
Preguntó
Si sabíamos la historia
Del Caraculo
Y el Jetachancho
Asiendo con ambas manos
El volante
Y haciendo vibrar la camioneta
Mientras buscábamos la salida
De Santiago,
Haciéndola vibrar como si fuera
El pecho
Del Caraculo
Que soportaba un peso terrible
Para cualquier humano.
Y recordé entonces que el día
Anterior a nuestra partida
Habíamos estado
En el Parque Forestal
De visita en el monumento
A Rubén Darío.
Adiós, Rubén, dijimos borrachos
Y drogados.
Ahora los hechos banales
Se confunden
Con los gritos anunciadores
De sueños verdaderos.
Pero así éramos los Neochilenos,
Pura inspiración
Y nada de método.
Y al día siguiente rodamos
Hasta Pilpico y Llay Llay
Y pasamos sin detenernos

If we knew the story
Of Caraculo
And Jetachancho
Grasping the steering wheel
With both hands and
Making the van tremble
As we looked for the exit
From Santiago,
Making it tremble as if it were
Caraculo's
Chest
Carrying a weight unbearable
For any human.
And I remembered then that on the day
Before our departure
We'd been
In the *Parque Forestal*
Visiting the monument
To Ruben Dario.
Goodbye, Ruben, we said, drunk
And stoned.
Now those trivial acts
Get confused
With screams heralding
Real dreams.
But that's how we Neochileans were,
Pure inspiration
And no method at all.
And the next day we rolled
On to Pilpico and Llay Llay
And shot through
La Ligua and Los Vilos
Without stopping

Por La Ligua y Los Vilos
Y cruzamos el río Petorca
Y el río
Quilimari
Y el Choapa hasta llegar
A La Serena
Y el río Elqui
Y finalmente Copiapó
Y el río Copiapó
En donde nos detuvimos
Para comer empanadas
Frías.
Y Pancho Ferri
Volvió con las aventuras
Intercontinentales
Del Caraculo y del Jetachancho,
Dos músicos de Valparaíso
Perdidos
En el barrio chino de Barcelona.
Y el pobre Caraculo, dijo
El vocalista,
Estaba casado y tenía que
Conseguir plata
Para su mujer y sus hijos
De la estirpe Caraculo,
De tal forma que se puso a traficar
Con heroína
Y un poco de cocaína
Y los viernes algo de éxtasis
Para los súbditos de Venus.
Y poco a poco, obstinadamente,
Empezó a progresar.
Y mientras el Jetachancho

And crossed the Petorca River
And the Quilimari
River
And the Choapa until we arrived
At La Serena
And the Elqui River
And finally Copiapó
And the Copiapó River
Where we stopped
To eat cold
Empanadas.
And Pancho Ferri
Returned to the intercontinental
Adventures
Of Caraculo and Jetachancho,
Two musicians from Valparaíso
Lost
In Barcelona's Chinatown.
And poor Caraculo,
The lead singer said,
Was married and needed
To get money
For his wife and children
Of the Caraculo lineage
So badly he started dealing
Heroin
And a little cocaine
And on Fridays a little ecstasy
For the subjects of Venus.
And bit by bit, stubbornly,
He was moving up,
And while Jetachancho
Hung out with Aldo Di Pietro,

Acompañaba a Aldo Di Pietro,
¿Lo recuerdan?,
En el Café Puerto Rico,
El Caraculo veía crecer
Su cuenta corriente
Y su autoestima.
¿Y qué lección podíamos
Sacar los Neochilenos
De la vida criminal
De aquellos dos sudamericanos
Peregrinos?
Ninguna, salvo que los límites
Son tenues, los límites
Son relativos: gráfilas
De una realidad acuñada
En el vacío.
El horror de Pascal
Mismamente.
Ese horror geométrico
Y oscuro
Y frío
Dijo Pancho Ferri
Al volante de nuestro bólido,
Siempre hacia el
Norte, hasta
Toco
En donde descargamos
La megafonía
Y dos horas después
Estábamos listos para actuar:
Pancho Relámpago
Y los Neochilenos.
Un fracaso pequeño

Remember him?
In Café Puerto Rico,
Caraculo saw his checking account
And his self-esteem grow.
And what lesson can we
Neochileans learn
From the criminal lives
Of those two South American
Pilgrims?
None, except that limits
Are tenuous, limits
Are relative: reeded edges
Of a reality forged
In the void.
Pascal's horror
Precisely.
That geometric horror
So dark
And cold,
Said Pancho Ferri
At the wheel of our race car,
Always heading
North, till we reached
Toco
Where we unloaded
The amp
And two hours later
Were ready to go on:
Pancho Relámpago
And the Neochileans.
A tiny
Pea-sized failure,
Though some teens

Como una nuez,
Aunque algunos adolescentes
Nos ayudaron
A volver a meter en la camioneta
Los instrumentos: niños
De Toco
Transparentes como
Las figuras geométricas
De Blaise Pascal.
Y después de Toco, Quillagua,
Hilaticos, Soledad, Ramaditas,
Pintados y Humberstone,
Actuando en salas de fiestas vacías
Y burdeles reconvertidos
En hospitales de Liliput,
Algo muy raro, muy raro que tuvieran
Electricidad, muy
Raro que las paredes
Fueran semisólidas, en fin,
Locales que nos daban
Un poco de miedo
Y en donde los clientes
Estaban encaprichados con
El *fist-fucking* y el
Feet-fucking,
Y los gritos que salían
De las ventanas y
Recorrían el patio encementado
Y las letrinas al aire libre,
Entre almacenes llenos
De herramientas oxidadas
Y galpones que parecían
Recoger toda la luz lunar,

Did help us
Load the instruments back
In the van: kids
From Toco
Transparent like
The geometric figures
Of Blaise Pascal.
And after Toco, Quillagua,
Hilaticos, Soledad, Ramaditas,
Pintados and Humberstone,
Playing in empty banquet halls
And brothels converted
Into Lilliputian hospitals,
A really rare sight, rare they even had
Electricity, really
Rare that the walls
Were semi-solid, in short,
Places that kind of
Scared us a little
And where the clients
Took a liking to
Fist-fucking and
Feet-fucking,
And the screams that came
Through the windows and
Echoed through the cement courtyard
Through outhouses
Between stores full
Of rusted tools
And sheds that seemed
To collect all the moon's light,
Made our hair
Stand on end.

Nos ponían los pelos
De punta.
¿Cómo puede existir
Tanta maldad
En un país tan nuevo,
Tan poquita cosa?
¿Acaso es éste
El Infierno de las Putas?
Se preguntaba en voz alta
Pancho Ferri.
Y los Neochilenos no sabíamos
Qué responder.
Yo más bien reflexionaba
Cómo podían progresar
Esas variantes neoyorkinas del sexo
En aquellos andurriales
Provincianos.
Y con los bolsillos pelados
Seguimos subiendo:
Mapocho, Negreiros, Santa
Catalina, Tana,
Cuya y
Arica,
En donde tuvimos
Algo de reposo —e indignidades.
Y tres noches de trabajo
En el *Camafeo* de
Don Luis Sánchez Morales, oficial
Retirado.
Un lugar lleno de mesitas redondas
Y lamparitas barrigonas
Pintadas a mano
Por la mamá de don Luis,

How can so much evil exist
In a country so new,
So minuscule?
Might this be
The Prostitutes' Hell?
Pancho Ferri
Pondered aloud.
And we Neochileans didn't know
What to answer.
I just sat wondering
How those New York variants of sex
Could go on
In these godforsaken
Provinces.
And with our pockets emptied
We continued north:
Mapocho, Negreiros, Santa
Catalina, Tana,
Cuya and
Arica,
Where we found
Some rest—and indignities.
And three nights of work
In the *Camafeo*, owned by
Don Luis Sánchez Morales, retired
Official.
A place filled with little round tables
And pot-bellied lamps
Hand-painted
By don Luis's mom,
I suppose.
And the only really
Amusing thing

Supongo.
Y la única cosa
Verdaderamente divertida
Que vimos en Arica
Fue el sol de Arica:
Un sol como una estela de
Polvo.
Un sol como arena
O como cal
Arrojada ladinamente
Al aire inmóvil.
El resto: rutina.
Asesinos y conversos
Mezclados en la misma discusión
De sordos y de mudos,
De imbéciles sueltos
Por el Purgatorio.
Y el abogado Vivanco,
Un amigo de don Luis Sánchez,
Preguntó qué mierdas queríamos decir
Con esa huevada de los Neochilenos.
Nuevos patriotas, dijo Pancho,
Mientras se levantaba
De la reunión
Y se encerraba en el baño.
Y el abogado Vivanco
Volvió a enfundar la pistola
En una sobaquera
De cuero italiano,
Un fino detalle de los chicos
De Ordine Nuovo,
Repujada con primor y pericia.
Blanco como la luna

We saw in Arica
Was the sun of Arica:
A sun like a trail
Of dust.
A sun like sand
Or like lime
Tossed artfully
Into the motionless air.
The rest: routine.
Assassins and converts
Chit-chatting
With the deaf and mute,
With imbeciles turned loose
From Purgatory.
And Vivanco the lawyer,
A friend of don Luis Sánchez,
Asked what the fuck we were trying to say
With all that Neochilean shit.
New patriots, said Pancho,
As he got up
From the table
And locked himself in the bathroom.
And Vivanco the lawyer
Tucked his pistol back
In its holster
Of Italian leather,
A fine repoussé of the boys
Of Ordine Nuovo,
Detailed with delicacy and skill.
White as the moon
That night we had to tuck
Pancho Ferri in bed
Between all of us.

Esa noche tuvimos que meter
Entre todos
A Pancho Ferri en la cama.
Con cuarenta de fiebre
Empezó a delirar:
Ya no quería que nuestro grupo
Se llamara *Pancho Relámpago*
Y los Neochilenos,
Sino *Pancho Misterio*
Y los Neochilenos:
El terror de Pascal.
El terror de los vocalistas,
El terror de los viajeros,
Pero jamás el terror
De los niños.
Y un amanecer,
Como una banda de ladrones,
Salimos de Arica
Y cruzamos la frontera
De la República.
Por nuestros semblantes
Hubiérase dicho que cruzábamos
La frontera de la Razón.
Y el Perú legendario
Se abrió ante nuestra camioneta
Cubierta de polvo
E inmundicias,
Como una fruta sin cáscara,
Como una fruta quimérica
Expuesta a las inclemencias
Y a las afrentas.
Una fruta sin piel
Como una adolescente desollada.

With a 40 degree fever
He was growing delirious:
He didn't want our band
To be called *Pancho Relámpago*
And the Neochileans anymore,
But instead *Pancho Misterio*
And the Neochileans:
Pascal's terror.
The terror of lead singers,
The terror of travelers,
But never the terror
Of children.
And one morning at dawn,
Like a band of thieves,
We left Arica
And crossed the border
Of the Republic.
By our expressions
You'd have thought we were crossing
The border of Reason.
And the Peru of legend
Opened up in front of our van
Covered in dust
And filth,
Like a piece of fruit without a peel,
Like a chimeric fruit
Exposed to inclemency
And insults.
A fruit without a rind
Like a cocky teenager.
And Pancho Ferri, from
Then on called Pancho
Misterio, didn't break

Y Pancho Ferri, desde
Entonces llamado Pancho
Misterio, no salía
De la fiebre,
Musitando como un cura
En la parte de atrás
De la camioneta
Los avatares —palabra india—
Del Caraculo y del Jetachancho.
Una vida delgada y dura
Como soga y sopa de ahorcado,
La del Jetachancho y su
Afortunado hermano siamés:
Una vida o un estudio
De los caprichos del viento.
Y los Neochilenos
Actuaron en Tacna,
En Mollendo y Arequipa,
Bajo el patrocinio de la Sociedad
Para el Fomento del Arte
Y la Juventud.
Sin vocalista, tarareando
Nosotros mismos las canciones
O haciendo mmm, mmm, mmmmh,
Mientras Pancho se fundía
En el fondo de la camioneta,
Devorado por las quimeras
Y por las adolescentes desolladas.
Nadir y cenit de un anhelo
Que el Caraculo supo intuir
A través de las lunas
De los narcotraficantes
De Barcelona: un fulgor

His fever,
Murmuring like a priest
In the back part
Of the van
The ups and downs,
The avatars—Indian word—
Of Caraculo and Jetachancho.
A life thin and hard
As the soup and noose of a hanged man,
That of Jetachancho and his
Lucky Siamese twin:
A life or a study
Of the wind's caprices.
And the Neochileans
Played in Tacna,
In Mollendo and Arequipa,
Sponsored by the Society
For the Promotion of Art
And Youth.
Without a lead singer, humming
The songs to ourselves
Or going mmm, mmm, mmmmh,
While Pancho was melting away
In the back of the van,
Devoured by chimeras
And cocky teenagers.
Nadir and zenith of a longing
That Caraculo learned to sense
In the moons
Of the drug dealers
Of Barcelona: a deceptive
Glow,
A minute empty space

Engañoso,
Un espacio diminuto y vacío
Que nada significa,
Que nada vale, y que
Sin embargo se te ofrece
Gratis.
¿Y si no estuviéramos
En el Perú?, nos
Preguntamos una noche
Los Neochilenos.
¿Y si este espacio
Inmenso
Que nos instruye
Y limita
fuera una nave intergaláctica,
Un objeto volador
No identificado?
¿Y si la fiebre
De Pancho Misterio
Fuera nuestro combustible
O nuestro aparato de navegación?
Y después de trabajar
Salíamos a caminar por
Las calles del Perú:
Entre patrullas militares, vendedores
Ambulantes y desocupados,
Oteando
En las colinas
Las hogueras de Sendero Luminoso,
Pero nada vimos.
La oscuridad que rodeaba los
Núcleos urbanos
Era total.

That means nothing,
That's worth nothing, and that
Nevertheless exposes itself to you
Free of charge.
And if we weren't
In Peru? we
Neochileans
Asked ourselves one night.
And if this immense
Space
That instructs
And limits us
Were an intergalactic ship,
An unidentified
Flying object?
And if Pancho Misterio's
Fever
Were our fuel
Or our navigational device?
And after working
We went out walking
Through the streets of Peru:
With military patrols,
Peddlers and the unemployed,
Scanning
The hills
For Shining Path's bonfires,
But we saw nothing.
The darkness surrounding the
Urban centers
Was total.
This is like a vapor trail
Straight out of

Esto es como una estela
Escapada de la Segunda
Guerra Mundial
Dijo Pancho acostado
En el fondo de la camioneta.
Dijo; filamentos
De generales nazis como
Reichenau o Model
Evadidos en espíritu
Y de forma involuntaria
Hacia las Tierras Vírgenes
De Latinoamérica:
Un hinterland de espectros
Y fantasmas.
Nuestra casa
Instalada en la geometría
De los crímenes imposibles.
Y por las noches solíamos
Recorrer algunos cabaretuchos:
Las putas quinceañeras
Descendientes de aquellos bravos
De la Guerra del Pacífico
Gustaban escucharnos hablar
Como ametralladoras.
Pero sobre todo
Les gustaba ver a Pancho
Envuelto en varias y coloridas mantas
Y con un gorro de lana
Del altiplano
Encasquetado hasta las cejas
Aparecer y desaparecer
Como el caballero
Que siempre fue,

World War II
Said Pancho lying down
In the back of the van.
He said: filaments
Of Nazi generals like
Reichenau or Model
Escaping in spirit
Involuntarily
To the Virgin Lands
Of Latin America:
A hinterland of specters
And ghosts.
Our home
Positioned within the geometry
Of impossible crimes.
And at night we would
Go out to the clubs:
The sweet-sixteen-year-old whores
Descendents of those brave men
Of the Pacific War
Loved hearing us talk
Like machine guns.
But above all
They loved seeing Pancho,
Wrapped in piles of colored blankets
With his wool cap
From the altiplano
Pulled down to his eyebrows,
Appear and disappear
Like the gentleman
He always was,
A lucky guy,
The great ailing lover from southern Chile,

Un tipo con suerte,
El gran amante enfermo del sur de Chile,
El padre de los Neochilenos
Y la madre del Caraculo y el Jetachancho,
Dos pobres músicos de Valparaíso,
Como todo el mundo sabe.
Y el amanecer solía encontrarnos
En una mesa del fondo
Hablando del kilo y medio de materia gris
Del cerebro de una persona
Adulta.
Mensajes químicos, decía
Pancho Misterio ardiendo de fiebre,
Neuronas que se activan
Y neuronas que se inhiben
En las vastedades de un anhelo.
Y las putitas decían
Que un kilo y medio de materia
Gris
Era bastante, era suficiente, para qué
Pedir más.
Y a Pancho se le caían
Las lágrimas cuando las escuchaba.
Y luego llegó el diluvio
Y la lluvia trajo el silencio
Sobre las calles de Mollendo,
Y sobre las colinas,
Y sobre las calles del barrio
De las putas,
Y la lluvia era el único
Interlocutor.
Extraño fenómeno: los Neochilenos
Dejamos de hablarnos

The father of the Neochileans.
And the mother of Caraculo and Jetachancho,
Two poor musicians from Valparaíso,
As everyone knows.
And dawn would find us
At a table in the back
Discussing the kilo and a half of gray matter
In the adult
Brain.
Chemical messages, said
Pancho Misterio burning with fever,
Neurons activating themselves
And neurons inhibiting themselves
In the vast expanses of longing.
And the little whores said
A kilo and a half of gray
Matter
Was enough, was sufficient, why
Ask for more.
And Pancho started to
Weep when he heard them.
And then came the flood
And the rain brought silence
Over the streets of Mollendo,
And over the hills,
And over the streets in the barrio
Of the whores,
And the rain was the only
One talking.
A strange phenomenon: we Neochileans
Shut our mouths
And went our separate ways
Visiting the dumps of

Y cada uno por su lado
Visitamos los basurales de
La Filosofía, las arcas, los
Colores americanos, el estilo inconfundible
De Nacer y Renacer.
Y una noche nuestra camioneta
Enfiló hacia Lima, con Pancho
Ferri al volante, como en
Los viejos tiempos,
Salvo que ahora una puta
Lo acompañaba
Una puta delgada y joven,
De nombre Margarita,
Una adolescente sin par,
Habitante de la tormenta
Permanente.
Sombra delgada y ágil
La ramada oscura
Donde curar sus heridas
Pancho pudiera.
Y en Lima leímos a los poetas
Peruanos:
Vallejo, Martín Adán y Jorge Pimentel.
Y Pancho Misterio salió
Al escenario y fue convincente
Y versátil.
Y luego, aún temblorosos
Y sudorosos
Nos contó una novela
llamada Kundalini
De un viejo escritor chileno.
Un tragado por el olvido.
Un *nec spes nec metus*

Philosophy, the safes, the
American colors, the unmistakable manner
Of being Born and Reborn.
And one night our van
Made for Lima, with Pancho
Ferri at the wheel, like in
The old days,
Except now a whore
Was with him.
A thin young whore,
Whose name was Margarita,
An unrivaled teen,
Resident of the permanent
Storm.
Thin and agile shadow
The dark ramada
Where Pancho
Might heal his wounds.
And in Lima we read
Peruvian poets:
Vallejo, Martín Adán and Jorge Pimentel.
And Pancho Misterio went out
On stage and was convincing
And versatile.
And later, still trembling
And sweaty,
He told us of a novel
Called *Kundalini*
By an old Chilean writer.
One swallowed by oblivion.
A *nec spes nec metus*
We Neochileans said.
And Margarita.

Dijimos los Neochilenos.
Y Margarita.
Y el fantasma,
El hoyo doliente
En que todo esfuerzo
Se convierte,
Escribió —parece ser—
Una novela llamada Kundalini,
Y Pancho apenas la recordaba,
Hacía esfuerzos, sus palabras
Hurgaban en una infancia atroz
Llena de amnesia, de pruebas
Ginmásticas y mentiras,
Y así nos la fue contando,
Fragmentada,
El grito Kundalini.
El nombre de una yegua turfista
Y la muerte colectiva en el hipódromo.
Un hipódromo que ya no existe.
Un hueco anclado
En un Chile inexistente
Y feliz.
Y aquella historia tuvo
La virtud de iluminar
Como un paisajista inglés
Nuestro miedo y nuestros sueños
Que marchaban de Este a Oeste
Y de Oeste a Este,
Mientras nosotros, los Neochilenos
Reales
Viajábamos de Sur
A Norte.
Y tan lentos

And the ghost,
The mournful hole
Where all endeavors
End,
Wrote—it seems—
A novel called *Kundalini*,
And Pancho could hardly remember it.
He really tried, his words
Poking around in a dreadful infancy
Full of amnesia, gymnastic
Trials and lies,
And he was telling it to us like that,
Fragmented,
The Kundalini scream,
The name of a race-loving mare
And the shared death on the racetrack.
A racetrack that no longer exists.
A hole anchored
In a nonexistent Chile
That's happy.
And the story had
The virtue to illuminate
Like an English landscape painter
Our fear and our dreams
Which were marching East to West
And West to East,
While we, the real
Neochileans
Traveled from South
To North.
And so slowly
It seemed we weren't moving.
And Lima was an instant

Que parecía que no nos movíamos.
Y Lima fue un instante
De felicidad,
Breve pero eficaz.
¿Y cuál es la relación, dijo Pancho,
Entre Morfeo, dios
Del sueño
Y morfar, vulgo
Comer?
Sí, eso dijo,
Abrazado por la cintura
De la bella Margarita,
Flaca y casi desnuda
En un bar de Lince, una noche
Leída y partida y
Poseída
Por los relámpagos
De la quimera.
Nuestra necesidad.
Nuestra boca abierta
Por la que entra
La papa
Y por la que salen
Los sueños: estelas
Fósiles
Coloreadas con la paleta
Del apocalipsis.
Sobrevivientes, dijo Pancho
Ferri.
Latinoamericanos con suerte.
Eso es todo.
Y una noche antes de partir
Vimos a Pancho

Of happiness.
Brief but effective.
And what is the relationship, asked Pancho,
Between Morpheus, god
Of Sleep
And *morfar*, slang
To eat?
Yes, that's what he said,
Hugged around the waist
By the lovely Margarita,
Skinny and almost naked
In a bar in Lince, one night
Glimpsed and fractured and
Possessed
By the lightning bolts
Of the chimera.
Our necessity.
Our open mouth
Where bread
Goes in
And dreams
Come out: vapor trails
Fossils
Colored with the palette
Of the apocalypse.
Survivors, said Pancho
Ferri.
Lucky Latin Americans.
That's it.
And one night before leaving
We saw Pancho
And Margarita
Standing in the middle of an infinite

Y a Margarita
De pie en medio de un lodazal
Infinito.
Y entonces supimos
Que los Neochilenos
Estarían para siempre
Gobernados
Por el azar.
La moneda
Saltó como un insecto
Metálico
De entre sus dedos:
Cara, al sur,
Cruz, al norte,
Y luego nos subimos todos
A la camioneta
Y la ciudad
De las leyendas
Y del miedo
Quedó atrás.
Un feliz día de enero
Cruzamos
Como hijos del Frío,
Del Frío Inestable
O del Ecce Homo,
La frontera con Ecuador.
Por entonces Pancho tenía
28 o 29 años
Y pronto moriría.
Y 17 Margarita.
Y ninguno de los Neochilenos
Pasaba de los 22.

Quagmire
And then we realized
The Neochileans
Would be forever
Governed
By chance.
The coin
Leapt like a metallic
Insect
From between his fingers:
Heads, to the south,
Tails, to the north,
And we all piled into
The van
And the city
Of legends
And fear
Stayed behind.
One happy day in January
We crossed
Like children of the Cold,
Of the Unstable Cold
Or of the Ecce Homo,
The border of Ecuador.
At the time Pancho was
28 or 29 years old
And soon he would die.
And Margarita was 17.
And none of the Neochileans
Was over 22.

MEJOR APRENDER A LEER QUE
APRENDER A MORIR

Mucho mejor
Y más importante
La alfabetización
Que el arduo aprendizaje
De la Muerte
Aquélla te acompañará toda la vida
E incluso te proporcionará
Alegrías
Y una o dos desgracias ciertas
Aprender a morir
En cambio
Aprender a mirar cara a cara
A la Pelona
Sólo te servirá durante un rato
El breve instante
De verdad y asco
Y después nunca más

Epílogo y Moraleja: Morir es más importante que leer, pero dura mucho menos. Podríase objetar que vivir es morir cada día. O que leer es aprender a morir, oblicuamente. Para finalizar, y como en tantas cosas, el ejemplo sigue siendo Stevenson. Leer es aprender a morir, pero también es aprender a ser feliz, a ser valiente.

IT'S BETTER TO LEARN HOW TO READ
THAN TO LEARN HOW TO DIE

Literacy is
Much better
And more important
Than the arduous study
Of Death
It will be with you all your life
And will even dole out
Happiness
And a certain misfortune or two
Learning to die
On the other hand
Learning to look
The Grim Reaper in the face
Will only serve you a short while
The brief moment
Of truth and disgust
And then never again

Epilogue and Moral: Dying is more important than reading, but it doesn't last as long. You could argue that living is dying every day. Or that reading is learning to die, obliquely. In conclusion, and as with so many things, the example continues to be Stevenson. Reading is learning to die, but also learning to be happy, to be brave.

RESURRECCIÓN

La poesía entra en el sueño
como un buzo en un lago.
La poesía, más valiente que nadie,
entra y cae
a plomo
en un lago infinito como Loch Ness
o turbio e infausto como el lago Balatón.
Contempladla desde el fondo:
un buzo
inocente
envuelto en las plumas
de la voluntad.
La poesía entra en el sueño
como un buzo muerto
en el ojo de Dios.

RESURRECTION

Poetry slips into dreams
like a diver in a lake.
Poetry, braver than anyone,
slips in and sinks
like lead
through a lake infinite as Loch Ness
or tragic and turbid as Lake Balatón.
Consider it from below:
a diver
innocent
covered in feathers
of will.
Poetry slips into dreams
like a diver who's dead
in the eyes of God.

UN FINAL FELIZ

Finalmente el poeta como niño y el niño del poeta.

A HAPPY ENDING

Finally the poet as child and the child of the poet.

Un final feliz
En México
Una habitación blanca
El atardecer
Rojo
Y las figuras
Posadas vueltos a encarnar
Animando la velada
Nosotros
Los de antes
Sin fotografías
De las aventuras
Pasadas
Sin recuerdos
Humildes y dichosos
En México
En el atardecer
Sin mácula
De México

A happy ending
In Mexico
A white bedroom
The red
Sunset
And the figures
Of Las Posadas incarnated again
Livening up the evening
We
The ones from before
Lacking photographs
Of past
Adventures
Lacking memories
Modest and fortunate
In Mexico
In the unblemished
Mexican
Sunset

AUTORRETRATO

Nací en Chile en 1953 y viví en varias y
distintas casas.
Después llegaron los amigos pintados por Posadas
y la región más transparente del mundo
pintada por un viejo y clásico pintor mexicano
del siglo 19 cuyo nombre he conseguido
olvidar por completo.
Entre una punta y otra sólo veo
mi propio rostro
que sale y entra del espejo
repetidas veces.
Como en una película de terror.
¿Sabes a lo que me refiero?
Aquellas que llamábamos de terror psicológico.

SELF-PORTRAIT

I was born in Chile in 1953 and lived in a variety
of different houses.
Then came friends dressed up for Las Posadas
and the most transparent place in the world
painted by a classic old Mexican painter
from the 19th century whose name has managed
to completely escape me.
Between one point and the other I see only
my own face
entering and leaving the mirror
over and over.
Like in a horror film.
Know what I mean?
The ones we called psychological thrillers.

AUTORRETRATO

Jefe de banda a los 8 años, nadie sospechó
que el que tenía más miedo era yo.
El pelirrojo Barrientos y el loco Herrera
fueron mis más fieles capitanes
en aquellas mañanas rosadas de Quilpué
cuando todo a mi alrededor se desmoronaba,
pero Bernardo Ugalde fue mi más sabio amigo.
Vísperas del Mundial del 62
Raúl Sánchez y Eladio Rojas nos amparaban
en la defensa y el medio campo: los delanteros
éramos nosotros.
Valientes y audaces, como para no morir nunca,
mi pandilla siguió peleando
mientras los autobuses mataban a los niños solitarios.
Así, sin darnos cuenta,
lo fuimos perdiendo todo.

*(La verdad es que ya no recuerdo si Bernardo se apellidaba
Ugalde, Ugarte o Urrutia; ahora me parece que el nombre era
Urrutia, pero quién sabe.)*

SELF-PORTRAIT

Ringleader at 8 years old, no one suspected
that I was the most afraid.
The redhead Barrientos and crazy Herrera
were my most loyal captains
on those pink Quilpué mornings
when all around me was crumbling,
but Bernardo Ugalde was my wisest friend.
The eve of the '62 World Cup
Raúl Sánchez and Eladio Rojas protected
our defense and midfield: we
were the forwards.
Brave and daring, as if forever eluding death,
my gang kept fighting
while buses killed the lonely kids.
That's how, without realizing,
we were losing it all.

*(The truth is I don't remember anymore whether Bernardo's last
name was Ugalde, Ugarte or Urrutia; now I'm thinking it was
Urrutia, but who knows.)*

CUATRO POEMAS PARA LAUTARO BOLAÑO

Lautaro, nuestra familiaridad

Llegará el día en que no hagamos
tantas cosas como ahora hacemos juntos
Dormir abrazados
Cagar el uno al lado del otro sin vergüenza alguna
Jugar con la comida a lo largo del pasillo
de nuestra casa en la calle Aurora
Este pasillo débilmente iluminado
que sin duda conduce al infinito

Lautaro, nuestras pesadillas

A veces te despiertas gritando y te abrazas
a tu madre o a mí con la fuerza y la lucidez
que sólo un niño menor de dos años puede tener
A veces mis sueños están llenos de gritos en la ciudad fantasma
y los rostros perdidos me hacen preguntas
que jamás sabré contestar
Tú te despiertas y sales corriendo de tu habitación
y tus pies descalzos resuenan
en la larga noche de invierno de Europa
Yo regreso a los lugares del crimen
sitios duros y brillantes
tanto que al despertar me parece mentira que aún esté vivo

FOUR POEMS FOR LAUTARO BOLAÑO

Lautaro, our closeness

The day will come when we won't do
as much together as we do now
Sleeping in each other's arms
Taking a shit side by side with no hint of embarrassment
Playing with food up and down the hall
of our house on Aurora Street
This dim lit hallway
which no doubt leads to infinity

Lautaro, our nightmares

Sometimes you wake up screaming and hug
your mother or me with a strength and clarity
only a child under two can possess
Sometimes my dreams are filled with screams in the ghost city
and the lost faces ask me questions
I'll never know how to answer
You wake up and come running out of your room
and your bare feet echo
into the long night of European winter
I go back to the scene of the crime
hard, bright places
so much so that when I wake up it seems a lie that I should
    still be alive

Lautaro, nuestras sombras

Hay días en que todo lo imitas y así puedo verte
repitiendo mis gestos
mis palabras
(tú, que no sabes decir más que mamá y
papá, sí y no)
en una jerga extraña
el lenguaje de los seres pequeños
del otro lado de la cortina
y a veces olvido
cuál es mi sombra y cuál es
tu sombra
quién contempla el retrato de los Arnolfini
quién enciende la televisión

Lautaro, las facciones de León

Hay días en que veo en tu rostro
el rostro de mi padre, el cual, según dicen,
se parecía a su padre
La mirada de León Bolaño aparece en tus
ojos entrecerrados
sobre todo cuando salimos a pasear
y la gente te saluda con ademanes cordiales
Otras veces pienso que no es así: esa quijada
de luchador, ese pelo rubio cenizo,
la disposición para la fiesta y el caos sólo remiten
a rescoldos de mi propia nostalgia
No obstante te pareces a él: sobre todo
estos días de enero
cuando salimos a pasear tomados de la mano
en medio de una luz frágil y persistente

Lautaro, our shadows

Some days you imitate everything and I can see you
repeating my gestures
my words
(you, who can't say more than mama and
papa, yes and no)
in a strange slang
the language of little beings
on the other side of the curtain
and sometimes I forget
which is my shadow and which is
your shadow
who stares at the Arnolfinis' portrait
who turns on the TV

Lautaro, León's features

Some days I see in your face
the face of my father, who, they say,
looked like his father
León Bolaño's gaze appears in your
half-closed eyes
above all when we go out walking
and people greet you with friendly gestures
Other times I think that's not true: that fighter's
jaw, that ash-blond hair,
the disposition toward celebration and chaos are just the glowing
embers of my own nostalgia
Still you look like him: above all
on these January days
when we go out walking hand in hand
through a fragile and persistent light.

DOS POEMAS PARA LAUTARO BOLAÑO

Lee a los viejos poetas

Lee a los viejos poetas, hijo mío
y no te arrepentirás
Entre las telarañas y las maderas podridas
de barcos varados en el Purgatorio
allí están ellos
¡cantando!
¡ridículos y heroicos!
Los viejos poetas
Palpitantes en sus ofrendas
Nómades abiertos en canal y ofrecidos
a la Nada
(pero ellos no viven en la Nada
sino en los Sueños)
Lee a los viejos poetas
y cuida sus libros
Es uno de los pocos consejos
que te puede dar tu padre

Biblioteca

Libros que compro
Entre las extrañas lluvias
Y el calor
De 1992
Y que ya he leído
O que nunca leeré
Libros para que lea mi hijo
La biblioteca de Lautaro

TWO POEMS FOR LAUTARO BOLAŇO

Read the old poets

Read the old poets, my son
and you won't regret it
Between the cobwebs and rotten wood
of ships stranded in Purgatory
that's where they are
singing!
ridiculous and heroic!
The old poets
Burning with their offerings
Nomads slit open and offered up
to Nothingness
(but they do not live in Nothingness;
they live in Dreams)
Read the old poets
and take care of their books
It's one of the few bits of advice
your father can give you

Library

Books I buy
Between the strange rains
And heat
Of 1992
Which I've already read
Or will never read
Books for my son to read
Lautaro's library

Que deberá resistir
Otras lluvias
Y otros calores infernales
—Así pues, la consigna es ésta:
Resistid queridos libritos
Atravesad los días como caballeros medievales
Y cuidad de mi hijo
En los años venideros

Which will need to resist
Other rains
And other scorching heats
—Therefore, the edict is this:
Resist, my dear books,
Cross thy days like medieval knights
And care for my son
In the years to come

RETRATO EN MAYO, 1994

Mi hijo, el representante de los niños
en esta costa abandonada por la Musa,
hoy cumple entusiasta y tenaz cuatro años.
Los autorretratos de Roberto Bolaño
vuelan fantasmales como las gaviotas en la noche
y caen a sus pies como el rocío cae
en las hojas de un árbol, el representante
de todo lo que pudimos haber sido,
fuertes y con raíces en lo que no cambia.
Pero no tuvimos fe o la tuvimos en tantas cosas
finalmente destruidas por la realidad
(la Revolución, por ejemplo, esa pradera
de banderas rojas, campos de feraz pastura)
que nuestras raíces fueron como las nubes
de Baudelaire. Y ahora son los autorretratos
de Lautaro Bolaño los que danzan en una luz
cegadora. Luz de sueño y maravilla, luz
de detectives errantes y de boxeadores cuyo valor
iluminó nuestras soledades. Aquella que dice:
soy la que no evita la soledad, pero también soy
la cantante de la caverna, la que arrastra
a los padres y a los hijos hacia la belleza.
Y en eso confío.

PORTRAIT IN MAY, 1994

My son, representative of the children
on this coast abandoned by the Muse,
today you enthusiastically and tenaciously turn four.
Roberto Bolaño's self portraits
fly ghostly as gulls in the night
and fall at your feet like dew falling
on the leaves of a tree, representative
of all we could have been,
strong and rooted in the unchanging.
But we didn't have faith, or we had it in so many things
finally destroyed by reality
(the Revolution, for example, that prairie
of red flags, fields of fertile pasture)
that our roots were like Baudelaire's
clouds. And now Lautaro Bolaño's self-portraits
are the ones dancing in the blinding
light. Light of dream and wonder, light
of wandering detectives and of boxers whose courage
lit our solitudes. Light that says:
I am the one who does not ward off solitude, but I am also
the singer of the cave, the one who drags
parents and children toward beauty.
And in that I trust.

UN FINAL FELIZ

Qué tiempos aquéllos, cuando vivía con mi padre y no veía la
televisión. Las tardes eran interminables en la Colonia Tepe-
yac, cerca de la Villa, exactamente a dos cuadras de la Calzada
de la Villa. Tardes dedicadas a traducir a los poetas franceses
de la Generación Eléctrica, sentado en la cama, junto a la ven-
tana del patio de cemento. Las palomas que mi padre se comía
los domingos, cantaban, es un decir, los jueves y los viernes, y
ensanchaban la zanja. ¡Las palomas en el palomar de cemento!
¡Y sin el zumbido de la televisión!

Un final feliz
En México
En casa de mi padre
O en casa de mi madre
Un minuto de soledad
La frente apoyada
En el hielo de la ventana
Y los tranvías
En los alrededores
De Bucareli
Con muchachas fantasmales
Que se despiden
Al otro lado de la ventana
Y el ruido de los automóviles
A las 3 a.m.
Y los timbres
Y los paisajes de azotea
En México
Con 21 años
Y el alma aterida
Helada

A HAPPY ENDING

Those were the days, when I was living with my father and didn't watch TV. The afternoons were endless in Colonia Tepeyac, next to la Villa, exactly two blocks from the road to la Villa. Afternoons dedicated to translating French poets of the Electric Generation, sitting on the bed, next to a window that looked out on the cement patio. The doves my father ate on Sundays would sing, or so they call it, on Thursdays and Fridays and dig their own ditch. Doves in the cement dovecote! And without the buzz of TV!

A happy ending
In Mexico
In my father's house
Or in my mother's house
A minute of solitude
Forehead pressed against
The icy window
And the streetcars
On the outskirts
Of Bucareli
With phantom girls
Waving goodbye
Through the window
And the sound of cars
At 3 a.m.
And bells
And rooftop landscapes
In Mexico
21 years old
And soul numb
Frozen

MUSA

Era más hermosa que el sol
y yo aún no tenía 16 años.
24 han pasado
y sigue a mi lado.

A veces la veo caminar
sobre las montañas: es el ángel guardián
de nuestras plegarias.
Es el sueño que regresa

con la promesa y el silbido.
El silbido que nos llama
y que nos pierde.
En sus ojos veo los rostros

de todos mis amores perdidos.
Ah, Musa, protégeme, le digo,
en los días terribles
de la aventura incesante.

Nunca te separes de mí.
Cuida mis pasos y los pasos
de mi hijo Lautaro.
Déjame sentir la punta de tus dedos

MUSE

She was more beautiful than the sun
and I wasn't even 16 years old.
24 have passed
and she's still at my side.

Sometimes I see her walking
over the mountains: she's the guardian angel
of our prayers.
She's the dream that recurs

with the promise and the whistle.
The whistle that calls us
and loses us.
In her eyes I see the faces

of all my lost loves.
Oh, Muse, protect me, I say to her,
on the terrible days
of the ceaseless adventure.

Never pull away from me.
Take care of my steps and the steps
of my son Lautaro.
Let me feel your fingertips

otra vez sobre mi espalda,
empujándome, cuando todo esté oscuro,
cuando todo esté perdido.
Déjame oír nuevamente el silbido.

Soy tu fiel amante
aunque a veces el sueño
me separe de ti.
También tú eres la reina de los sueños.

Mi amistad la tienes cada día
y algún día
tu amistad me recogerá
del erial del olvido.

Pues aunque tú vengas
cuando yo vaya
en el fondo somos amigos
inseparables.

Musa, adondequiera
que yo vaya
tú vas.
Te vi en los hospitales

y en la fila
de los presos políticos.
Te vi en los ojos terribles
de Edna Lieberman

once more over my spine,
pushing me, when everything is dark,
when everything is lost.
Let me hear the whistle again.

I am your faithful lover
though sometimes dreaming
pulls me away from you.
You're also the queen of those dreams.

You have my friendship every day
and someday
your friendship will draw me out of
the wasteland of forgetfulness.

So even if you come
when I go
deep down we're
inseparable friends.

Muse, wherever I
might go
you go.
I saw you in the hospitals

and in the line
of political prisoners.
I saw you in the terrible eyes
of Edna Lieberman

y en los callejones
de los pistoleros.
¡Y siempre me protegiste!
En la derrota y en la rayadura.

En las relaciones enfermizas
y en la crueldad,
siempre estuviste conmigo.
Y aunque pasen los años

y el Roberto Bolaño de la Alameda
y la Librería de Cristal
se transforme,
se paralize,

se haga más tonto y más viejo
tú permanecerás igual de hermosa.
Más que el sol
y que las estrellas.

Musa, adondequiera
que tú vayas
yo voy.
Sigo tu estela radiante

a través de la larga noche.
Sin importarme los años
o la enfermedad.
Sin importarme el dolor

and in the alleys
of the gunmen.
And you always protected me!
In defeat and in triumph.

In unhealthy relationships
and in cruelty,
you were always with me.
And even if the years pass

and the Roberto Bolaño of la Alameda
and the Librería de Cristal
is transformed,
is paralyzed,

becomes older and stupider
you'll stay just as beautiful.
More than the sun
and the stars.

Muse, wherever you
might go
I go.
I follow your radiant trail

across the long night.
Not caring about years
or sickness.
Not caring about the pain

o el esfuerzo que he de hacer
para seguirte.
Porque contigo puedo atravesar
los grandes espacios desolados

y siempre encontraré la puerta
que me devuelva
a la Quimera,
porque tú estás conmigo,

Musa,
más hermosa que el sol
y más hermosa
que las estrellas.

or the effort I must make
to follow you.
Because with you I can cross
the great desolate spaces

and I'll always find the door
leading back
to the Chimera,
because you're with me,

Muse,
more beautiful than the sun,
more beautiful
than the stars.

[Notas del autor, sin título]

Las siete primeras secciones de *La Universidad Desconocida* están fechadas entre 1978 y 1981. Una Barcelona que me asombraba e instruía aparece y desaparece en todos los poemas. TRES TEXTOS son de alguna manera una suerte de prólogo a GENTE QUE SE ALEJA. *Nel, majo* quisiera ser el punto de encuentro de dos visiones, la mexicana y la española. Nel, en argot mexicano, significa «no». Nel, «majo»: No, guapo: No, poeta. Escribí GENTE QUE SE ALEJA en 1980 mientras trabajaba de vigilante nocturno en el camping Estrella de Mar, en Castelldefels. El poema, como es evidente, es deudor de mis entusiastas lecturas de William Burroughs.

ICEBERG: los tres poemas corresponden a 1981 y 1982. *La pelirroja* es un intento de escribir a lo Raúl Zurita —las musas me perdonen—, pero en el territorio de las fotografías pornográficas. El Chile de *La pelirroja* es el país que nombra, pero también es, en caló del Distrito Federal, el órgano sexual masculino.

PROSA DEL OTOÑO EN GERONA está escrito en 1981 durante mi primer año de estancia en la ciudad tres (¿o dos?) veces inmortal.

MANIFIESTOS Y POSICIONES: *La poesía chilena es un gas* es de 1979 o 1980. El *Manifiesto mexicano* de 1984. *Horda*, de 1991 y *La poesía latinoamericana* de 1992.

Los POEMAS PERDIDOS, como su nombre indica, son poemas perdidos. *Las pulsaciones de tu corazón* está fechado en 1981. Encontré el resto en un cuaderno que me regalaron en 1987.

Los NUEVE POEMAS son de 1990, después de mucho tiempo sin escribir poesía. Mi hijo tenía unos pocos meses y la vida discurría como en *Las puertas del paraíso*, de Jerzy Andrzejewski.

[Author's notes, untitled]

The first seven sections of *The Unknown University* are dated between 1978 and 1981. A Barcelona that surprised and instructed me appears and disappears in all of the poems.

THREE TEXTS are, in a way, a sort of prologue to PEOPLE WALKING AWAY. "Fat Chance, Hon" was meant to be a point of encounter between two visions, the Mexican and the Spanish. *Nel*, in Mexican slang, means "no." *Nel, "majo"*: No, dear: No, poet.

I wrote PEOPLE WALKING AWAY in 1980 while I was working as a night watchman at the Estrella de Mar campground in Castelldefels. The poem, as you can see, owes itself to my enthusiastic reading of William Burroughs.

ICEBERG: the three poems date to 1981 and 1982. "The Redhead" is an intent to write à la Raúl Zurita—may the Muses forgive me—but in the realm of pornographic photographs. The Chile in "The Redhead" is the country, but also, in Mexico City gypsy slang, the male sexual organ.

PROSE FROM AUTUMN IN GERONA was written in 1981 during my first year of residency in the thrice (or twice?) immortal city.

MANIFESTOS AND POSITIONS: "Chilean Poetry is a Gas" is from 1979 or 1980. "Mexican Manifesto" from 1984. "Horde" from 1991 and "Latin American Poetry" from 1992.

The LOST POEMS, as their name indicates, are lost poems. "The Pulsing of Your Heart" is dated 1981. I found the rest in a notebook that was given to me in 1987.

The NINE POEMS are from 1990, after not writing poetry for a long time. My son was just a few months old and life was passing by like in Jerzy Andrzejewski's *The Gates of Paradise*.

MI VIDA EN LOS TUBOS DE SUPERVIVENCIA es de 1992, con algunos poemas de 1991 y de 1993. *Los neochilenos* es el último poema que he escrito para *La Universidad Desconocida*. UN FINAL FELIZ es de 1992. Como en algunos poemas de la sección precedente es México, la nostalgia de México y un Chile quimérico, el que ahora aparece y desaparece en todos los poemas.

Blanes, julio de 1992 – mayo de 1993

Biblioteca y *Lee a los viejos poetas* fueron escritos inmediatamente después de salir del Hospital Valle Hebrón, en Barcelona, en el verano de 1992, o tal vez cuando aún estaba allí, con los viejos de hígados destrozados, con los enfermos de sida y con las muchachas que ingresaron por una sobredosis de heroína y a partir de entonces –el pabellón estaba lleno de predicadores de todo pelaje– reencontraron a Dios.

Son dos poemas muy sencillos, bastante torpes en la ejecución y con voluntad de claridad en el significado. El destinatario original del mensaje es mi hijo Lautaro –estas palabras, en el fondo, también son para él. Ambos poemas recogen no sólo buenos deseos y buenos consejos. Desesperado con la perspectiva de no volver a ver a mi hijo, ¿a quién encargar de su cuidado sino a los libros? Es así de simple: un poeta pide a los libros que amó y que le inquietaron, protección para su hijo en los años venideros. En el otro poema, por el contrario, el poeta pide a su hijo que cuide de los libros en el futuro. Es decir que los lea. *Protección mutua.* Como el lema de una banda de gángsters invicta.

Blanes, enero de 1993

MY LIFE IN THE TUBES OF SURVIVAL is from 1992, with a few poems from 1991 and 1993. "The Neochileans" is the last poem I wrote for *The Unknown University.*

A HAPPY ENDING is from 1992. As in a few poems from the preceding section, Mexico, nostalgia for Mexico and a chimeric Chile, appear and disappear in all the poems.

Blanes, July 1992 – May 1993

"Library" and "Read the Old Poets" were written immediately after leaving the Valle Hebrón Hospital, in Barcelona, in the summer of 1992, or maybe while I was still there, with old men and their destroyed livers, with people sick from AIDS and girls admitted after overdosing on heroin and who from that point on—the ward was full of all sorts of preachers—rediscovered God.

They're two very simple poems, fairly awkward in their execution and with the intention of clarity of meaning. The message was originally for my son Lautaro—these words, deep down, are also for him. Both poems capture more than just advice and well wishes. Desperate with the possibility of never seeing my son again, to whom else but books could I trust his charge? It's that simple: a poet asks the books he loved and fretted over to protect his son in the years to come. In the other poem, on the contrary, the poet asks his son to take care of the books in the future. That is to say, that he read them. *Mutual protection.* Like the motto of a gang of undefeated mobsters.

Blanes, January 1993

Breve historia del libro

Durante el año 1993, aproximadamente, Roberto se dedica a ordenar y clasificar su poesía. Unos meses antes le habían diagnosticado su enfermedad. Lautaro apenas tenía dos años. De esas fechas data el manuscrito titulado *La Universidad Desconocida* que ha dado origen al libro que ahora se publica. El embrión del libro lo encontramos entre sus archivos. Se trata de dos fotocopias de un manuscrito mecanografiado de 57 páginas con el título *La Universidad Desconocida, poemas 1978-1981*. No está fechado pero se puede considerar anterior a 1984 por la anotación de una de las fotocopias: «Optante al premio Villa Martorell 1984». En la segunda fotocopia están señalados por Roberto los poemas que transcribiría en el manuscrito del que nace la versión ahora publicada.

En la misma carpeta donde encontramos el manuscrito anterior aparece otra versión, de 138 páginas. Tampoco está fechada, pero la máquina de escribir que utilizó Roberto permite intuir que es posterior a 1985.

El manuscrito definitivo para la edición actual se hallaba también en sus archivos, clasificado en diferentes carpetas. Está mecanografiado con máquina de escribir mecánica, con correcciones a mano de Roberto, un índice y una nota para su edición. La peculiar forma de trabajar de Roberto dejó otra versión fotocopiada de este original en una carpeta con el título escrito a mano «La Universidad Desconocida, versión definitiva (o casi) 1993», también con correcciones a mano. Eso nos llevó a cotejar los dos textos para averiguar cuál era la versión posterior.

Por otro lado, en el ordenador de Roberto encontramos una transcripción de 1996 de la primera parte de esta versión. El cotejo de esta transcripción con la primera parte del manuscrito, que contenía correcciones a mano y un índice ampliado,

Brief history of the book

Around 1993, Roberto set about organizing and classifying his poetry. A few months earlier, they had diagnosed his illness. Lautaro was only two. The manuscript entitled *The Unknown University* dates to this period and was the origin for the book published here.

We found the book's embryo in his archives. It consisted of two photocopies of a 57-page typewritten manuscript with the title *The Unknown University, poems 1978–1981*. It isn't dated, but it must have originated before 1984, based on the annotation found on one of the photocopies: "Submission to the Villa Martorell Prize 1984." On the second photocopy Roberto had marked the poems that would be included in the manuscript which gave birth to the version published here.

In the same folder where we found the aforementioned manuscript there appears another version with 138 pages. This version, too, is undated, but the typewriter Roberto used indicates a date later than 1985.

The definitive manuscript for the current edition was also found in his archives, classified in different folders. It is typed on a mechanical typewriter, with Roberto's handwritten corrections, an index and a note for publication. Roberto's peculiar way of working left us with another photocopied version of this original in a folder with the handwritten title "The Unknown University, definitive version (almost) 1993," also with handwritten corrections. That led us to compare the two texts to determine which was the more recent version.

Furthermore, on Roberto's computer we found a 1996 transcription of the first part of this version. The comparison of this transcription with the first part of the manuscript, which contained handwritten corrections and an expanded index,

nos dieron las pautas definitivas para determinar sin la menor duda que la versión que publica Anagrama es la que Roberto trabajó más tardíamente.

También hallamos una carpeta con el titulo «4N» que contiene una versión de *La Universidad Desconocida* de 68 páginas. No tiene fecha, pero, al tratarse de una versión contenida en un archivo de su ordenador, la podemos situar en 1996. Por último en su ordenador encontramos una versión, con el nombre «UD», creada el 26 de marzo de 1998. 83 páginas con una estructura distinta, pero que incluyen algunos poemas del presente libro.

En los archivos de Roberto se han encontrado otras carpetas con diferentes títulos que incluyen gran parte de los poemas de *La Universidad Desconocida* junto a otros poemas inéditos:

– «Rayos X y otros poemas», con la anotación a mano «Para el premio de poesía en Castellano Vicente Gaos». Sin fecha.

– «Sin miedo ni esperanza y otros poemas», con la anotación a mano «Premio en Castellano». Sin fecha.

Roberto fue optante y ganador con algunos poemas contenidos en este libro de los siguientes premios:

– Premio Rafael Morales, Talavera de la Reina, 1992, con «Fragmentos de la Universidad Desconocida».

– Premios Literarios Ciudad de Irún, 1994, con «Los perros románticos».

El apartado de *La Universidad Desconocida* titulado «Gente que se aleja», ya fue publicado por Roberto, con pequeñas variaciones, como *Amberes* en Anagrama en el año 2002.

Roberto escribía toda su poesía a mano, generalmente en cuadernos y libretas. En ellas se encuentran prácticamente todos los poemas, algunos con diferentes títulos.

El original de *Amberes*, por ejemplo, está contenido en la libreta «Narraciones 1980» como «El Jorobadito». De esa producción se encontró una versión mecanografiada sin título ni

gave us the definitive guidelines to determine without a doubt that the version published by Anagrama is the one that Roberto worked on most recently.

We also found a folder with the title "4N" that contains a 68-page version of *The Unknown University*. It is not dated, but by comparing it to a version contained in a file on his computer, we can date it to 1996.

Finally, on his computer, we found a version, with the name "UD," created March 26, 1998. These eighty-three pages have a distinct structure, but include some of the poems in this book.

In Roberto's archives many other folders with different titles have also been found that include many of the poems from *The Unknown University* alongside other unpublished poems:

– "X-Rays and other poems," with the handwritten note "For the Castellano Vicente Gaos poetry prize." Undated.

– "Without Fear or Hope and other poems," with the handwritten note "Castellano Prize." Undated.

Roberto was chosen as winner of several prizes with poems included in this book:

– Rafael Morales Prize, Talavera de la Reina, 1992, with "Fragments of the Unknown University."

– City of Irún Literary Prize, 1994, with "The Romantic Dogs."

The section of *The Unknown University* called "People Walking Away," was already published by Roberto, with small variations, as *Antwerp* by Anagrama in 2002.

Roberto wrote all of his poetry by hand, usually in notebooks. In them you can find practically all of the poems, some with different titles.

The original *Antwerp*, for example, is contained in the notebook "Narrations 1980" as "The Little Hunchback." After that version, a typed version was found without title or date, but

fecha, pero se puede datar en los años 1983 o 1984, por la máquina de escribir utilizada.

El original de la parte «Prosa del otoño en Gerona» se encuentra en una libreta con poemas y escritos comprendidos entre 1981 y 1984. De este material también se encontró otro original con el nombre «Prosa del Otoño en Gerona o El hoyo Inmaculado, primera versión».

En relación con los años en que fueron escritos los diferentes poemas, Roberto ya nos indica en su nota a la edición los años en que fueron creados. Un minucioso estudio de sus cuadernos nos aporta más información:

La primera parte se corresponde en su gran mayoría con los años 1979 y 1980. Son textos que forman parte de las libretas «Diario de vida I», «Diario de vida II» y «Diario de vida III», datadas en esos años, y de otras tres libretas sin título fechadas en octubre y noviembre de 1980.

La segunda parte está formada por poemas del cuaderno «Narraciones 1980», de los cuadernos sin título que contienen poemas de la primera parte y de un cuaderno titulado «Poesía octubre 1990», que contiene poemas datados en 1993 y 1994. Ahora bien, la gran mayoría de poemas se corresponde con los años comprendidos entre 1980 y 1984.

Por último, la tercera parte casi en su totalidad contiene poemas escritos en libretas y cuadernos fechados entre los años 1987 y 1994.

El origen del título *La Universidad Desconocida* nos lo aclara el propio Roberto en el poema «Entre Friedrich Von Hausen …» (pág. 163): «Querido Alfred Bester [autor de ciencia ficción, Nueva York 1913, Pensilvania 1987], por lo menos he encontrado uno de los pabellones de la Universidad Desconocida!»

Muchas gracias.

CAROLINA LÓPEZ

which can be dated to the year 1983 or 1984, based on the typewriter used.

The original for the part called "Prose for Autumn in Gerona" is found in a notebook with poems and writing spanning the years 1981 to 1984. Another version of this material was also found with the name "Prose from Autumn in Gerona or The Immaculate Grave, first version."

Regarding the year in which the different poems were written, Roberto has already indicated in his note to this edition the years in which they were created. A meticulous study of his notebooks adds more information:

The first section corresponds in large part to the years 1979 and 1980. They are texts that form part of the notebooks "Diary I," "Diary II," and "Diary III," dated with those years, and also three other untitled notebooks dated October and November 1980.

The second part is composed of poems from the notebook "Narrations 1980," the same untitled notebooks containing poems from the first part, and another notebook called "Poetry, October 1990," which contains poems dated 1993 and 1994. That said, the great majority of poems correspond to the years between 1980 and 1984.

Finally, the third part almost entirely contains poems written in notebooks dated between 1987 and 1994.

The origin of the title *The Unknown University* is clarified for us by Roberto himself in the poem "Between Friedrich von Hausen ...": "Dear Alfred Bester [science fiction writer, New York 1913–Pennsylvania 1987], at least I've found one of the wings of the Unknown University!"

Thank you.

CAROLINA LÓPEZ

Index of English titles

Índice de títulos en Español

Translator's note

The Spanish edition of *The Unknown University* contains an extensive bibliography listing prior publications of many of these poems. In addition to anthologies and magazines, these publications include seven collections: *Fragmentos de la Universidad Desconocida* (Colección Melibea, Talavera de la Reina, 1992), *Los perros románticos* (Premios Literarios Ciudad de Irún, Fundación Social y Cultural Kutxa, 1994), *El Último Salvaje* (Al Este del Paraíso, Mexico City, 1995), *Los perros románticos* (Lumen, Barcelona, 2000), *Tres* (El Acantilado, Barcelona, 2000), *Amberes* (Anagrama, Barcelona, 2002), and *Los perros románticos* (El Acantilado, Barcelona, 2006).

The translations in this edition are based on the text of *La Universidad Desconocida* published by Anagrama in 2007. Poems that previously appeared in my translations of *The Romantic Dogs* (New Directions, 2008) and *Tres* (New Directions, 2011)—which were based on the El Acantilado editions—have been edited to reflect differences between those Spanish texts.

The section called "People Walking Away" is a heavily edited version of *Antwerp*, which has been translated by Natasha Wimmer (New Directions, 2010). I am incredibly grateful to Natasha for allowing me to use her translation here. The edits I have made reflect the differences between the two Spanish versions, but the underlying work is hers.

I would also like to gratefully acknowledge the guidance and support of Zach Green, Forrest Gander, Mónica de la Torre, Christina Thompson, Chloe Garcia Roberts, and the Woodberry Translation Group. Finally, I am thankful for a residency at the Wellspring House in Ashfield, MA, where a large portion of this translation was completed.

LAURA HEALY